## 255 Anleitungen für

# Raspberry Pi 4 und 400

Christian Immler

Markt+Technik

**ISBN 978-3-98810-009-2**



**Produktmanagement** Christian Braun, Burkhardt Lühr
**Herstellung** Jutta Brunemann
**Covergestaltung** David Haberkamp
**Coverfotos** © Taras – Adobe Stock; Raspberry Pi Ltd
**Satz** inpunkt[w]o, Wilnsdorf (www.inpunktwo.de)
**Druck** mediaprint solutions GmbH, Paderborn
Printed in Germany

# Wie funktioniert das Buch?

Dieses Buch enthält 255 Lösungen, die im Umgang mit dem Minicomputer Raspberry Pi 4 oder Raspberry Pi 400 nützlich sind. Der Übersicht halber sind die Lösungen in verschiedene Themenbereiche aufgeteilt, die durch unterschiedliche Farben gekennzeichnet sind:

- Betriebssystem: **Rot**
- Praxiseinsatz: **Orange**
- Softwaretipps: **Violett**
- Hardware und Netzwerk: **Grün**
- Programmierung: **Cyan**
- Elektronik: **Blau**

Die einzelnen Lösungen in den Kategorien sind in sich abgeschlossen. Sollten sie auf einer anderen Lösung im Buch aufbauen, wird das vermerkt.

### Die Symbole im Buch

Auffällige Symbole helfen beim Überblick über die vielfältigen Informationen in diesem Handbuch – besonders wenn Sie später noch einmal etwas nachschlagen möchten.

**Wichtige Schritte**, die erledigt werden müssen, damit etwas funktioniert, oder einfach wichtiges Wissen, das Sie zum Verständnis brauchen.

**Elektronik-Tipps** zu Bauteilen und Schaltungen.

Nützliche Tipps zum Raspberry-Pi-**Desktop** – nicht alles ist so, wie man es von Windows kennt.

**Kommandozeile** – man braucht sie in Linux nicht mehr unbedingt, aber hilfreich ist sie dennoch.

**Einstellungen** – im Betriebssystem, auf der grafischen Oberfläche oder in Programmen.

**Python** – wichtige Programmiertricks, Syntaxregeln oder Definitionen, die Sie zum Programmieren in Python immer wieder brauchen.

**Insiderwissen** – oder was Sie sich früher in einem Buch rot angestrichen hätten.

**Warten** – hier kann es mal etwas länger dauern.

**Vorsicht** – hier kann etwas schiefgehen!

**Downloads** – einfach herunterladen, statt abzutippen oder zu googeln.

**Zusatzmaterial**
Alle Code-Beispiele gibt es gratis zum Download unter **www.mut.de/0009**.

## 1. Betriebssystem 12



## 2. Praxiseinsatz 21

## 6. Elektronik 193

## 001 Unterschiede Raspberry Pi 4 – Raspberry Pi 400

Die beiden aktuellen Raspberry-Pi-Modelle sind technisch sehr ähnlich, in der Bauform aber komplett unterschiedlich.

**Raspberry Pi 4 (Model B)**

**CPU:** Broadcom BCM2711, Quad Core Cortex-A72 (ARM v8) 64-bit SoC

**RAM:** 1 GB, 2 GB, 4 GB, 8 GB

**Netzwerk:** Ethernet, WLAN, Bluetooth 5.0

**Tastatur:** über USB anschließbar

**USB:** 2x USB 3.0, 2x USB 2.0 (Tastatur, Maus)

**USB-C:** Stromversorgung

**Monitor:** 2x Micro-HDMI, DSI Display Port

**Kamera:** CSI Kamera Port

**Audio:** HDMI Audio, Klinkenbuchse 4-polig

**microSD-Karte** für Betriebssystem und Daten

**GPIO:** 40 Pin (kompatibel zu früheren Raspberry-Pi-Modellen)

**Raspberry Pi 400**

**CPU:** Broadcom BCM2711, Quad Core Cortex-A72 (ARM v8) 64-bit SoC

**RAM:** 4 GB

**Netzwerk:** Ethernet, WLAN, Bluetooth 5.0

**Tastatur:** eingebaut (mehrere Sprachvarianten lieferbar)

**USB:** 2x USB 3.0, 1x USB 2.0 (Maus)

**USB-C:** Stromversorgung

**Monitor:** 2x Micro-HDMI

**Audio:** HDMI Audio

**microSD-Karte** für Betriebssystem und Daten

**GPIO:** 40 Pin (kompatibel zu früheren Raspberry-Pi-Modellen)

## 002 Betriebssystem mit dem Raspberry Pi Imager installieren

Der **Raspberry Pi Imager** erledigt das Formatieren der Speicherkarte, das Herunterladen des Betriebssystems und die Installation mit wenigen Klicks.

1. Raspberry Pi Imager herunterladen: **www.raspberrypi.com/software**
2. Programm auf dem Windows-PC installieren.
3. Speicherkarte in den Kartenleser des PCs stecken und Raspberry Pi Imager starten. Dazu sind Administratorrechte auf dem PC nötig.
4. Auf ***OS wählen*** klicken. Es erscheint eine Liste mit verschiedenen Betriebssystemen zur Auswahl.

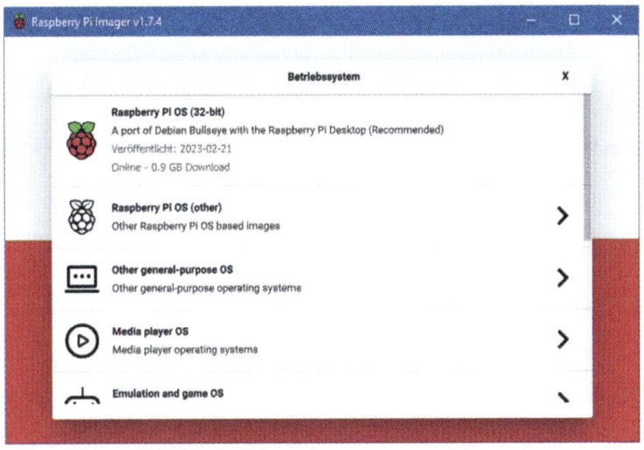


5. Unter ***Raspberry Pi OS (other)*** die Version ***Raspberry Pi OS (64-bit)*** wählen. Hier sind standardmäßig wesentlich mehr Programme vorinstalliert.
6. Im nächsten Schritt die Speicherkarte auswählen, auf der Raspberry Pi OS installiert werden soll. Darauf achten, wirklich die Speicherkarte auszuwählen und nicht versehentlich eine externe USB-Festplatte. Auch diese werden angezeigt. Auf dem ausgewählten Laufwerk vorhandene Daten werden überschrieben. In den meisten Fällen ist die Speicherkarte an der Größe zu erkennen. Festplatten sind wesentlich größer.

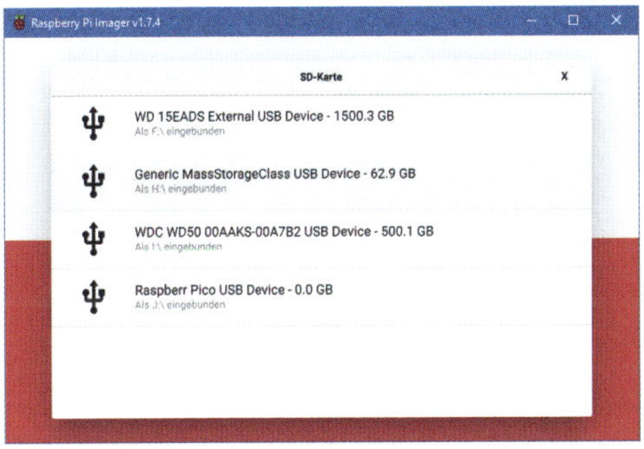

7. Auf *Schreiben* klicken, um das Betriebssystem herunterzuladen, die Speicherkarte zu formatieren und Raspberry Pi OS auf der Speicherkarte zu installieren.
8. Wenn die Meldung ***Sie können die SD-Karte nun aus dem Lesegerät entfernen*** erscheint, SD-Karte aus dem PC nehmen, in den Raspberry Pi stecken und booten.

## 003 Verschiedene Raspberry-Pi-OS-Varianten

**Raspberry Pi OS** ist das bekannteste und wichtigste Betriebssystem für den Raspberry Pi. Es wird in vier Varianten im Raspberry Pi Imager angeboten.

- **Raspberry Pi OS (Standard)** enthält den Desktop und wenige vorinstallierte Programme.
- **Raspberry Pi OS Lite** enthält nur das Betriebssystem ohne Desktop-Oberfläche.
- **Raspberry Pi OS Full** enthält den Desktop und alle von der Raspberry Pi Foundation empfohlenen Programme vorinstalliert.
- **Raspberry Pi OS (Legacy):** ältere Version für ältere Raspberry-Pi-Modelle

## 004 Raspberry Pi 4 einschalten

Vor dem Einschalten die Speicherkarte in den Raspberry Pi 4 stecken und dann erst einschalten. Das Booten dauert nur wenige Sekunden. Der Raspberry Pi 4 startet automatisch, wenn er mit der Stromversorgung verbunden ist.

## 005 Raspberry Pi 400 einschalten

Zusätzlich hat der Raspberry Pi 400 als erstes Modell einen eigenen Ein- und Ausschalter. Drücken Sie die Tasten [Fn] und [F10] gleichzeitig so lange, bis die grüne Power-LED rechts kurz blinkt und dann dauerhaft leuchtet. Damit wird der Raspberry Pi 400 eingeschaltet. Auf dem gleichen Weg lässt er sich auch wieder ausschalten, ohne das Netzteil zu trennen.

## 006 Raspberry Pi erstmals einrichten

Auf dem Raspberry-Pi-OS-Desktop das Konfigurationstool starten, um die Sprache sowie die Grundeinstellungen festzulegen.

1. ***Preferences/Raspberry Pi Configuration*** im Startmenü aufrufen.
2. Auf der Registerkarte ***Localisation*** mit einem Klick auf ***Set Locale*** die Sprache Deutsch auswählen.
3. Mit einem Klick auf ***Set Timezone*** die europäische Zeitzone auswählen.
4. Mit einem Klick auf ***Set Keyboard*** die deutsche Tastatur auswählen.
5. Zum Schluss mit ***OK*** die Konfiguration speichern und den Raspberry Pi neu starten. Nach dem Neustart erscheinen die Benutzeroberfläche und auch das Konfigurationstool auf Deutsch.

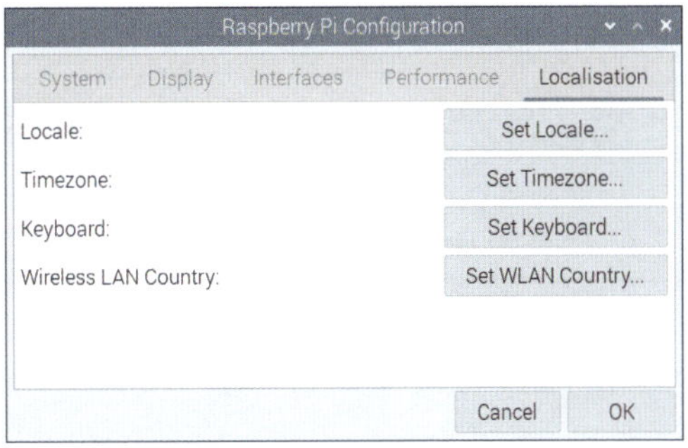


## 007 WLAN einrichten

Ethernet-Verbindungen werden automatisch erkannt, das WLAN muss eingerichtet werden.

1. Klick auf das Netzwerksymbol oben rechts auf dem Desktop.
2. Auf ***Turn On Wi-Fi*** klicken. Eine Liste der WLANs in der Nähe erscheint.
3. Gewünschtes Netzwerk auswählen und Schlüssel eingeben.
4. Nach erfolgreicher Verbindung erscheint ein WLAN-Symbol. Beim Darüberfahren mit der Maus werden SSID und IP-Adresse angezeigt.

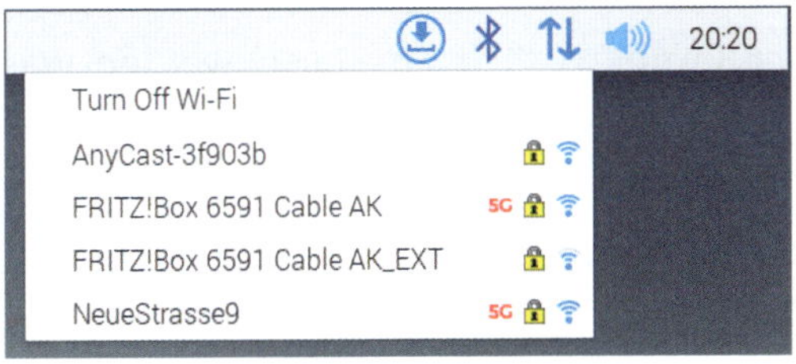


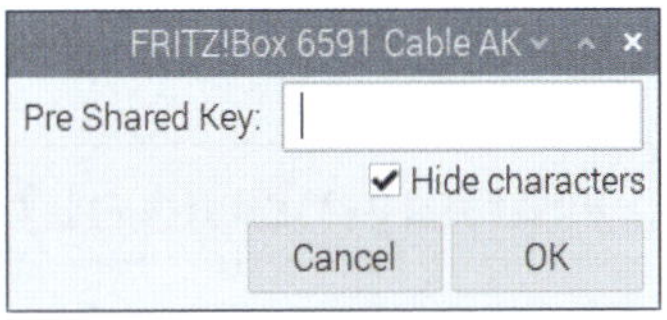


Sollte auf dem Raspberry Pi das Wi-Fi-Land nicht automatisch ausgewählt sein, einmal auf ***Click here to set Wi-Fi country*** klicken, ***DE Germany*** wählen und mit ***OK*** bestätigen.

## 008 Standardpasswort ändern

Bei jedem Start wird empfohlen, das Standardpasswort zu ändern. Der Standardbenutzer **pi** wird beim Booten automatisch angemeldet, sodass man das Passwort nur selten braucht.

1. ***Einstellungen/Raspberry Pi-Konfiguration*** im Startmenü aufrufen.
2. Auf der Registerkarte ***System*** auf ***Kennwort ändern*** klicken.
3. Neues Passwort für den Standardnutzer zweimal eingeben und mit ***OK*** bestätigen.

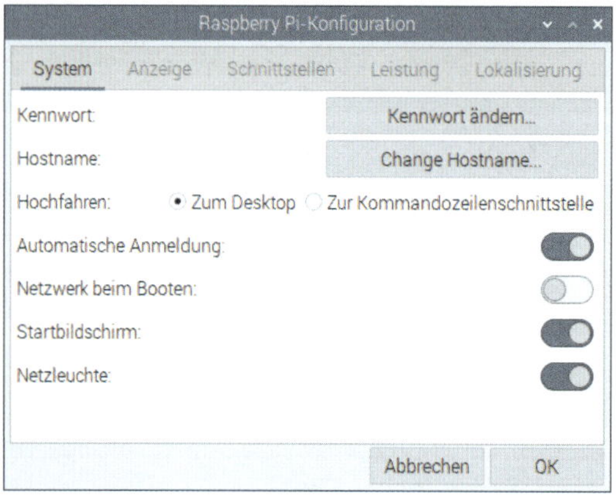


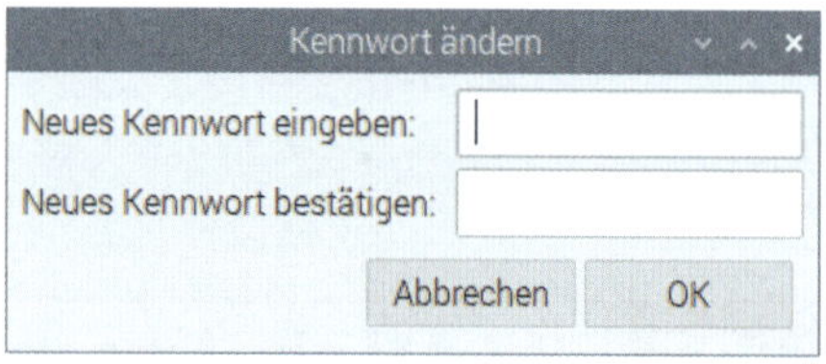


## 009 Updates herunterladen und installieren

Raspberry Pi OS bietet eine zentrale Update-Verwaltung für Betriebssystem-Komponenten und installierte Programme.

1. Klick auf das Update-Symbol oben rechts auf dem Desktop.
2. ***Show Updates*** zeigt die Updates an, was meist nicht wichtig ist. ***Install Updates*** auswählen. Die Updates werden im Hintergrund heruntergeladen und installiert.
3. Bei einigen System-Updates muss der Raspberry Pi neu gestartet werden, was aber auch später erfolgen kann.

## 010 Warnsymbole auf dem Bildschirm

Bei schwerwiegenden Problemen zeigt die Raspberry-Pi-Firmware oben rechts auf dem Bildschirm Warnsymbole, unabhängig davon, ob ein grafischer Desktop oder ein kommandozeilenorientiertes Betriebssystem läuft.

Zeigt eine zu geringe Spannungsversorgung an. Fällt die Versorgungsspannung unter 4,63 V, deutet dies in den meisten Fällen auf ein zu schwaches Netzteil hin, das zwar eine Nennspannung von 5 V, aber weniger als 3.000 mA liefert.

Die Temperatur des Prozessors liegt zwischen 80 °C und 85 °C. Aus Sicherheitsgründen wird die Leistung der Prozessorkerne gedrosselt.

Die Temperatur des Prozessors liegt über 85 °C. Aus Sicherheitsgründen wird die Leistung der Prozessorkerne und der GPU weiter gedrosselt.

## 011 Die Tastatur des Raspberry Pi 400

Der Raspberry Pi 400 hat seine eigene Tastatur, beim Raspberry Pi 4 und früheren Raspberry-Pi-Modellen muss eine Tastatur per USB angeschlossen werden. Die Tastatur des Raspberry Pi 400 wird in verschiedenen Sprachvarianten geliefert, sie ist auch in Deutsch verfügbar.

Für die Eingabe von Zahlenkolonnen ist in der Tastatur ein Ziffernblock integriert, der mit roten Ziffern auf einigen Buchstabentasten gekennzeichnet ist. Um diesen Ziffernblock zu verwenden, muss die Taste [Num] oben rechts gedrückt werden. Der eingeschaltete Ziffernblock wird durch eine LED angezeigt. Die betreffenden Buchstaben können erst wieder genutzt werden, nachdem der Ziffernblock ausgeschaltet wurde.

Die rechte [Alt]-Taste erzeugt die Zeichen rechts unten auf manchen Tasten, vergleichbar mit der [AltGr]-Taste auf einem PC. Die linke [Alt]-Taste entspricht der [Alt]-Taste auf einem PC.

**Bezeichnungen der Steuerungstasten**
Wir verwenden im Buch die deutschen Tastenbezeichnungen für alle Nutzer eines Pi 4, die ihre vorhandene Tastatur anschließen. Nutzer des Pi 400 wissen, welche Tasten gemeint sind.

## 012 Wichtige Unterschiede gegenüber Windows bei Dateinamen und Verzeichnissen

Wer Dateien zwischen dem Raspberry Pi und Windows übertragen möchte, muss die Unterschiede hinsichtlich der Namensregeln kennen.

- Im Gegensatz zu Windows unterscheidet Linux bei Dateinamen zwischen Groß- und Kleinschreibung.
- Die Dateinamen sollten bei beiden Systemen aussagekräftig sein, aber bei 256 Stellen kompletter Pfadlänge einschließlich der Verzeichnisnamen ist Schluss. Leerzeichen sollten nicht verwendet werden.
- Linux kennt das Backslash-Zeichen \ für Pfadangaben nicht. Zur Angabe von Verzeichnissen wird immer der normale Schrägstrich (Slash) / genutzt.
- Windows verwendet zur Kennzeichnung von Dateitypen die entsprechende Dateiendung, die klassischerweise aus drei Zeichen besteht, durch einen Punkt vom eigentlichen Dateinamen getrennt. Bei Linux kann jeder beliebige Name für eine Datei verwendet werden. Es gibt keinen Unterschied zwischen Dateiname und Dateiendung.

## 013 Speicherkarte komplett sichern

Eine Komplettsicherung der Speicherkarte in eine Image-Datei auf dem Windows-PC bietet die Möglichkeit, die Karte bei einem Ausfall wiederherzustellen oder auch identisch zu duplizieren.

1. **USB Image Tool** von **www.alexpage.de** auf dem PC installieren.
2. Speicherkarte in den Kartenleser des PCs stecken.
3. Im linken Fenster Speicherkarte auswählen, auf ***Backup*** klicken und den Dateinamen festlegen.

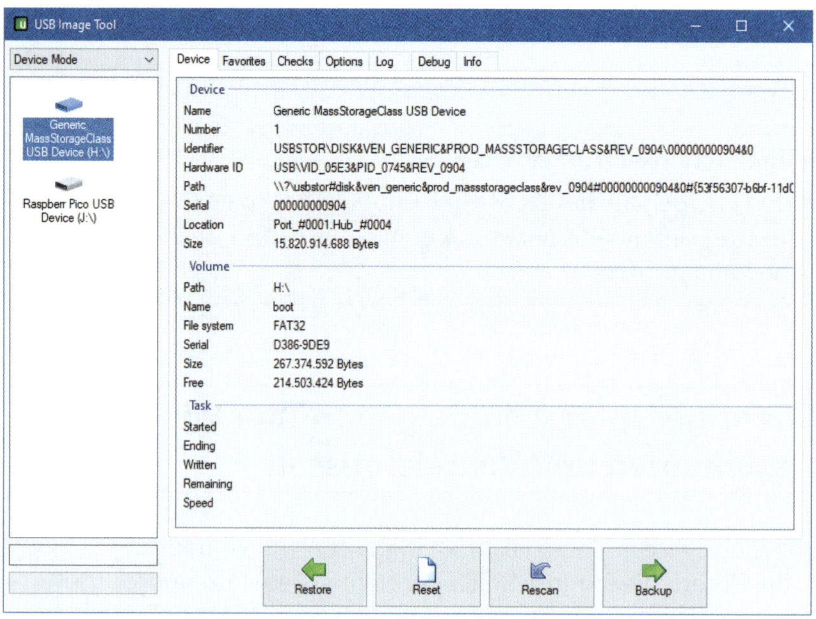

> **Platzbedarf auf der Festplatte**
>
> Die Image-Datei wird durch Komprimierung etwas kleiner sein als die Speicherkarte. Während der Sicherung sollte aber Speicherplatz in kompletter Größe der Speicherkarte auf der Festplatte vorhanden sein.

## 014 Speicherkarte aus Image-Datei duplizieren

1. Im **USB Image Tool** den ***Device Mode*** wählen und die Speicherkarte auswählen.
2. Auf ***Restore*** klicken, die Image-Datei auswählen und den Kopiervorgang starten.

## 015 Speicherkarte ohne PC duplizieren

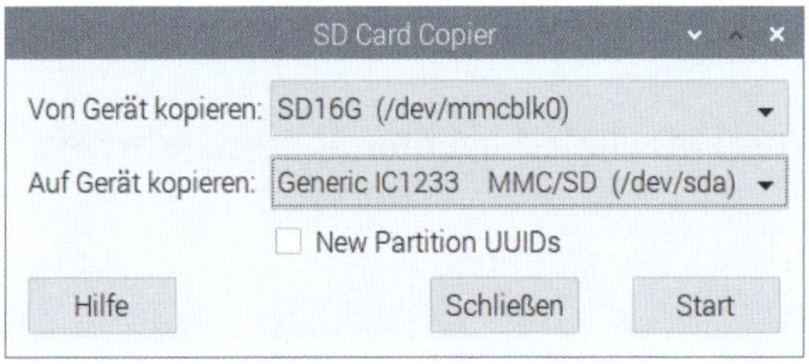


Zum Duplizieren der Speicherkarte am Raspberry Pi ist ein zweiter Kartenleser erforderlich, der über USB angeschlossen wird.

1. Leere, formatierte Speicherkarte in den zweiten Kartenleser stecken. Sie kann eine andere Größe haben als die Originalspeicherkarte, der Inhalt muss aber komplett auf die Karte passen.
2. Im Menü ***Zubehör/SD Card Copier*** auswählen.
3. Unter ***Von Gerät kopieren*** die interne Speicherkarte auswählen. Unter ***Auf Gerät kopieren*** die zweite Speicherkarte wählen.
4. ***New Partition UUIDs*** einschalten, damit die Kopie eine neue ID bekommt.
5. Ein Klick auf ***Start*** startet den Kopiervorgang.

## 016 Weitere Betriebssysteme im Raspberry Pi OS Imager

Der Raspberry Pi OS Imager bietet neben Raspberry Pi OS noch weitere Betriebssysteme zur Auswahl an, die auf dem gleichen Weg heruntergeladen und installiert werden können.

**Ubuntu**
Verschiedene Varianten des bekanntesten Linux für Desktop, Server und Core. Core ist eine einfache Kommandozeilenversion ohne zusätzliche Programme.

**Apertis**
Linux-Distribution für Embedded Systeme.

**RISC OS**
Extrem schlankes und schnelles Betriebssystem mit grafischer Oberfläche, das nicht auf Linux basiert, sondern bereits in den 80er-Jahren speziell für ARM-Prozessoren entwickelt wurde.

**LibreELEC/OSMC**
Mediacenter-Betriebssystem mit installiertem KODI-Mediacenter ohne klassischen grafischen Desktop.

**Volumio/moOde Audio Player**
Streaming Player für Musik.

**RetroPie/Recalbox/Lakka**
Betriebssysteme mit vorinstallierten Emulatoren für Retro-Spiele ohne klassischen grafischen Desktop.

Zudem gibt es noch weitere Betriebssysteme für spezielle Aufgaben wie die Steuerung von 3D-Druckern oder Heimautomation.

## 017 Andere Betriebssysteme installieren

Betriebssysteme, die nicht im Raspberry Pi OS Imager enthalten sind, werden als Image-Dateien zum Download geliefert. Diese können auch mit dem Raspberry Pi OS Imager auf die Speicherkarte übertragen werden.

1. Im Raspberry Pi OS Imager ganz unten *Eigenes Image* wählen.
2. Die IMG-Datei auswählen.
3. Speicherkarte auswählen und Betriebssystem darauf schreiben.
4. Raspberry Pi mit dieser Speicherkarte booten.

## 018 Der Raspberry-Pi-OS-Desktop

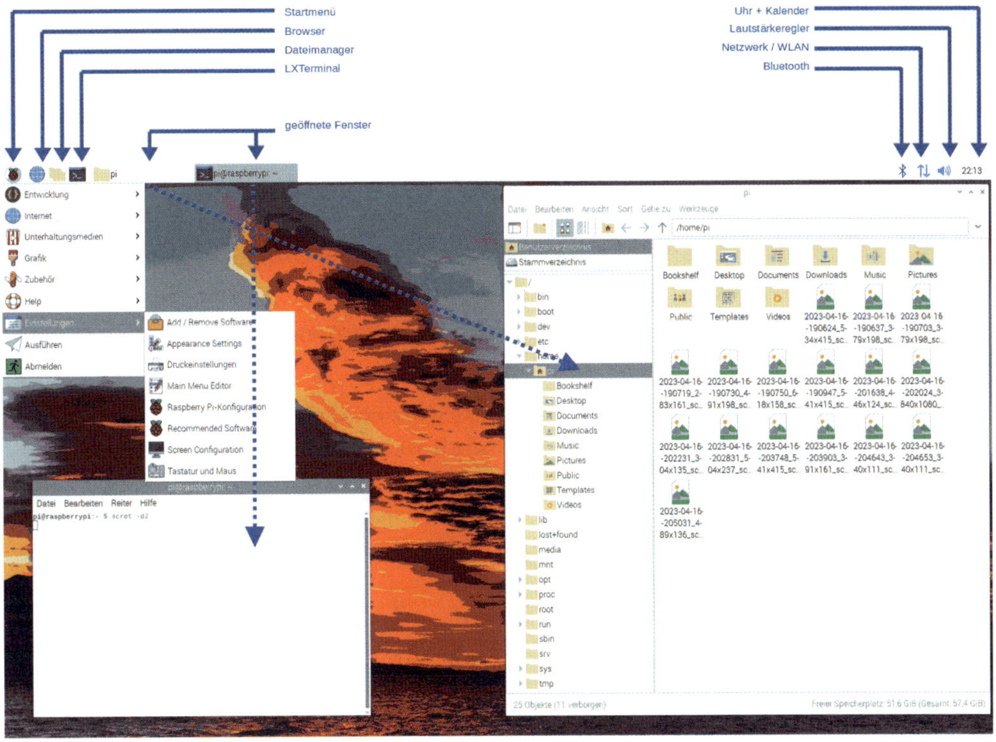


## 019 Der Dateimanager PCManFM

Raspberry Pi OS bringt einen Dateimanager mit, der dem Windows-Explorer täuschend ähnlich ist.

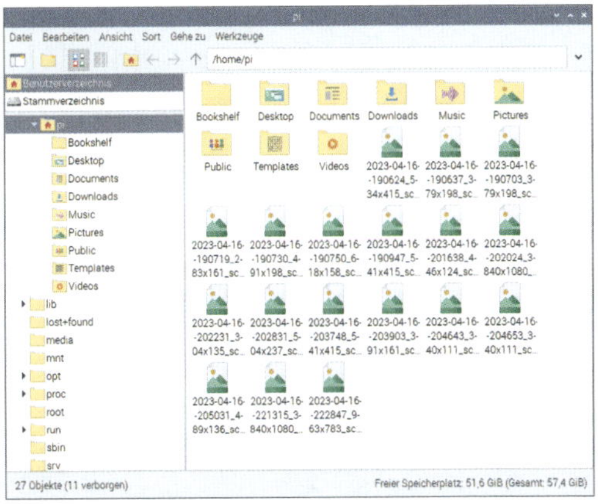

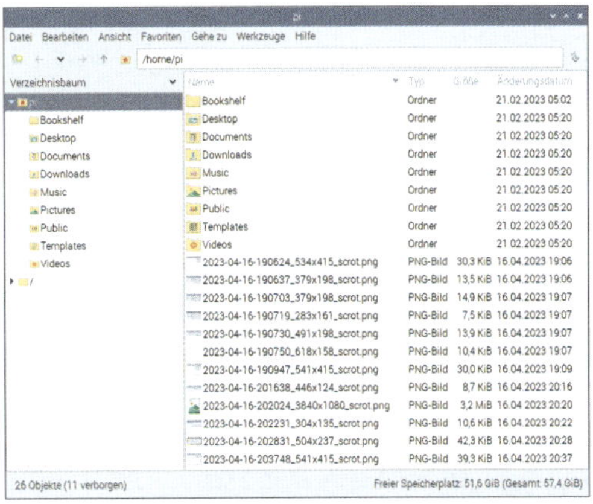

- Der Dateimanager wird über das Symbol in der Taskleiste neben dem Startmenü gestartet.
- Standardmäßig zeigt er nur das Home-Verzeichnis an. Unter Linux legt man alle eigenen Dateien grundsätzlich unterhalb des eigenen Home-Verzeichnisses ab. Hier heißt es */home/pi* nach dem Benutzernamen **pi**.
- Um alle Funktionen nutzen zu können, unter ***Bearbeiten/Einstellungen*** im Bereich ***Layout*** den Schalter ***Display simplified user interface and menus*** deaktivieren. Danach den Dateimanager neu starten.
- Um mehr zu sehen, im Dateimanager oben links von ***Favoriten*** auf ***Verzeichnisbaum*** umschalten. Dann noch im Menü unter ***Ansicht/Ordneransicht*** die Option ***Detailansicht*** wählen.
- Um wirklich alles zu sehen, im Menü ***Ansicht/Verborgene Dateien anzeigen*** einschalten.
- Dateien lassen sich mit der rechten Maustaste oder den Tastenkombinationen [Strg]+[C] und [Strg]+[V] kopieren. Drag-and-drop zwischen zwei Dateimanager-Fenstern funktioniert auch.

## 020 Dateimanager im Zwei-Fenster-Modus

Der Menüpunkt ***Ansicht/Doppelfenster-Modus*** zeigt zwei Verzeichnisse nebeneinander an, um Dateien einfacher zu kopieren oder zu verschieben.

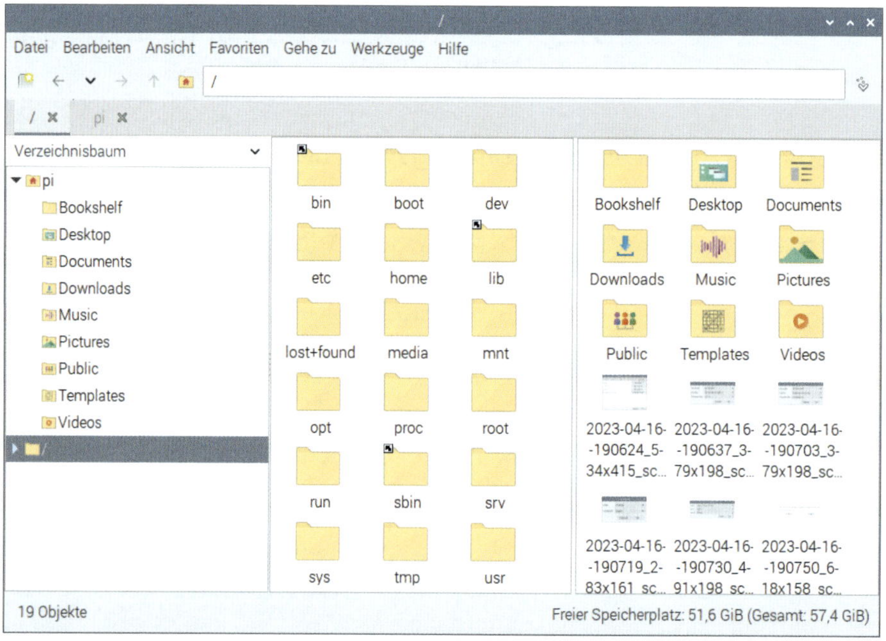

## 021 Wichtige Befehle auf der Linux-Kommandozeile

Linux-Kommandos werden im Terminalfenster, direkt auf Terminalebene ohne grafische Oberfläche oder per SSH von einem anderen Computer im Netzwerk eingegeben.

| Befehl | Beschreibung |
|---|---|
| `man [Befehlsname]` | Ausführliches Handbuch zu jedem Befehl. |
| `ls [OPTION]... [DATEI]...` | Listet Dateien in einem Verzeichnis auf. |
| `cd [Verzeichnisname]` | Wechselt in das angegebene Verzeichnis. |
| pwd | Zeigt aktuelles Verzeichnis an. |
| `cat [OPTION] [DATEIEN]...` | Zeigt den Inhalt von Dateien. |
| `cp [OPTION]... QUELLE ZIEL` | Kopiert Dateien und Verzeichnisse. |
| `mv [OPTION]... QUELLE ZIEL` | Verschiebt Dateien und Verzeichnisse. |
| `rm [OPTION]... DATEI...` | Löscht Dateien und Verzeichnisse. |
| `mkdir [OPTION] VERZEICHNIS...` | Legt ein Verzeichnis an. |
| `rmdir [OPTION] VERZEICHNIS...` | Löscht ein leeres Verzeichnis. |
| `chmod [OPTION]... MODUS... DATEI...` | Ändert Datei- und Verzeichnis-berechtigungen. |
| `chown [OPTION]... DATEI...` | Ändert den Eigentümer einer Datei. |
| `adduser [OPTION]... BENUTZER` | Fügt einen Benutzer hinzu. |

| Befehl | Beschreibung |
|---|---|
| `addgroup [OPTION]... BENUTZER... [GRUPPE]` | Fügt eine Benutzergruppe hinzu oder fügt einen Benutzer in eine Gruppe ein. |
| `nano [OPTION]... [DATEI]...` | Einfacher Texteditor im Kommandozeilenfenster |

**Echte Linux-Konsole**

Anstatt ein Kommandozeilenfenster zu öffnen, kann auch die echte Linux-Konsole verwendet werden, die im Hintergrund läuft. Mit Strg+Alt+F1 auf die Konsole wechseln und mit Strg+Alt+F7 wieder zurück auf die grafische Oberfläche.

## 022 Der Superuser root

Der auf dem Raspberry Pi standardmäßig angemeldete Benutzer ***pi*** ist ein typischer eingeschränkter Linux-Benutzer. Für administrative Arbeiten am System werden Superuser-Rechte benötigt. Diese bekommt man mit einem dem Linux-Kommando vorangestellten `sudo`. Auf einem »großen« Linux-System muss dabei das ***root***-Passwort eingegeben werden. Auf dem Raspberry Pi hat der Superuser ***root*** kein Passwort.

**Vorsicht!**

Der Benutzer ***root*** darf alles, auch das komplette System zerstören.

## 023 Dateimanager mit root-Rechten nutzen

Der Superuser ***root*** darf alle Dateien sehen, bearbeiten und sogar löschen, auch mit dem Dateimanager.

1. ***Einstellungen/Main Menu Editor*** im Startmenü aufrufen.
2. Im linken Teilfenster den Menübereich ***Zubehör*** wählen und dort ***Neuer Eintrag***.

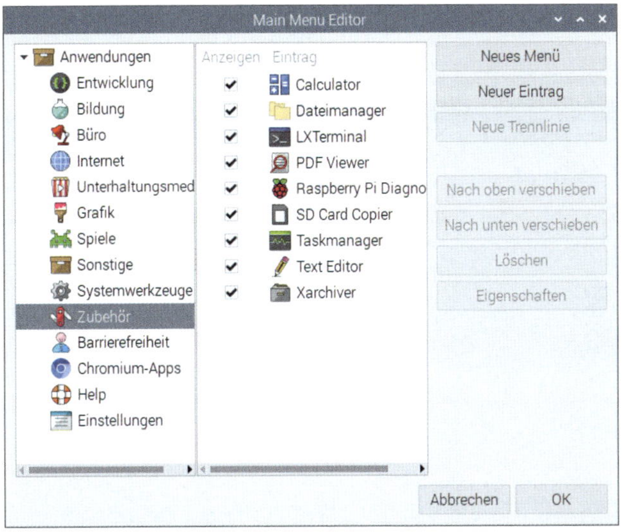


3. Im nächsten Fenster bei ***Name*** den Namen des neuen Menüpunkts, ***Root Dateimanager***, eintragen und im Feld ***Command*** Folgendes: `gksudo pcmanfm %U`.
4. Beide Dialogfelder mit ***OK*** schließen. Der Root-Dateimanager erscheint im Startmenü unter ***Einstellungen***.

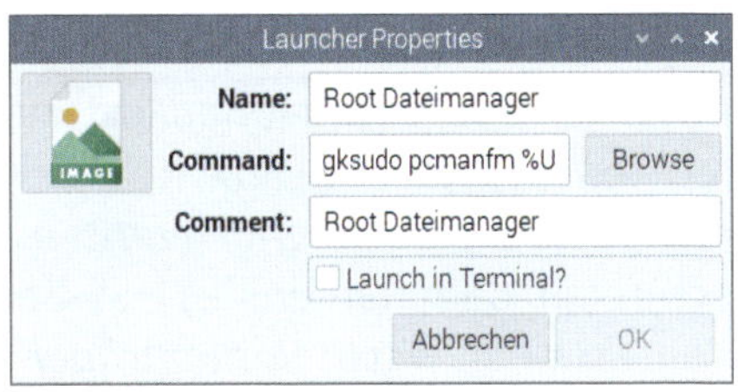


5. Der Root-Dateimanager zeigt oben links ein Warndreieck als Hinweis auf die Superuser-Rechte.

## 024 USB-Sticks an- und abdocken

1. USB-Stick anstecken, er wird automatisch erkannt und unter ***/media/pi*** im Dateisystem angemeldet sowie bei den Favoriten im Dateimanager eingetragen.

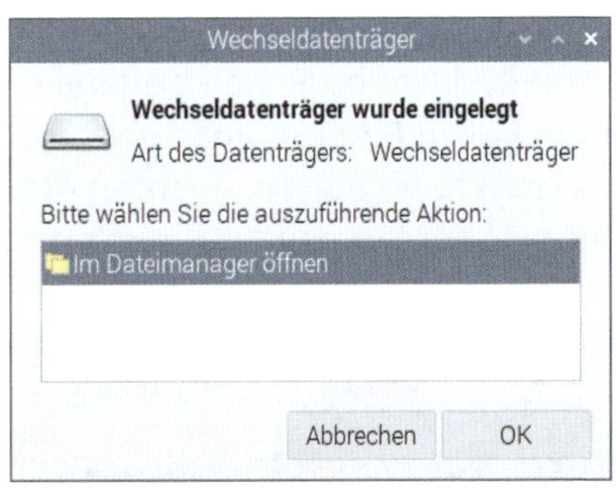


**USB 3.0**

USB-3.0-Sticks bringen ihre volle Geschwindigkeit nur an den blauen USB-3.0-Anschlüssen des Raspberry Pi 4 und 400.

2. In der automatischen Meldung auf ***OK*** klicken, das öffnet den Dateimanager mit dem USB-Stick.

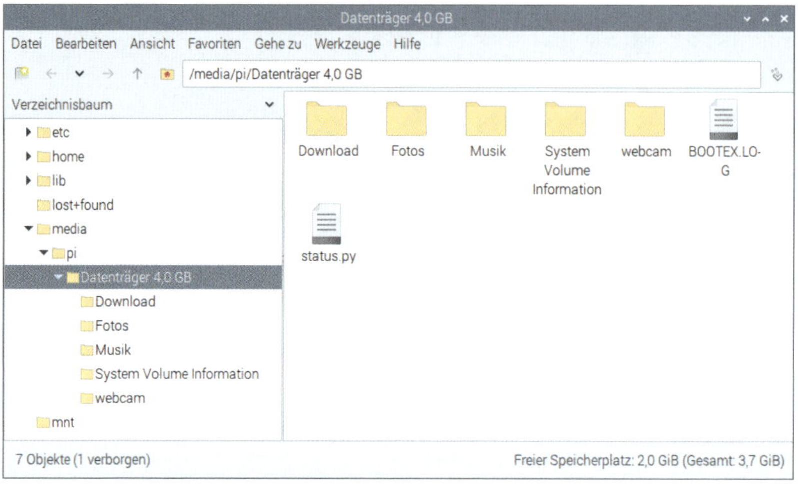


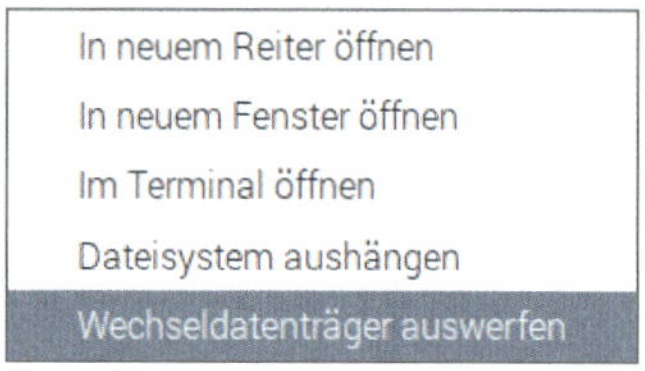


Um einen USB-Stick sauber abzumelden, mit der rechten Maustaste im linken Seitenfenster des Dateimanagers in der Ansicht ***Favoriten*** auf das kleine Dreieck neben dem Namen des USB-Sticks klicken und im Kontextmenü ***Wechseldatenträger auswerfen*** wählen. Der Dateimanager wird geschlossen, und der USB-Stick kann entfernt werden.

## 025 Desktop auf zwei Monitoren einrichten

Das Programm ***Einstellungen/Screen Configuration*** zeigt zwei rechteckige Symbole für die beiden Monitore HDMI-1 und HDMI-2, die per Drag-and-drop in die richtige Reihenfolge gezogen werden können, damit das Startmenü auf dem linken Monitor links oben liegt und Fenster vom linken Monitor über dessen rechten Rand auf den rechten Monitor verschoben werden können. Auch eine Anordnung übereinander ist möglich.

In den meisten Fällen erkennen der Raspberry Pi 4 und 400 die optimale Auflösung der angeschlossenen Monitore selbst. Bei manchen Monitoren funktioniert das jedoch nicht. In dem Fall muss man über einen Rechtsklick auf das entsprechende Monitorsymbol die Bildschirmauflösung manuell für beide Monitore getrennt wählen.

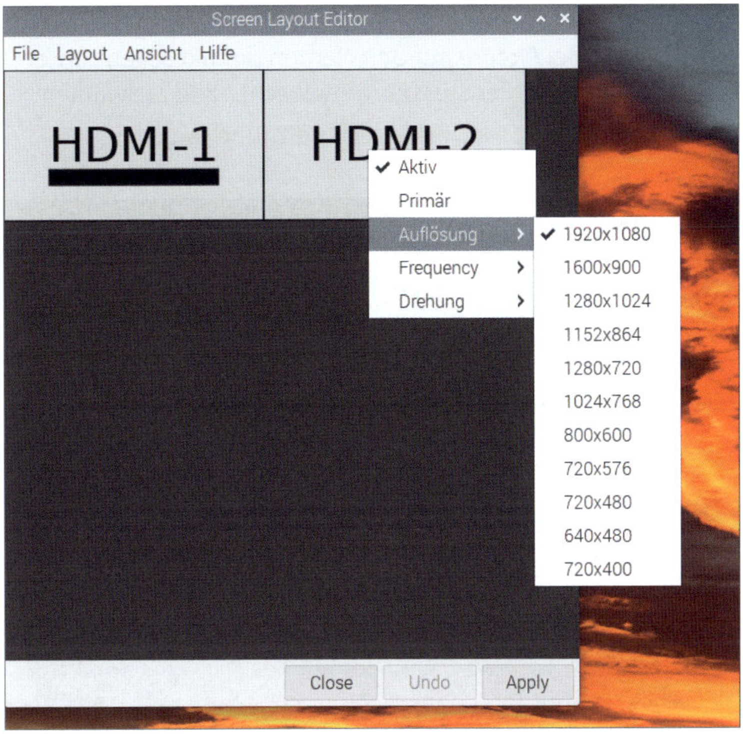


## 026 Eigene Hintergrundbilder für den Desktop

Anstelle des vorgegebenen Hintergrundbildes kann man sich eine andere Grafik, ein Strandmotiv oder einen ganzen Himbeerkuchen als Hintergrund auf den Desktop legen.

**Bildgröße**

Idealerweise hat das Hintergrundbild, wenn es sich nicht um ein kleines Logo handelt, sondern den ganzen Desktop bedecken soll, auch genau dessen Auflösung. Es ergibt keinen Sinn, ein Originalfoto einer hochauflösenden Digitalkamera mit mehreren Tausend Pixeln Auflösung jedes Mal vom Raspberry Pi auf Monitorauflösung herunterskalieren zu lassen.

1. Foto zunächst am PC auf die vom Raspberry Pi verwendete Bildschirmauflösung skalieren und in das Bilder-Verzeichnis ***/home/pi/pictures*** übertragen.
2. Die Bildschirmauflösungen beider Bildschirme werden über ***Einstellungen/ Screen Configuration*** angezeigt.
3. Rechtsklick auf den Desktop, im Kontextmenü ***Desktop-Einstellungen*** wählen.
4. Für beide Bildschirme getrennt bei ***Picture*** auf den Namen des aktuellen Hintergrundbildes klicken und im nächsten Fenster das gewünschte Bild auswählen.
5. Auf ***Open*** klicken. Das Bild wird sofort als Desktop-Hintergrund angezeigt.

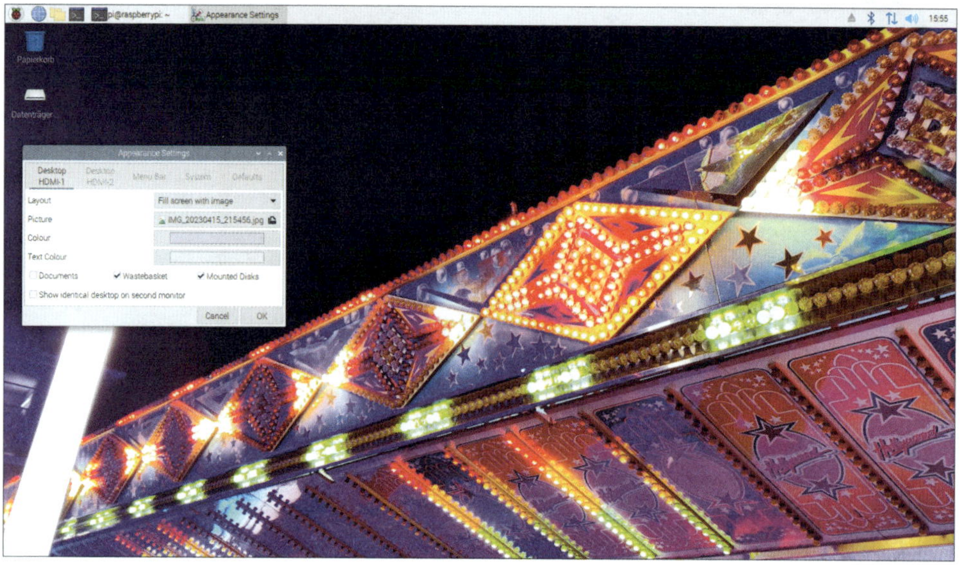


6. Das Dialogfeld ***Appearance Settings*** bleibt geöffnet. Hier stehen verschiedene Optionen für die Ausrichtung zur Wahl. Hat das Bild genau die Auflösung des Bildschirms, gibt es keinen Unterschied zwischen den verschiedenen Ausrichtungen.

| **Ausrichtung für Hintergrundbilder** | |
|---|---|
| ***No image*** | Es wird kein Bild dargestellt. Der ganze Desktop wird mit der ausgewählten Hintergrundfarbe gefüllt. |
| ***Centre image on screen*** | Das Bild wird in Originalgröße dargestellt. Freie Flächen an den Rändern werden mit der ausgewählten Hintergrundfarbe gefüllt. |

| Ausrichtung für Hintergrundbilder | |
|---|---|
| *Fit image onto screen* | Das Bild wird so skaliert, dass es den Bildschirm mit der längeren Seite, Höhe oder Breite ausfüllt, aber das Seitenverhältnis unverändert bleibt. Freie Flächen an den Rändern werden mit der ausgewählten Hintergrundfarbe gefüllt. |
| *Fill screen with image* | Das Bild wird so skaliert, dass es den Bildschirm mit der kürzeren Seite, Höhe oder Breite ausfüllt, aber das Seitenverhältnis unverändert bleibt. In der längeren Richtung wird das Bild abgeschnitten. |
| *Stretch to cover screen* | Das Bild wird so skaliert, dass es den gesamten Bildschirm ohne freie Ränder ausfüllt. Dabei kann sich unter Umständen das Seitenverhältnis ändern. |
| *Tile image* | Ist das Bild kleiner als der Bildschirm, wird es nach rechts und unten gekachelt wiederholt. |

Die Original-Raspberry-Pi-Hintergrundbilder liegen im Verzeichnis */usr/share/rpd-wallpaper*. Der LXDE-Desktop liefert im Verzeichnis */usr/share/lxde/wallpapers* weitere Hintergrundbilder.

7. Mit einem Klick auf den farbigen Button bei *Text Color* eine Farbe für die Beschriftung der Desktop-Symbole auswählen, die sich möglichst gut vom Hintergrund abhebt. Das Plussymbol links unten bietet die Möglichkeit, eine beliebige Farbe einzustellen

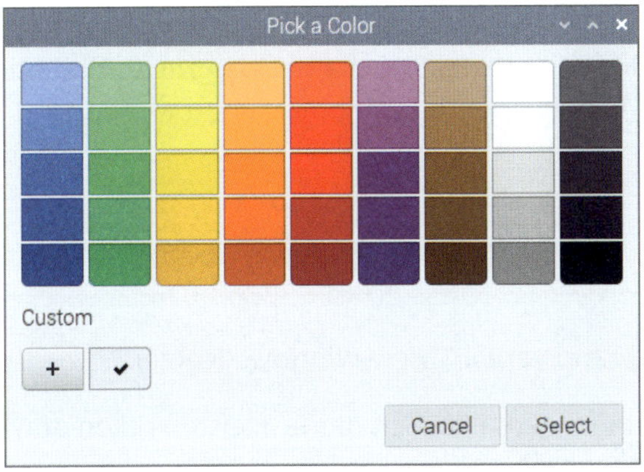


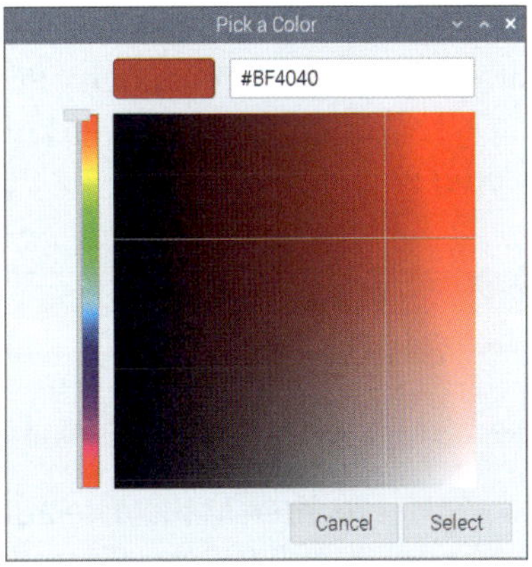

## 027 Fan-Art als Hintergrundbild

Viele Raspberry-Pi-Fans haben eigene Hintergrundbilder mit Raspberry-Pi-Motiven entworfen und bieten diese zum Download an. Eine gute Quelle ist das Künstlerportal deviantART, auf dem sich diverse Hintergrundbilder in verschiedenen HDMI-Auflösungen finden lassen: **bit.ly/11L7UxU**.

## 028 Raspberry Pi ausschalten und neu starten

Das System wird wie auf einem PC über den Menüpunkt ***Shutdown*** und ***Herunterfahren*** heruntergefahren, was anders als bei Windows nur wenige Sekunden dauert.

Alternativ kann der Raspberry Pi 400 auch mit der Einschalttaste [F10] in Kombination mit [Fn] heruntergefahren werden. Mit derselben Tastenkombination wird auch wieder eingeschaltet.

## 029 Taskleiste am unteren Bildschirmrand

Die Taskleiste am oberen Bildschirmrand verwirrt viele Windows-Nutzer.

1. Mit der rechten Maustaste auf einen leeren Bereich der Taskleiste klicken und im Kontextmenü *Leisten-Einstellungen* wählen.

2. Im nächsten Dialogfeld bei ***Position*** die Option ***Unten*** wählen und das Dialogfeld wieder schließen.

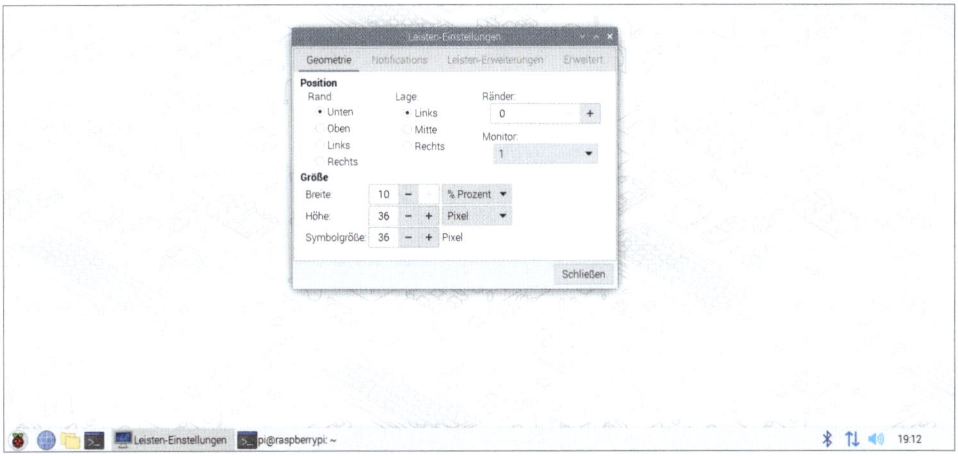


## 030 Blaue Fensterrahmen zurückholen

Umsteiger von früheren Raspberry-Pi-OS-Versionen stören sich oft am grauen, kontrastarmen Design der Fenster auf dem Desktop.

1. Im Menü ***Einstellungen/Main Menu Editor*** wählen, um versteckte Programme zum Startmenü hinzuzufügen.
2. In der Liste links ***Einstellungen*** wählen und in der rechten Liste den ausgeblendeten ***Openbox Konfiguration Manager*** einschalten.

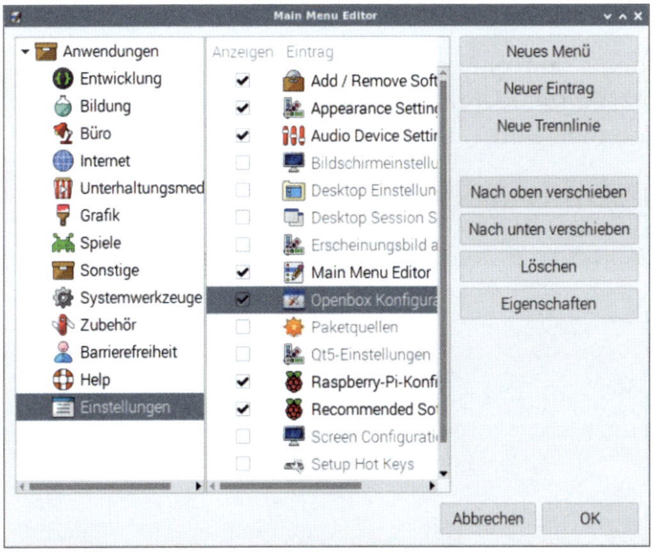

3. Im Bereich ***Thema*** das altbekannte Bildschirmthema ***PiX*** mit den blauen Fensterrahmen auswählen. Das Standardthema der Raspberry-Pi-OS-Version nennt sich ***PiXflat***.

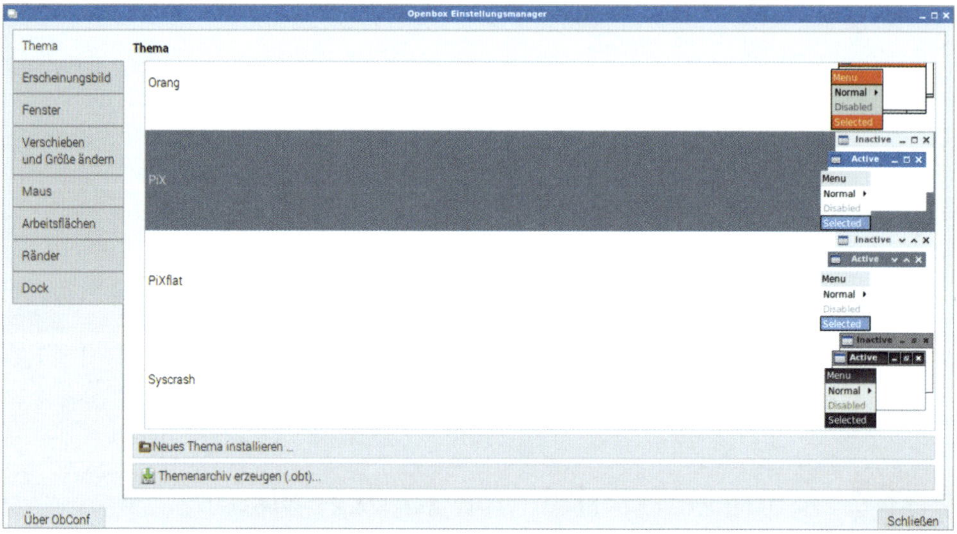


## 031 Texteditoren für Konfigurationsdateien

Die meisten Linux-Konfigurationsdateien liegen in reinem ASCII-Format vor und können direkt mit einem Texteditor bearbeitet werden. Dazu ist keine aufwendige Textverarbeitung nötig. In vielen Fällen sind Konfigurationsdateien für den Standardbenutzer schreibgeschützt. Um diese Dateien zu bearbeiten, muss der Editor mit `sudo` aufgerufen werden.

**Mousepad** ist ein Texteditor auf dem grafischen Desktop, der über das Startmenü und dort ***Zubehör/Text Editor*** oder über das Kontextmenü per Rechtsklick auf eine Textdatei aufgerufen wird.

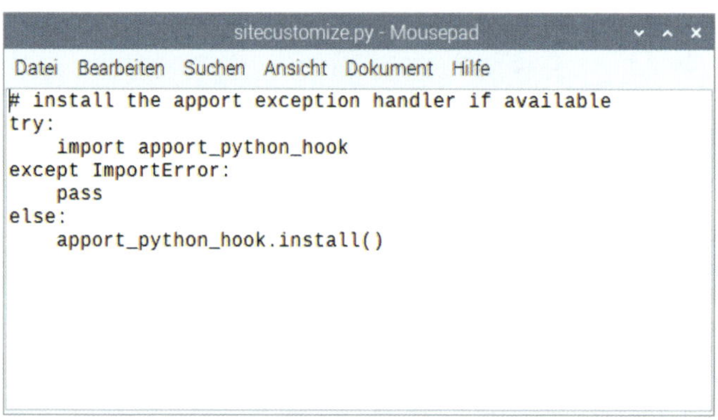

**Nano** ist ein einfacher Texteditor, der ohne grafische Oberfläche auskommt. Er läuft auf Kommandozeilenebene und damit auch in einem PuTTY-Fenster oder direkt auf der Linux-Konsole.

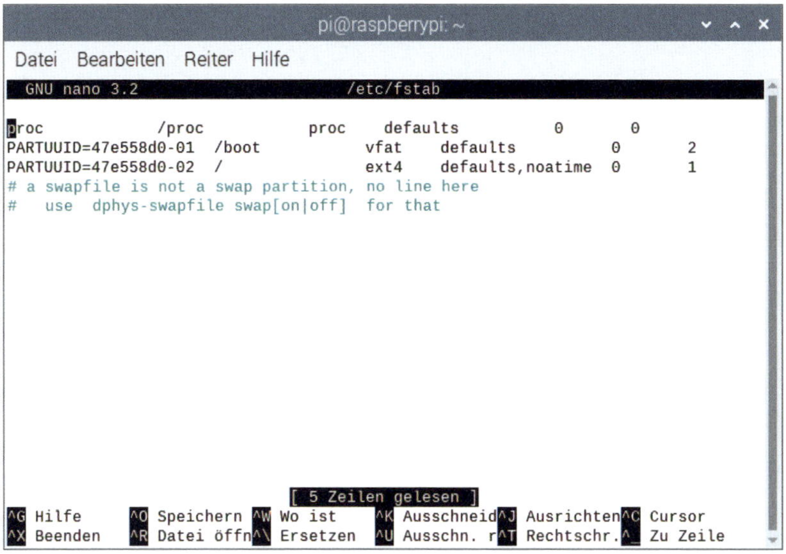


Der Nano-Editor hat keine grafische Oberfläche und dementsprechend auch kein Menü. Die Steuerung erfolgt ausschließlich über Tastenkombinationen. Die wichtigsten werden am unteren Fensterrand angegeben. Die Tabelle zeigt noch deutlich mehr nützliche Befehle zur Steuerung des Nano-Editors.

| Tastenkombination | Alternative Tastenkombination | Funktion |
|---|---|---|
| Strg+G | F1 | Hilfe anzeigen |
| Strg+X | F2 | Aktuellen Dateipuffer schließen/ Nano beenden |
| Strg+O | F3 | Datei speichern |
| Strg+J | F4 | Absatz ausrichten |
| Strg+R | F5 | Datei einfügen |
| Strg+W | F6 | Nach einer Zeichenkette oder einem regulären Ausdruck suchen |
| Strg+Y | F7 | Zum vorhergehenden Bildschirm springen |

| Tastenkombination | Alternative Tastenkombination | Funktion |
|---|---|---|
| Strg+V | F8 | Zum folgenden Bildschirm springen |
| Strg+K | F9 | Die aktuelle Zeile ausschneiden und in der Zwischenablage speichern |
| Strg+U | F10 | Aus der Zwischenablage einfügen |
| Strg+C | F11 | die aktuelle Cursorposition anzeigen |
| Strg+T | F12 | Rechtschreibprüfung aufrufen (wenn verfügbar) |
| Alt+\ | Alt+\| | Zur ersten Zeile der Datei springen |
| Alt+/ | Alt+? | Zur letzten Zeile der Datei springen |
| Strg+_ | Alt+G | Zu einer bestimmten Zeile und Spalte springen |
| Strg+\ | Alt+R | Eine Zeichenkette oder einen regulären Ausdruck ersetzen |
| Strg+^ | Alt+A | Text an der Cursorposition markieren |
| Alt+W | | Letzte Suche wiederholen |
| Alt+^ | Alt+6 | Die aktuelle Zeile kopieren und in der Zwischenablage speichern |
| Alt+} | | Die aktuelle Zeile einrücken |
| Alt+{ | | Die aktuelle Zeile ausrücken |
| Strg+F | | Ein Zeichen vorwärts gehen |
| Strg+B | | Ein Zeichen rückwärts gehen |
| Strg+Leer | | Ein Wort vorwärts gehen |
| Alt+Leer | | Ein Wort rückwärts gehen |

| Tastenkombination | Alternative Tastenkombination | Funktion |
|---|---|---|
| Strg+P | | Zur vorhergehenden Zeile gehen |
| Strg+N | | Zur folgenden Zeile gehen |
| Strg+A | | Zum Anfang der aktuellen Zeile springen |
| Strg+E | | Zum Ende der aktuellen Zeile springen |
| Alt+[ | Alt+9 | Zum Anfang des aktuellen Absatzes springen, dann des vorigen Absatzes |
| Alt+) | Alt+0 | Hinter das Ende des aktuellen Absatzes springen, dann des vorigen Absatzes |
| Alt+] | | Zur passenden Klammer springen |
| Alt+- | Alt+_ | Eine Zeile hochrollen, ohne den Cursor zu bewegen |
| Alt++ | Alt+= | Eine Zeile hinunterrollen, ohne den Cursor zu bewegen |
| Alt+< | Alt+, | Zum vorhergehenden Dateipuffer umschalten |
| Alt+F3 | Alt+. | Zum folgenden Dateipuffer umschalten |
| Alt+V | | Nächstes Zeichen direkt (nicht interpretiert) einfügen |
| Strg+I | | Einen Tabulator an der Cursorposition einfügen |
| Strg+M | | Einen Zeilenumbruch an der Cursorposition einfügen |
| Strg+D | | Zeichen an der Cursorposition löschen |

| Tastenkombination | Alternative Tastenkombination | Funktion |
|---|---|---|
| Strg+H | | Zeichen links vom Cursor löschen |
| Alt+T | | Vom Cursor bis zum Dateiende ausschneiden |
| Alt+J | | Die gesamte Datei ausrichten |
| Alt+D | | Die Zahl der Wörter, Zeilen und Zeichen zählen |
| Strg+L | | Bildschirm auffrischen (neu zeichnen) |
| Strg+Z | | Den Editor in den Hintergrund schieben (wenn *suspend* eingeschaltet ist) |
| Alt+X | | Hilfe-Modus aktivieren/deaktivieren |
| Alt+C | | *Cursorposition ständig anzeigen* aktivieren/deaktivieren |
| Alt+O | | Verwendung einer Zeile mehr zum Editieren aktivieren/deaktivieren |
| Alt+S | | Sanftes Rollen aktivieren/deaktivieren |
| Alt+P | | Weißraumanzeige aktivieren/deaktivieren |
| Alt+Y | | Farbige Syntaxhervorhebung aktivieren/deaktivieren |
| Alt+H | | Intelligente Pos 1-Taste aktivieren/deaktivieren |
| Alt+I | | Automatischen Einzug aktivieren/deaktivieren |
| Alt+K | | Bis Ende ausschneiden aktivieren/deaktivieren |

| Tastenkombination | Alternative Tastenkombination | Funktion |
|---|---|---|
| Alt+L | | Lange Zeilen umbrechen aktivieren/deaktivieren |
| Alt+Q | | Umwandlungen eingegebener Tabulatoren in Leerzeichen aktivieren/deaktivieren |
| Alt+B | | Sicherungskopien aktivieren/deaktivieren |
| Alt+F | | Mehrere Dateipuffer aktivieren/deaktivieren |
| Alt+M | | Mausunterstützung aktivieren/deaktivieren |
| Alt+N | | Keine Umwandlung aus DOS/Mac-Format aktivieren/deaktivieren |
| Alt+Z | | In den Hintergrund aktivieren/deaktivieren |
| Alt+$ | | Lange Zeilen fließend umbrechen aktivieren/deaktivieren |

## 032 Bildschirmschoner abschalten

Leider bieten die grafischen Konfigurationstools keine Möglichkeit, den Bildschirmschoner abzuschalten.

1. Konfigurationsdatei *lightdm.conf* bearbeiten:
   ```
   sudo mousepad /etc/lightdm/lightdm.conf
   ```
2. Im Abschnitt *[Seat:*]* diese Zeile:
   ```
   #xserver-command=X
   ```
   durch diese ersetzen:
   ```
   xserver-command=X -s 0 -dpms
   ```

3. Datei speichern und Raspberry Pi neu starten.

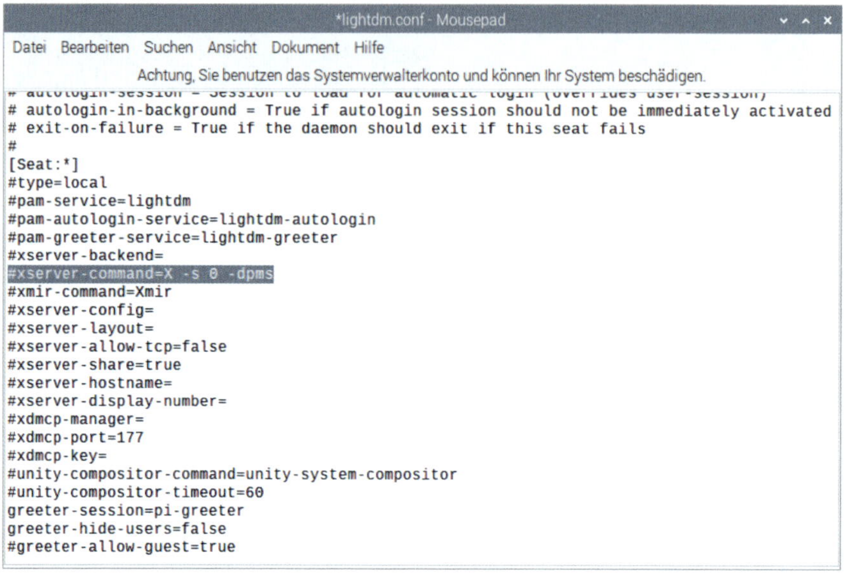


## 033 Desktop-Verknüpfungen für Programme aus dem Startmenü anlegen

Mit der rechten Maustaste auf ein Programm im Startmenü klicken und im Kontextmenü ***Zur Arbeitsfläche hinzufügen*** wählen.

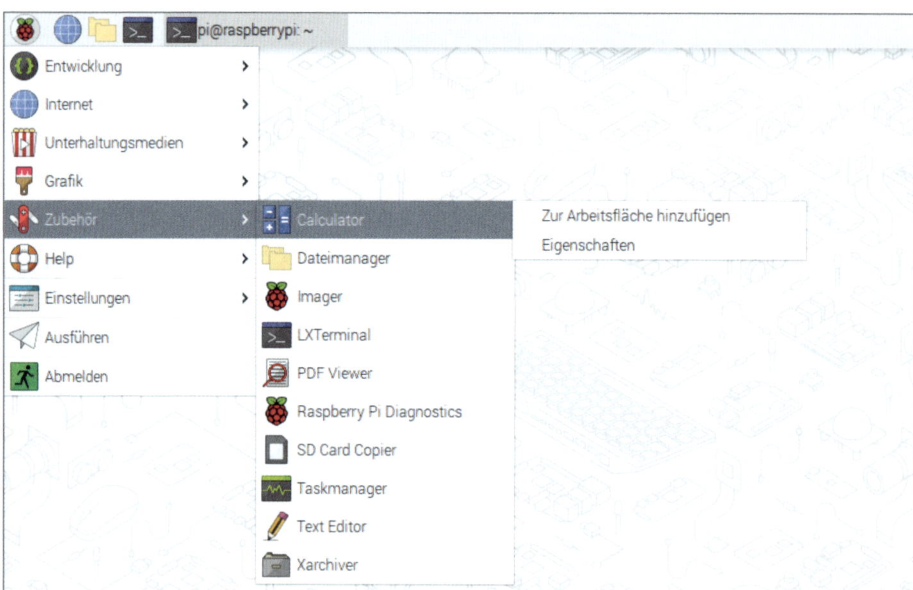

## 034 Die wichtigsten Standardverzeichnisse in Linux

Diese Verzeichnisstruktur ist auf den oberen Ebenen in allen Unix-basierten Systemen gleich. Die Linux Foundation veröffentlicht bei **www.pathname.com/fhs** den aktuellen Filesystem Hierarchy Standard (deutsche Übersetzung: **bit.ly/ZhgOV7**).

| Verzeichnis | Bedeutung |
|---|---|
| / | Unter dem Wurzelverzeichnis sind alle anderen Verzeichnisse angeordnet. Dies bezieht sich nicht auf ein Laufwerk, sondern auf die gesamte Verzeichnisstruktur. |
| /bin | Wichtige, immer verfügbare Programme, zum Beispiel die Unix-Shell und die Shell-Kommandos. |
| /boot | Der Linux-Kernel `vmlinuz` und Konfigurationsdateien, die zum Booten benötigt werden. |
| /dev | Abkürzung für Devices, sogenannte Gerätedateien. Hier werden für alle Geräte virtuelle Dateien angelegt, über die auf die Geräte zugegriffen werden kann. |
| /etc | Konfigurationsdateien für das System oder einzelne Programme. |
| /home | Unterhalb dieses Verzeichnisses besitzt jeder Benutzer sein Home-Verzeichnis. In einer Raspberry-Pi-OS-Installation ist neben dem Superuser ***root*** nur ein Standardnutzer ***pi*** vorhanden. Sofern keine speziellen Zugriffsrechte vergeben wurden, kann ein Nutzer die Verzeichnisse der anderen Nutzer nicht sehen. Der Nutzer ***root*** hat sein Home-Verzeichnis direkt unter dem Hauptverzeichnis und nicht unter ***/home***. |
| /lib | Funktionsbibliotheken des Betriebssystems. **In diesem Verzeichnis sollte auf keinen Fall irgendetwas verändert werden.** |
| /lost+found | Auf dieses Verzeichnis hat nur das System selbst Zugriff. Hier werden Dateien abgelegt, die bei einem Programmabsturz oder Hardwarefehler entstehen und keinem anderen Verzeichnis mehr zugeordnet werden können. |

| Verzeichnis | Bedeutung |
|---|---|
| /media | In Unterverzeichnissen dieses Verzeichnisses werden externe Festplatten, Speicherkarten, CD-ROM-Laufwerke und USB-Sticks gemountet. |
| /mnt | Hier kann man selbst andere Dateisysteme in die Verzeichnisstruktur mounten. |
| /opt | Optionale Software; in diesem Verzeichnis werden vor allem große Programmpakete installiert. |
| /proc | Jedes laufende Programm erhält hier automatisch ein Unterverzeichnis mit Dateien, die genaue Informationen zum jeweiligen Prozess geben. Dieses Verzeichnis ist als Schnittstelle zum Kernel gedacht, sodass Programme auf Systemfunktionen und Funktionen anderer Programme zugreifen können. |
| /root | Das Home-Verzeichnis des Benutzers ***root***. Es liegt traditionell im Hauptverzeichnis, damit der Administrator auch dann auf seine Dateien zugreifen kann, wenn aufgrund eines Fehlers der Zugriff auf andere Partitionen nicht mehr möglich ist. Der Standardnnutzer ***pi*** sieht hier nur ein leeres Verzeichnis. |
| /run | Dieses Verzeichnis enthält Informationen über das System seit seinem Start. |
| /sbin | Wichtige Systemprogramme, auf die nur der Administrator ***root*** Zugriff hat. |
| /selinux | Verzeichnis für die Kernel-Erweiterung Security Enhanced Linux. Sie wird auf dem Raspberry Pi standardmäßig nicht genutzt. |
| /srv | Spezielle Dateien laufender Dienste. |
| /sys | Virtuelles Verzeichnis für Systeminformationen. |
| /tmp | Das Temporärverzeichnis zur Ablage temporärer Dateien und zum Datenaustausch zwischen Benutzern. |

| Verzeichnis | Bedeutung |
|---|---|
| /usr | In diesem Verzeichnis liegen die Unterverzeichnisse für die installierten Programme. Da dieses Verzeichnis üblicherweise mit Abstand das größte in einem System ist, ist eine detaillierte Unterteilung nötig. Linux verwendet diverse Unterverzeichnisse, in denen die einzelnen Programme, Bibliotheken und Systemkommandos eingeordnet sind. |
| /var | Abkürzung für **var**iabel, ein Verzeichnis für Dateien, die sich ständig ändern. Hier liegen in Unterverzeichnissen z. B. Browsercache und Druckerspooler. |

## 035 LXTerminal mit weißem Hintergrund

LXTerminal-Fenster sind mit schwarzer Schrift auf weißem Hintergrund deutlich besser lesbar als in der Standardeinstellung mit grauer Schrift auf schwarzem Grund.

1. *Bearbeiten/Einstellungen* im LXTerminal-Fenster.
2. Vordergrundfarbe auf Schwarz und Hintergrundfarbe auf Weiß einstellen.
3. Mit *OK* bestätigen.

## 036 Uhrzeit ohne Internetverbindung einstellen

1. Terminal starten: `sudo date "0418190023"`
2. Die Zeit wird in folgendem Format angegeben: `MMTThhmmJJ`

Diese Zeiteinstellung gilt nur bis zum nächsten Neustart. Es gibt keine batteriegepufferte Uhr. Sobald der Raspberry Pi eine Internetverbindung hat, wird automatisch die richtige Zeit angezeigt.

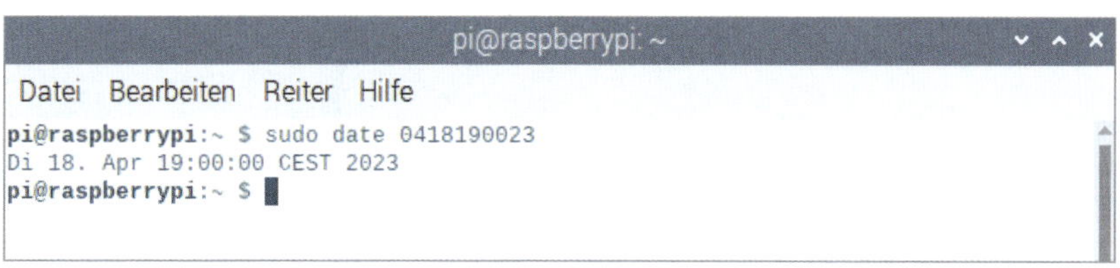

## 037 Freien Speicherplatz anzeigen

Der Dateimanager auf dem Desktop zeigt unten rechts den freien Speicherplatz auf der Speicherkarte an. Ist auf der Speicherkarte zu wenig Platz frei, kann es passieren, dass die grafische Oberfläche nicht mehr startet. Spätestens jetzt muss über die Kommandozeile die Speicherkarte aufgeräumt werden.

`df -h` zeigt den genutzten sowie den freien Speicherplatz in allen Dateisystemen auf dem Raspberry Pi an. Entscheidend ist die oberste Zeile `/dev/root`.

```
pi@raspberrypi: ~
Datei  Bearbeiten  Reiter  Hilfe
pi@raspberrypi:~ $ df -h
Dateisystem    Größe Benutzt Verf. Verw% Eingehängt auf
/dev/root        58G    3,5G   52G    7% /
devtmpfs        1,7G       0  1,7G    0% /dev
tmpfs           1,9G       0  1,9G    0% /dev/shm
tmpfs           759M    1,3M  758M    1% /run
tmpfs           5,0M    4,0K  5,0M    1% /run/lock
/dev/mmcblk0p1  255M     31M  225M   13% /boot
tmpfs           380M     24K  380M    1% /run/user/1000
pi@raspberrypi:~ $
```

## 038 Große Verzeichnisse finden

`du -d1 -h` zeigt den genutzten Speicherplatz der einzelnen Unterverzeichnisse des aktuellen Verzeichnisses an. So findet man schnell große Unterverzeichnisse.

```
pi@raspberrypi: ~
Datei  Bearbeiten  Reiter  Hilfe
pi@raspberrypi:~ $ du -d1 -h
9,6M    ./Pictures
120K    ./.cache
13M     ./.local
du: das Verzeichnis './.dbus' kann nicht gelesen werden: Keine Berechtigung
4,0K    ./.dbus
4,0K    ./Music
4,0K    ./Documents
35M     ./Bookshelf
4,0K    ./Templates
4,0K    ./Videos
72K     ./.pp_backup
212K    ./.config
4,0K    ./Downloads
4,0K    ./Desktop
4,0K    ./Public
80M     .
pi@raspberrypi:~ $
```

## 039 Speicherkarte aufräumen, wenn der Raspberry Pi nicht mehr bootet

Wird der freie Speicherplatz auf der Speicherkarte zu knapp, startet die grafische Oberfläche nicht, und man hat keine Möglichkeit mehr, mit dem Dateimanager auf dem Raspberry Pi aufzuräumen. Der Raspberry Pi startet im Textmodus. Hier können Linux-Kommandozeilenbefehle eingegeben werden.

1. Überflüssige Dateien unter */home/pi* löschen. Meist ist */usr* das größte Verzeichnis. **Hier nichts unbedacht löschen!**
2. `sudo apt clean` löscht den Cache von `apt-get` ohne installierte Pakete zu löschen.
3. Alte Protokolldateien löschen:

```
sudo rm -f /var/log/{*.gz,*.[0-9]}
```

4. `dpkg -l >pakete.txt` erzeugt eine Liste aller installierten Pakete. Diese Liste im Texteditor öffnen:

```
mousepad pakete.txt
```

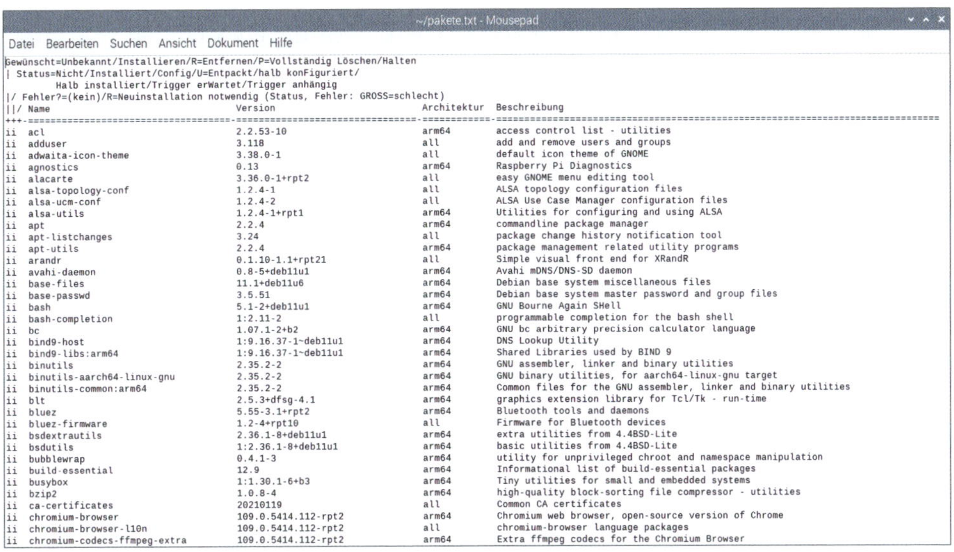

```
~/pakete.txt - Mousepad
Datei  Bearbeiten  Suchen  Ansicht  Dokument  Hilfe
Gewünscht=Unbekannt/Installieren/R=Entfernen/P=Vollständig Löschen/Halten
| Status=Nicht/Installiert/Config/U=Entpackt/halb konFiguriert/
       Halb installiert/Trigger erWartet/Trigger anhängig
|/ Fehler?=(kein)/R=Neuinstallation notwendig (Status, Fehler: GROSS=schlecht)
||/ Name                          Version                  Architektur Beschreibung
+++-=============================-========================-===========-===============================================================
ii  acl                           2.2.53-10                arm64       access control list - utilities
ii  adduser                       3.118                    all         add and remove users and groups
ii  adwaita-icon-theme            3.38.0-1                 all         default icon theme of GNOME
ii  agnostics                     0.13                     arm64       Raspberry Pi Diagnostics
ii  alacarte                      3.36.0-1+rpt2            all         easy GNOME menu editing tool
ii  alsa-topology-conf            1.2.4-1                  all         ALSA topology configuration files
ii  alsa-ucm-conf                 1.2.4-2                  all         ALSA Use Case Manager configuration files
ii  alsa-utils                    1.2.4-1+rpt1             arm64       Utilities for configuring and using ALSA
ii  apt                           2.2.4                    arm64       commandline package manager
ii  apt-listchanges               3.24                     all         package change history notification tool
ii  apt-utils                     2.2.4                    arm64       package management related utility programs
ii  arandr                        0.1.10-1.1+rpt21         all         Simple visual front end for XRandR
ii  avahi-daemon                  0.8-5+deb11u1            arm64       Avahi mDNS/DNS-SD daemon
ii  base-files                    11.1+deb11u6             arm64       Debian base system miscellaneous files
ii  base-passwd                   3.5.51                   arm64       Debian base system master password and group files
ii  bash                          5.1-2+deb11u1            arm64       GNU Bourne Again SHell
ii  bash-completion               1:2.11-2                 all         programmable completion for the bash shell
ii  bc                            1.07.1-2+b2              arm64       GNU bc arbitrary precision calculator language
ii  bind9-host                    1:9.16.37-1~deb11u1      arm64       DNS Lookup Utility
ii  bind9-libs:arm64              1:9.16.37-1~deb11u1      arm64       Shared Libraries used by BIND 9
ii  binutils                      2.35.2-2                 arm64       GNU assembler, linker and binary utilities
ii  binutils-aarch64-linux-gnu    2.35.2-2                 arm64       GNU binary utilities, for aarch64-linux-gnu target
ii  binutils-common:arm64         2.35.2-2                 arm64       Common files for the GNU assembler, linker and binary utilities
ii  blt                           2.5.3+dfsg-4.1           arm64       graphics extension library for Tcl/Tk - run-time
ii  bluez                         5.55-3.1+rpt2            arm64       Bluetooth tools and daemons
ii  bluez-firmware                1.2-4+rpt10              all         Firmware for Bluetooth devices
ii  bsdextrautils                 2.36.1-8+deb11u1         arm64       extra utilities from 4.4BSD-Lite
ii  bsdutils                      1:2.36.1-8+deb11u1       arm64       basic utilities from 4.4BSD-Lite
ii  bubblewrap                    0.4.1-3                  arm64       utility for unprivileged chroot and namespace manipulation
ii  build-essential               12.9                     arm64       Informational list of build-essential packages
ii  busybox                       1:1.30.1-6+b3            arm64       Tiny utilities for small and embedded systems
ii  bzip2                         1.0.8-4                  arm64       high-quality block-sorting file compressor - utilities
ii  ca-certificates               20210119                 all         Common CA certificates
ii  chromium-browser              109.0.5414.112-rpt2      arm64       Chromium web browser, open-source version of Chrome
ii  chromium-browser-l10n         109.0.5414.112-rpt2      all         chromium-browser language packages
ii  chromium-codecs-ffmpeg-extra  109.0.5414.112-rpt2      arm64       Extra ffmpeg codecs for the Chromium Browser
```

5. Nicht benötigte Pakete mit

```
sudo apt purge <paketname>
```

deinstallieren.

6. `apt` zeigt beim Entfernen automatisch installierte Pakete an, die nach der Entfernung eines Pakets ebenfalls nicht mehr benötigt werden. Diese danach mit `sudo apt autoremove` entfernen.

**Vorsicht**

Keine unbekannten Pakete planlos deinstallieren. Viele Pakete werden von Raspberry Pi OS zum normalen Betrieb benötigt. Am besten nur bekannte und selbst installierte Pakete entfernen. Abhängige Pakete werden automatisch mit entfernt. Wer das vorinstallierte ***Mathematica*** und ***Wolfram*** nicht nutzt, kann mit dem Entfernen von ***wolfram-engine*** viel Platz gewinnen.

## 040 Betriebssystem und vorinstallierte Programme updaten

Das Kommandozeilentool `apt` kann alle installierten Programme und Betriebssystempakete auf einmal auf den aktuellen Stand updaten.

```
sudo apt update
sudo apt full-upgrade
```

Alle Anfragen mit der Standardantwort [↵] beantworten. Danach neu starten.

## 041 Screenshots vom Raspberry-Pi-Desktop erstellen

Das Kommandozeilentool `scrot` erstellt Screenshots vom gesamten Bildschirm oder von Teilbereichen.

`scrot` ohne weitere Parameter erstellt nach einer Wartezeit von etwa zwei Sekunden einen Screenshot des gesamten Desktops. Die Datei liegt im Home-Verzeichnis. Der Name setzt sich aus Datum, Uhrzeit und Bildschirmauflösung zusammen. Zusätzlich lassen sich Optionen und ein Dateiname angeben:

```
scrot [Optionen]... [Dateiname]
```

Die Tabelle zeigt die möglichen Optionen:

| Parameter | Funktion |
|---|---|
| -b | Erfasst beim Screenshot eines Fensters die Fensterrahmen mit |
| -c | Countdown vor dem Screenshot |
| -d | Wartezeit vor dem Screenshot in Sekunden |

| Parameter | Funktion |
|---|---|
| -e | Führt anschließend einen Linux-Befehl oder ein Programm mit dem Bild aus |
| -h | Zeigt einen Hilfetext, erzeugt aber keinen Screenshot |
| -q | Bildqualität (1–100, Standard: 75) |
| -s | Interaktiv Fenster oder Rechteck auswählen |
| -t | Zusätzlich Thumbnail generieren (Größe in Prozent angeben) |
| -u | Screenshot des aktiven Fensters erstellen |
| -v | Zeigt die Versionsnummer, erzeugt aber keinen Screenshot |
| -z | Stille Ausführung ohne Signalton |

Der Dateiname kann über Parameter definiert werden. Näheres dazu auf der Hilfeseite, die man mit dem Befehl `scrot -h` erreicht.

## 042 Wissenschaftlicher Taschenrechner

Raspberry Pi OS liefert im Startmenü unter ***Zubehör/Calculator*** einen Taschenrechner mit, der nur auf den ersten Blick simpel erscheint.

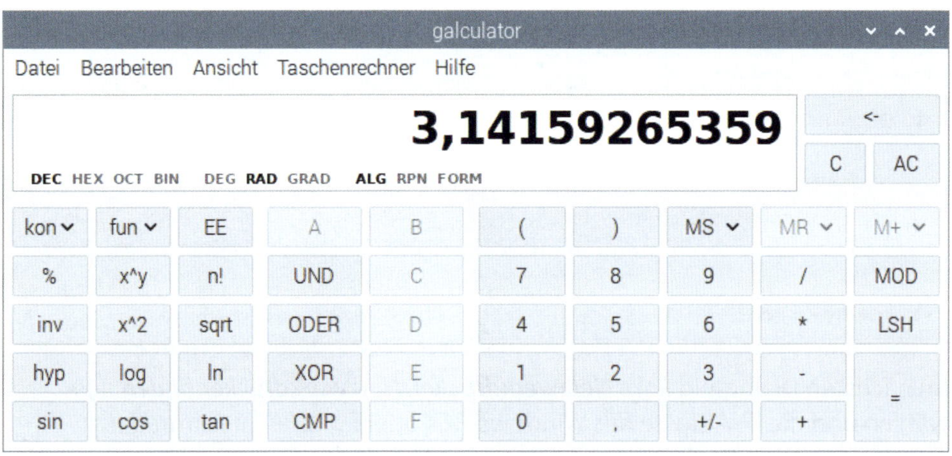

Im Menü ***Ansicht*** auf ***Wissenschaftlicher*** Modus umschalten. Der Taschenrechner bietet dann deutlich mehr Funktionen.

- Die Symbole ***DEC***, ***HEX***, ***OCT***, ***BIN*** links in der Anzeige schalten zwischen verschiedenen Zahlensystemen um und aktivieren bzw. deaktivieren entsprechende Tasten, die im jeweiligen Zahlensystem nicht verwendet werden können.
- Die Symbole ***DEG***, ***RAD***, ***GRAD*** in der Mitte der Anzeige schalten zwischen verschiedenen Winkeleinheiten um.
- Die Symbole ***ALG***, ***RPN***, ***FORM*** rechts in der Anzeige schalten zwischen verschiedenen Eingabemethoden um. ***RPN*** steht für die umgekehrt polnische Notation, ***FORM*** blendet eine Zeile zur Eingabe von Formeln ein.
- Über die Taste ***kon*** lassen sich Konstanten, zum Beispiel Pi, eingeben. Diese Konstanten werden über den Menüpunkt ***Bearbeiten/Einstellungen*** auf der Registerkarte ***Konstanten*** definiert.
- Auf die gleiche Weise lassen sich Funktionen definieren, die über die Taste ***fun*** eingegeben werden.

## 043 Drucker einrichten

Raspberry Pi OS unterstützt lokal am USB-Port angeschlossene Drucker sowie auch freigegebene Drucker an Windows-PCs oder Printservern.

1. Im Startmenü ***Einstellungen/Druckeinstellungen*** wählen.
2. Lokal angeschlossene Drucker werden automatisch erkannt. Für Netzwerkdrucker auf ***Hinzufügen*** klicken.

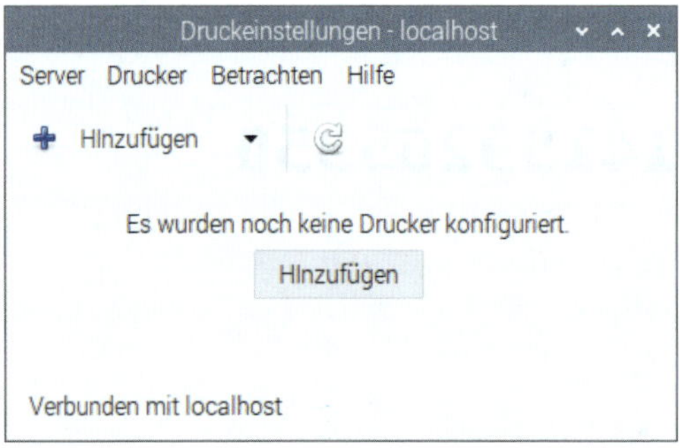


3. Im nächsten Dialogfeld links ***Netzwerkdrucker/Netzwerkdrucker finden*** auswählen und die IP-Adresse des Windows-PCs oder Printservers eintragen. Anschließend auf ***Finden*** klicken.

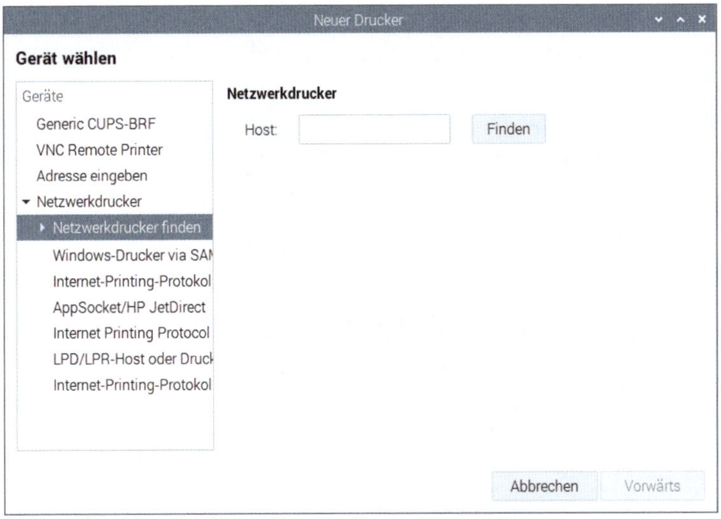


4. Zugangsdaten eines gültigen Benutzers auf dem Windows-PC oder Printserver eintragen.
5. Wenn der Drucker gefunden wurde, ***Authentifizierung-Details jetzt festlegen*** wählen und Benutzerdaten eingeben. **Achtung:** Hier wird zuerst das Passwort eingetragen und danach der Benutzername.

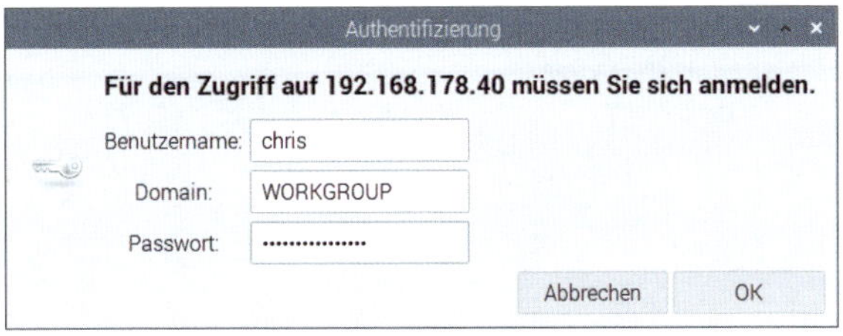


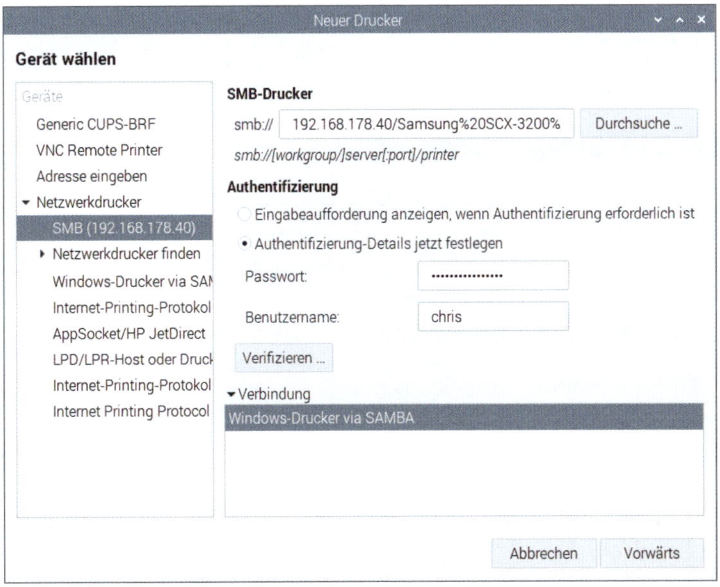

6. Falls eine Anfrage erscheint, dass noch ein Paket ***smbclient*** installiert werden muss, dieses installieren und dabei mit dem Raspberry-Pi-Passwort (Standard: raspberry) autorisieren.
7. Druckertreiber auswählen: Ist in der Liste ein Druckertreiber vorhanden, diesen wählen. Wenn nicht, funktioniert ***Generic/PCL Laser*** mit den meisten Laserdruckern.
8. Bietet der Drucker installierbare Optionen wie Duplex oder andere an, können diese ausgewählt werden.
9. Optionale Druckerbeschreibung eintragen oder Vorgabewerte übernehmen.

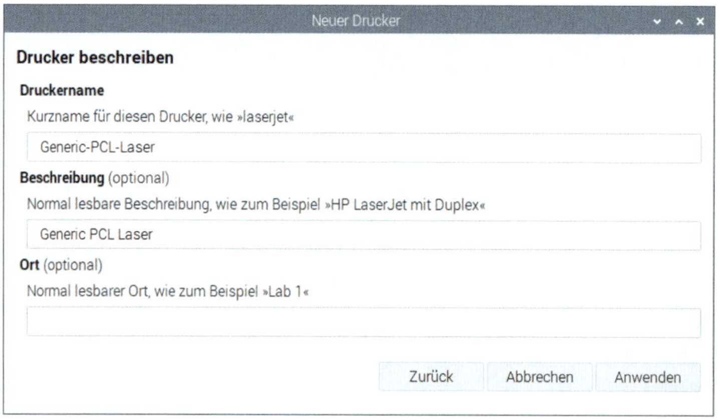


10. Testseite drucken, um zu prüfen, ob der Treiber und der Drucker miteinander funktionieren.
11. Der Drucker erscheint in der Liste installierter Drucker.

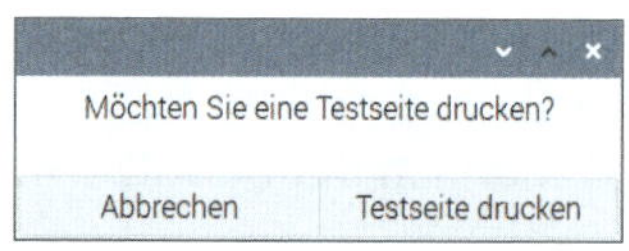


12. Ein Doppelklick auf den Drucker öffnet den ***Einstellungen***-Dialog. Hier können weitere Druckereinstellungen vorgenommen werden.

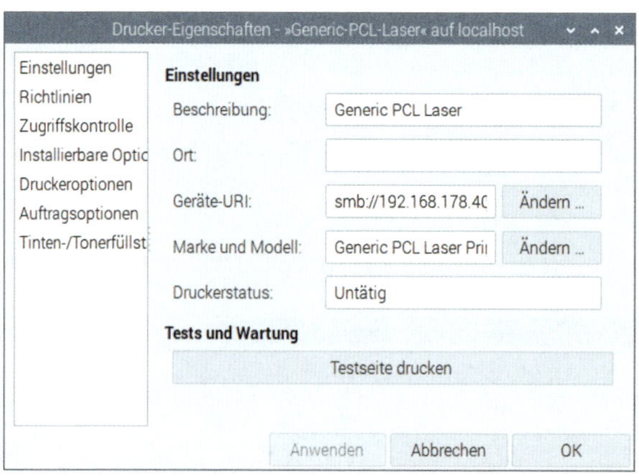

## 044 Drucken aus einem Linux-Programm

Die meisten Linux-Programme enthalten ähnlich wie Windows-Software Standard-Druckdialoge.

1. ***Datei/Drucken*** im Menü des Programms wählen oder auf das Druckersymbol klicken.
2. Drucker auswählen, falls mehrere installiert sind.
3. Zu druckende Seiten und Anzahl der Kopien festlegen.
4. Je nach Programm stehen noch Möglichkeiten zur Einrichtung von Seitenrändern oder zur Auswahl der zu druckenden Inhalte zur Verfügung.
5. Klick auf ***Drucken***.

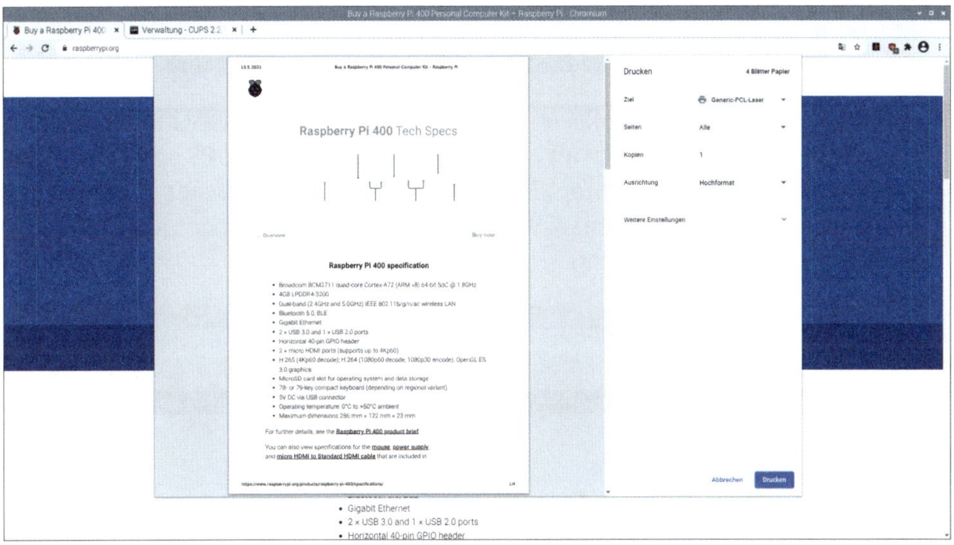


## 045 Netzwerkdrucker mit CUPS einrichten

Linux-Computer verwenden zum Drucken das sogenannte **C**ommon **U**nix **P**rinting **S**ystem (CUPS). Die Software wandelt die Druckaufträge von Programmen für die jeweils verfügbaren Drucker um. Diese können lokal angeschlossen oder über das Netzwerk verbunden sein. CUPS ist in den aktuellen Raspberry-Pi-OS-Versionen vorinstalliert.

1. CUPS-Konfiguration im Browser öffnen: `localhost:631`
2. Auf der Registerkarte ***Verwaltung*** auf ***Drucker hinzufügen*** klicken. Wenn eine Aufforderung zur Anmeldung erscheint, mit dem Benutzernamen ***pi*** und dem Passwort ***raspberry*** oder dem persönlich geänderten Passwort anmelden.

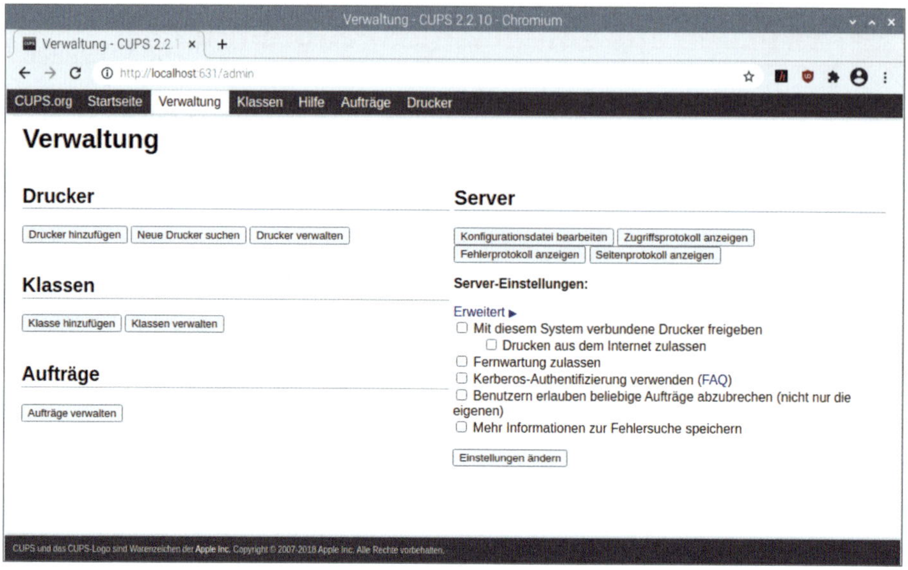


3. Nach kurzer Zeit werden lokal an den USB-Anschlüssen angeschlossene Drucker sowie freigegebene Drucker im Netzwerk angezeigt, die CUPS erkennen kann. Das sind leider nicht alle unter Windows freigegebenen Drucker. Hier den gewünschten Drucker auswählen. Wird kein Netzwerkdrucker gefunden, ***Windows Printer via SAMBA*** auswählen.

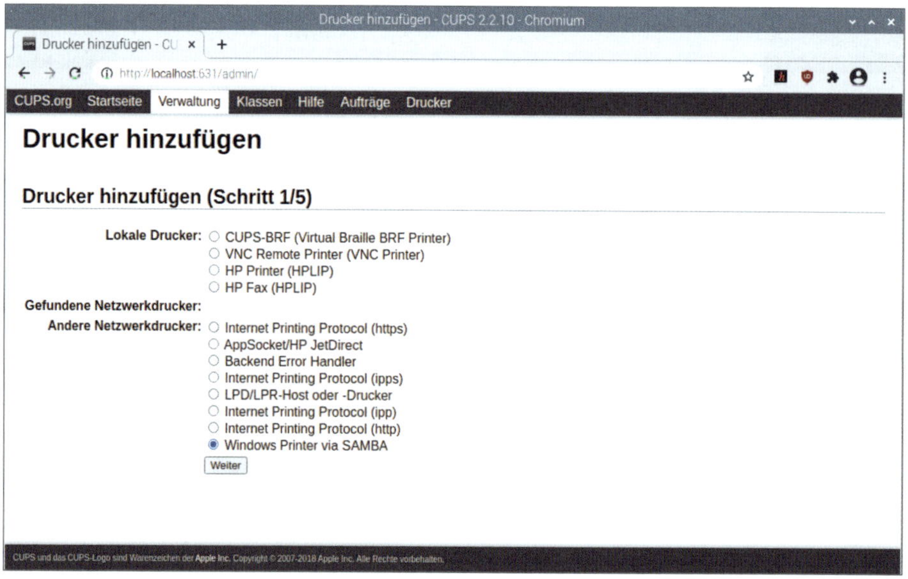


4. Adresse des Druckers im Format smb://<IP-Adresse oder Hostname>/<Druckerfreigabename> eintragen.

> **Windows-Freigabenamen**
> In den Freigabenamen unter Windows keine Leerzeichen oder Sonderzeichen außer – und _ verwenden.

5. Eindeutigen Namen und Beschreibung für den neuen Drucker festlegen. Auf *Weiter* klicken.

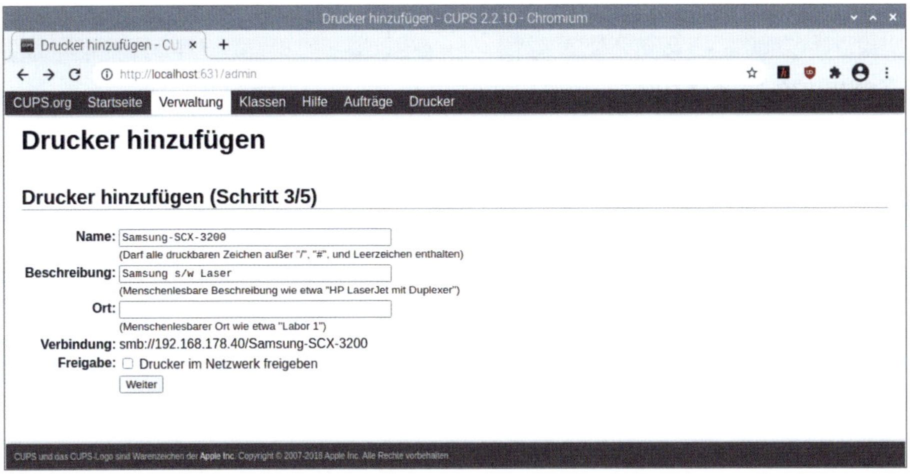


6. Druckerhersteller und Druckertyp auswählen, um den passenden Treiber zu installieren. Danach auf *Drucker hinzufügen* klicken. Ist kein Treiber für den verwendeten Drucker gelistet, funktioniert meistens *Generic PCL Laser Printer*.

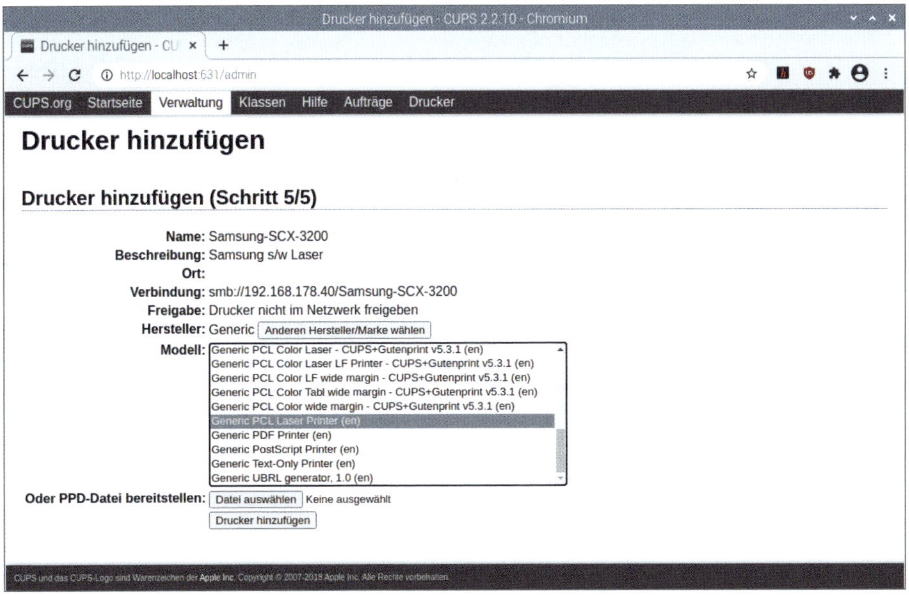

7. Danach folgt die Seite ***Druckeroptionen festlegen***, dort unter anderem Papierformat, Papierzufuhr und Druckauflösung festlegen.
8. Nach einem Klick auf ***Standardeinstellungen festlegen*** wird der Drucker initialisiert und steht ab sofort in allen Programmen, aus denen heraus gedruckt werden kann, zur Verfügung. Im Listenfeld ***Wartung*** kann eine Druckertestseite gedruckt werden.

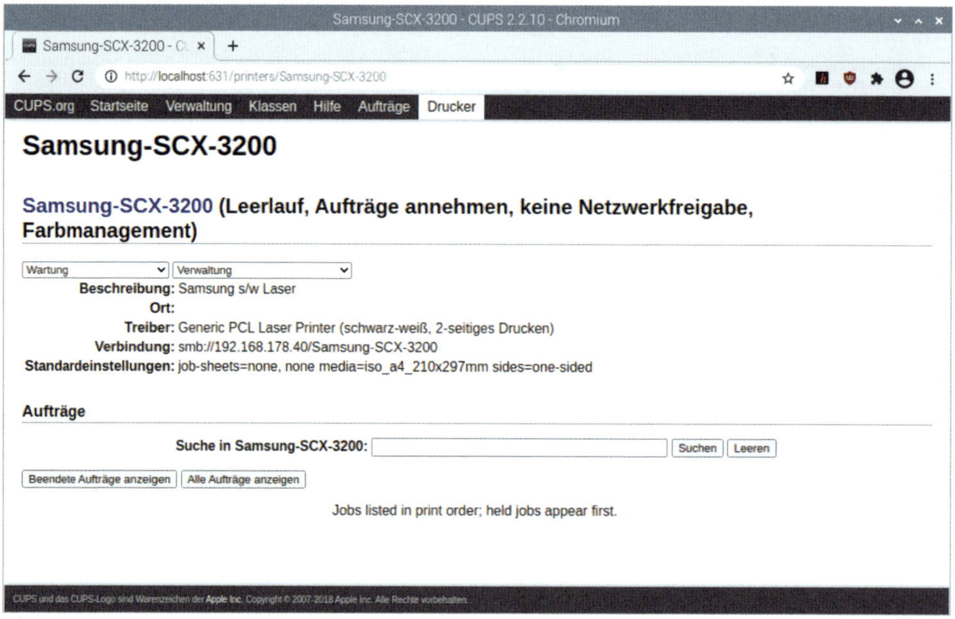

## 046 Empfohlene Programme der Raspberry Pi Foundation

Im Startmenü unter *Einstellungen/Recommended Software* empfiehlt die Raspberry Pi Foundation Programme, die teilweise schon vorinstalliert sind.

1. Hier fehlende Programme auswählen und nachinstallieren oder nicht benötigte Programme ausschalten und entfernen, um freien Speicherplatz auf der Speicherkarte zu gewinnen.
2. Überfahren mit der Maus zeigt kurze Informationen zu jedem Programm sowie einen Link auf die Webseite des Projekts.

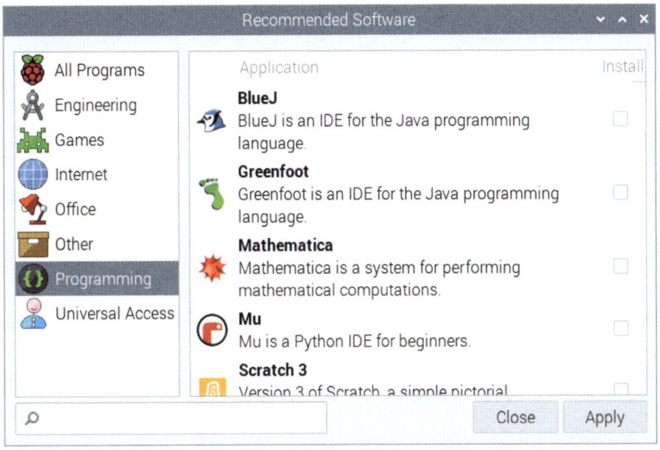


### Wenn eine Fehlermeldung erscheint

Unter bestimmten Voraussetzungen kann es passieren, dass sich das Fenster *Recommended Software* nicht öffnet und stattdessen nur eine Fehlermeldung erscheint. In diesem Fall *Recommended Software* schließen, in einem Kommandozeilenfenster eingeben:

```
sudo apt update --allow-releaseinfo-change
```

*Recommended Software* neu starten.

## 047 Software als Linux-Paket installieren

- `sudo apt update` liest die neusten Paketlisten ein, damit die Möglichkeit besteht, aktuelle Versionen der Pakete herunterzuladen und zu installieren. Die Pakete selbst werden dabei nicht aktualisiert.

- `sudo apt install [Paketname]` installiert ein neues Paket. Dazu muss der Paketname bekannt sein. Abhängige Pakete werden automatisch mit installiert.
- `sudo apt upgrade` aktualisiert installierte Pakete.
- `sudo apt purge [Paketname]` entfernt ein installiertes Paket einschließlich seiner Konfigurationsdateien restlos.
- `sudo apt full-upgrade` aktualisiert die gesamte Raspberry-Pi-OS-Distribution.

## 048 Software über grafische Paketverwaltung installieren

Die kommandozeilenbasierte Paketverwaltung ***apt*** eignet sich gut für skriptgesteuerte automatisierte Prozesse, ist aber alles andere als benutzerfreundlich. Wesentlich mehr Komfort und Möglichkeiten bietet die grafische Paketverwaltung.

1. Im Startmenü unter ***Einstellungen/Add remove software*** die Softwareverwaltung starten.
2. Gewünschtes Programm suchen und mit dem Häkchen zur Installation vormerken. Abhängige Pakete werden automatisch mit ausgewählt.
3. Alle Befehle werden zunächst zur Ausführung vorgemerkt und mit einem Klick auf ***Apply*** unbeaufsichtigt alle nacheinander ausgeführt.
4. Zur Legitimation mit dem Passwort ***raspberry*** autorisieren.

Die Installation mehrerer großer Pakete kann durch Abhängigkeiten von anderen Paketen manchmal sehr lange dauern.

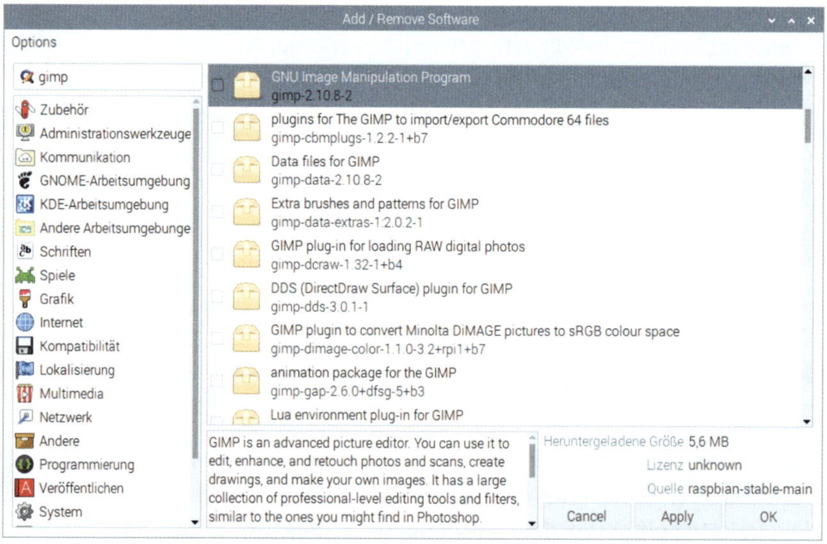

## 049 Archive packen und entpacken

Der **xarchiver** im Startmenü unter ***Zubehör*** ist in den Kontextmenüs aller unterstützten Dateitypen enthalten und meist auch als Standardanwendung per Doppelklick eingetragen.

Unterstützte Dateiformate: ***.arj***, ***.bzip2***, ***.gzip***, ***.lha***, ***.lzma***, ***.7z***, ***.rar***, ***.tar***, ***.tar.bz2***, ***.tar.gz***, ***.tar.lzma***, ***.tar.lzop***, ***.zip***. Linux-Installationspakete in den Formaten ***.deb*** und ***.rpm*** lassen sich öffnen, aber nicht neu anlegen.

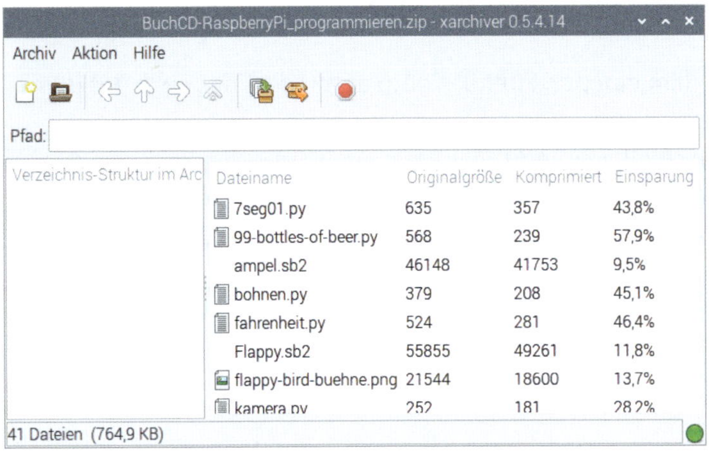


## 050 Ziffernblock aktivieren

Leider schaltet Linux von sich aus den Ziffernblock der Tastatur nicht automatisch ein, was besonders in Office-Anwendungen lästig ist. Man tippt gewohnheitsmäßig Zahlen über den Ziffernblock ein, ohne vorher Num zu drücken. Aber statt die Zahlen einzugeben, bewegt sich der Cursor über den Bildschirm. Das Problem lässt sich mit einem kleinen Programmpaket lösen:

***numlockx*** in der Softwareverwaltung suchen und installieren.

Dieses Paket braucht nur installiert zu sein, dann aktiviert sich der Ziffernblock beim nächsten Neustart des Raspberry Pi 4 automatisch.

**Auf Raspberry Pi 400 nicht zu empfehlen**

Die Tastatur des Raspberry Pi 400 hat einen im Buchstabenfeld eingebetteten Ziffernblock. Bei Verwendung von ***numlockx*** würden einige Buchstaben durch Ziffern ersetzt.

## 051 Firefox synchronisiert mit dem PC

Seit Google die Synchronisation von Lesezeichen, Verlauf und Passwörtern mit dem Chromium-Browser eingestellt hat, ist Firefox wieder eine interessante Alternative, um Browserdaten zwischen Windows-PC und Raspberry Pi zu synchronisieren.

1. ***Mozilla Firefox*** und das ***German language package*** in der Softwareverwaltung suchen und installieren.
2. Im Startmenü ***Internet/Firefox*** wählen. Beim ersten Start können Lesezeichen und Verlaufsliste aus dem vorinstallierten Chromium-Browser übernommen werden.
3. Auf der Startseite mit dem eigenen Firefox-Konto anmelden, das auch auf dem PC verwendet wird.
4. Link in der Bestätigungsmail anklicken. Das kann auch auf einem anderen Computer oder einem Smartphone erfolgen. Danach startet die Synchronisation von Lesezeichen, Verlauf und Anmeldedaten automatisch.

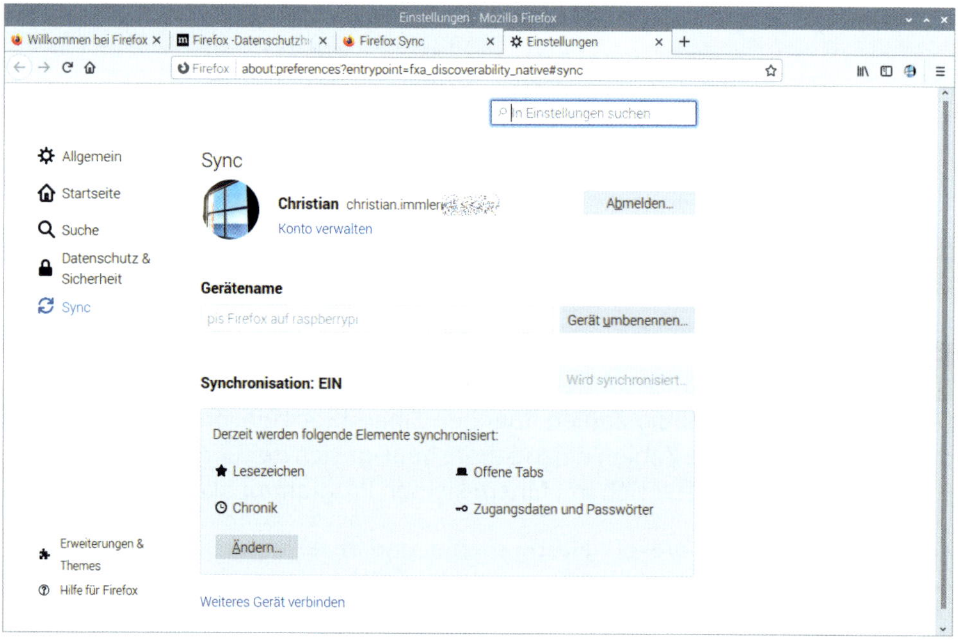


## 052 Werbe-Pop-ups in Firefox blockieren

Wie in Firefox auf dem PC ist auch in der Raspberry-Pi-Version standardmäßig ein Pop-up-Blocker aktiv.

1. Versucht eine Webseite, ein Pop-up zu öffnen, wird es automatisch blockiert, und oben unterhalb der Adresszeile wird eine Meldung angezeigt. Hier kann der Benutzer entscheiden, das Pop-up zuzulassen oder auch nicht.
2. Ein Klick auf den Button ***Einstellungen*** in dieser Leiste blendet ein Menü ein, in dem das Pop-up angezeigt werden kann.
3. An dieser Stelle lassen sich auch die Einstellungen des Pop-up-Blockers ändern, sodass Pop-ups von bestimmten Seiten immer erlaubt werden.
4. Zusätzlich lassen sich in den ***Einstellungen*** unter ***Datenschutz und Sicherheit/ Berechtigungen*** zur Liste der Ausnahmen des Pop-up-Blockers noch beliebige Webseiten hinzufügen, wenn sie Pop-ups verwenden, die vom Pop-up-Blocker nicht automatisch erkannt werden.

## 053 Moderne Browser-Alternative Vivaldi

Vivaldi ist ein innovativer Browser mit vielfältigen Anpassungsmöglichkeiten, der Browserdaten wie Verlauf, Lesezeichen und Passwörter zwischen mehreren Geräten – etwa Raspberry Pi, Windows-PCs und Smartphones – synchronisiert.

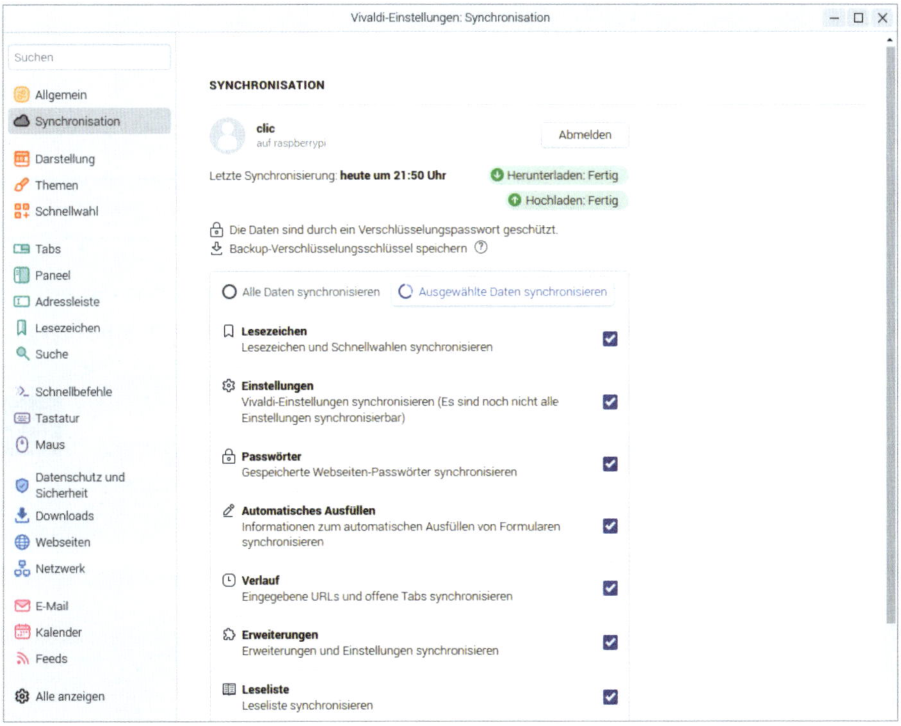


1. Installationspaket bei **vivaldi.com/de/download** herunterladen. Dabei die Variante ***Linux DEB ARM*** auswählen.

2. Datei per Doppelklick öffnen und Installation mit dem Passwort ***raspberry*** oder dem persönlich veränderten Passwort bestätigen.
3. Vivaldi im Startmenü unter ***Internet*** starten.
4. Auf der Startseite gewünschte Konfiguration wählen und Daten aus den installierten Browsern übernehmen.
5. Zur Synchronisation mit dem Vivaldi-Browser auf einem anderen Gerät ist ein Vivaldi-Benutzerkonto erforderlich. Oben rechts mit einem Klick auf das Profilbild zum Sync anmelden, zu synchronisierende Daten auswählen und Synchronisation starten.

## 054 Werbung in Vivaldi blockieren

Vivaldi enthält einen eingebauten Werbeblocker, der Werbung auf Webseiten sowie Pop-ups und Tracker blockieren kann.

1. Links unten auf das ***Einstellungen***-Symbol (Zahnradsymbol) klicken und im Dialogfeld ***Privatsphäre*** wählen.
2. Im Bereich ***Tracker und Werbeblocker*** die Blockierungsstufe ***Tracker und Werbung blockieren*** auswählen.
3. In der Liste darunter können Ausnahmen festgelegt werden.
4. Über die Schaltfläche ***Quellen verwalten*** lassen sich Listen blockierbarer Werbung auswählen.

## 055 Standardbrowser ändern

Die Anwendungsstartleiste ganz links oben auf dem Bildschirm enthält ein Weltkugelsymbol, das einen Webbrowser startet. Welcher das sein soll, lässt sich frei wählen:

```
sudo update-alternatives --config x-www-browser
```

1. Ziffer des gewünschten Browsers eintippen.
2. Weltkugelsymbol startet ab jetzt diesen Browser.

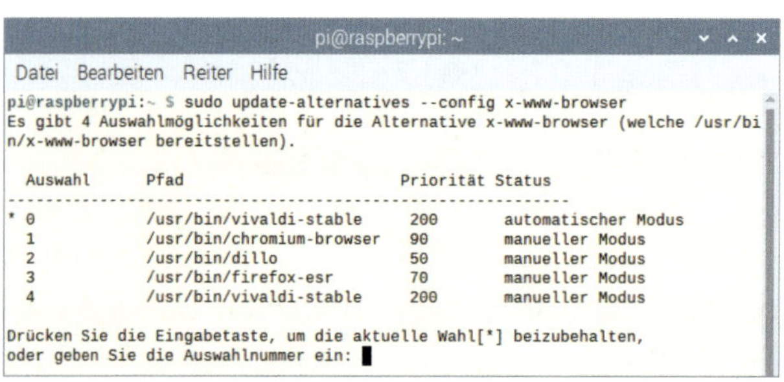

## 056 DNT (Do Not Track) – ein Politikum im Internet

Das Verfolgen von Benutzeraktivitäten, um personalisierte Inhalte anzuzeigen, ist an sich eine nützliche Technologie, die nur von den Medien immer häufiger in schlechtes Licht gerückt wird, da sie von Werbetreibenden gern missbraucht wird.

Als Microsoft mit der Release Preview von Windows 8 den Verfolgungsschutz standardmäßig aktivierte, nahm die beim W3-Consortium (W3C, **W**orld **W**ide **W**eb **C**onsortium) für dieses Thema zuständige Arbeitsgruppe öffentlich Stellung: Ein Nutzer solle selbst entscheiden, ob er Verfolgung wünsche oder nicht. Ein Browser dürfe standardmäßig keinen »Do-Not-Track-Header« (DNT) übertragen. Wenn Browser standardmäßig einen DNT-Header senden, werden Werbeanbieter ganz schnell dazu übergehen, dies nicht mehr zu beachten. Webseiten mit offensichtlich illegalen Spionageinteressen werden den Verfolgungsschutz ohnehin ignorieren.

Die **D**igital **A**dvertising **A**lliance (DAA), die Interessenvertretung der Werbetreibenden, will DNT generell nur akzeptieren, wenn es im Browser nicht voreingestellt ist. Andernfalls könnten sich Anbieter von Werbung entscheiden, die DNT-Header solcher Browser einfach zu ignorieren. In allen Browsern ist der Verfolgungsschutz W3C-konform standardmäßig ausgeschaltet.

Die Webseite **www.donottrack.us** zeigte früher, ob der Trackingschutz im Browser aktiv ist. Da Do Not Track im Internet heute kaum noch relevant ist, informiert diese Seite jetzt über aktuelle Verfahren zum Tracking und zur Analyse von Webseitenbesuchen. In Chromium lässt sich ***Do Not Track*** in den ***Einstellungen*** unter ***Erweitert*** ein- und ausschalten.

## 057 LibreOffice nachinstallieren

Das freie Office-Paket **LibreOffice** ist in der Vollversion von Raspberry Pi OS im Startmenü unter ***Büro*** vorinstalliert. In der Lite-Version und einigen angepassten Varianten fehlt es.

Im Menü unter ***Einstellungen/ Recommended Software*** lässt sich die ausgewählte Software mit einem Klick nachinstallieren.

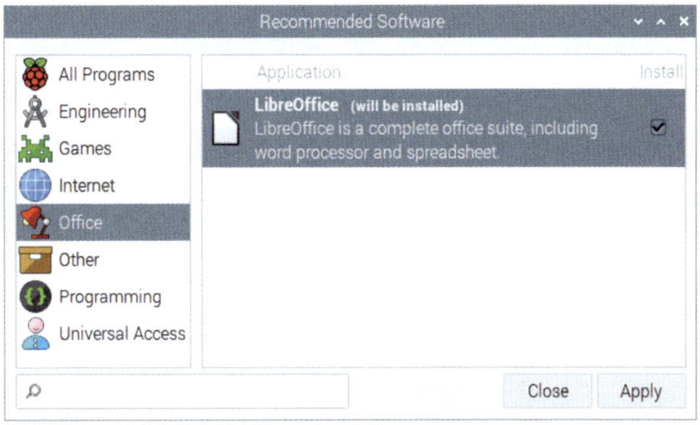

# 058 Deutsches Sprachpaket zu LibreOffice nachinstallieren

In manchen Raspberry-Pi-OS-Versionen erscheint **LibreOffice** nur auf Englisch, weil das deutsche Sprachpaket nicht vorinstalliert ist.

Das können Sie schnell ändern:

1. LibreOffice beenden, im Menü ***Einstellungen/Add/Remove Software*** wählen.
2. Oben links im Suchfeld `libreoffice-l10n-de` eingeben und die [↵]-Taste drücken.
3. Nach kurzer Suche wird im Hauptfenster das Paket ***office productivity suite – German language package*** angezeigt.

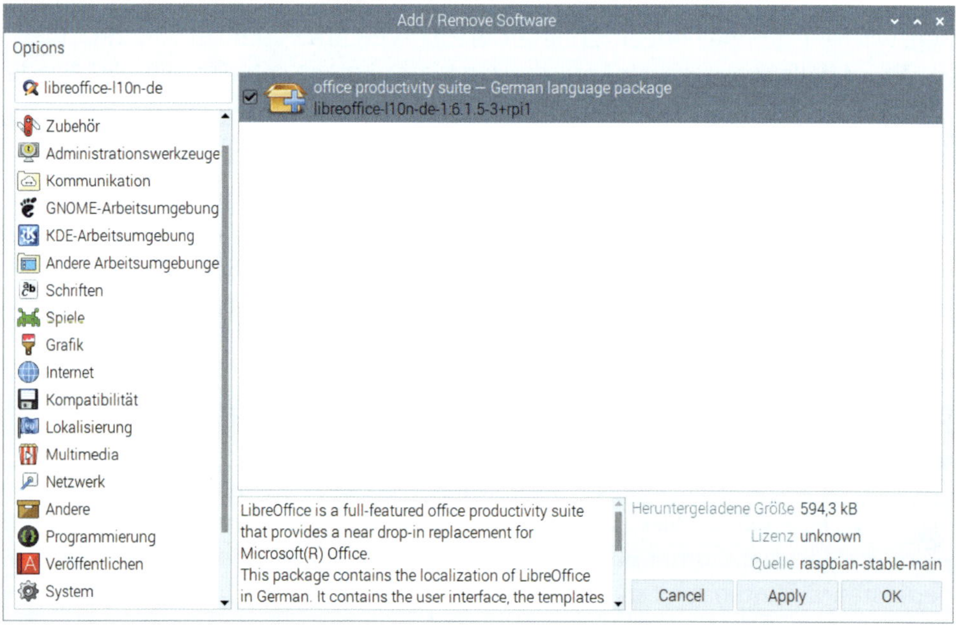


4. Das Häkchen links vor dem Paketnamen setzen und auf ***OK*** klicken.
5. Mit dem Benutzerpasswort ***raspberry*** autorisieren.
6. Das Paket wird installiert und das Installationsfenster geschlossen. Nach der Paketinstallation LibreOffice auf Deutsch starten.

## 059 Tipps zu LibreOffice

Ein paar Einstellungen unter *Extras/Optionen* erleichtern die Nutzung von LibreOffice auf dem Raspberry Pi 4 und 400.

- Unter *LibreOffice/Allgemein* den Schalter *LibreOffice-Dialoge verwenden* unter *Dialoge zum Öffnen/Speichern* deaktivieren. Dann verwendet LibreOffice die von den anderen Anwendungen auf dem Raspberry Pi gewohnten Dateidialoge.
- Um auf dem Raspberry Pi knappen Arbeitsspeicher zu sparen, unter *LibreOffice/Arbeitsspeicher* den Grafikspeicher auf die Hälfte herabsetzen.
- Unter *LibreOffice/Zugänglichkeit* die Schalter *Animierte Bilder zulassen* und *Animierten Text zulassen* deaktivieren. Diese Optionen bremsen die Darstellung auf dem Raspberry Pi unnötig aus.
- Unter *Laden/Speichern/VBA-Eigenschaften* die beiden Schalter *Ausführbarer Code* deaktivieren. Werden nur Dokumente ohne Makros benutzt, die Schalter *Basic Code laden* ebenfalls ausschalten.

## 060 Microsoft-Office-Dokumente mit LibreOffice nutzen

Für die Kompatibilität mit Microsoft Office in den *Einstellungen* unter *Extras/Optionen* das Standardformat für neue Dateien unter *Laden/Speichern/Allgemein* in der Liste *Immer speichern als* auf *Word 97–2003* oder *Word 2007–2019* umschalten – je nachdem, welches Format auf dem PC verwendet wird – und den Schalter *Immer warnen, wenn nicht im ODF-Format* deaktiveren.

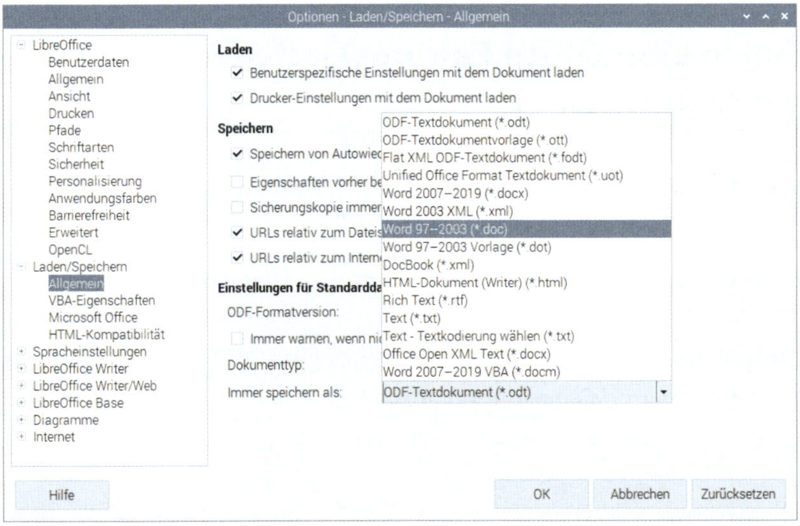

## 061 Texte in LibreOffice Writer formatieren

**LibreOffice Writer** bietet ähnlich wie Microsoft Word vielfältige Möglichkeiten zur Formatierung von Texten:

1. Mit dem Eigenschaftensymbol oben rechts die ***Eigenschaften***-Palette einblenden.
2. Einzelne Zeichen oder ganze Absätze markieren.
3. Aktuell verwendete ***Vorlage***, ***Zeichen***- und ***Absatz***-Formate werden angezeigt und können geändert werden.

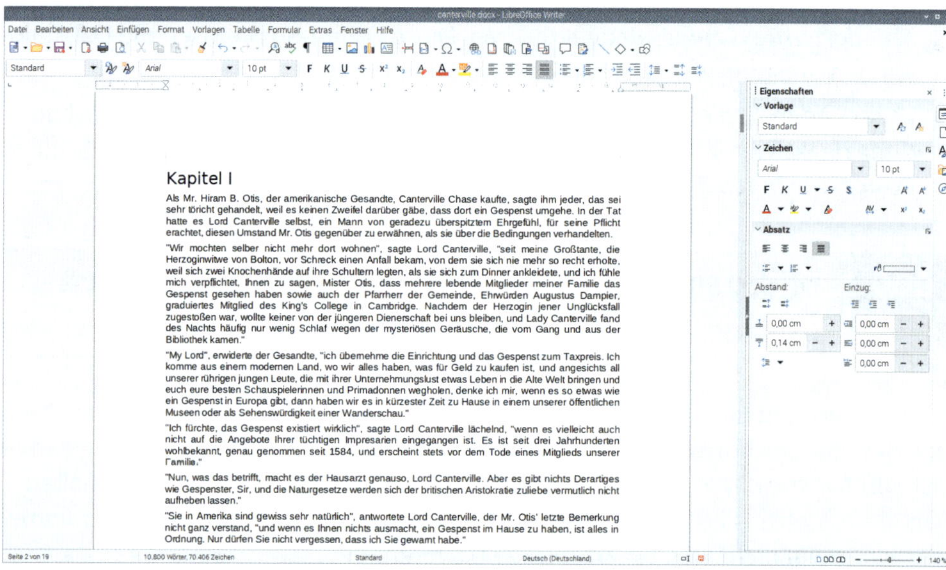


## 062 Zahlen in LibreOffice Calc mit Grafiken veranschaulichen

Die Tabellenkalkulation **LibreOffice Calc** bietet alle wichtigen Funktionen von Microsoft Excel.

1. Datenbereiche für die Grafik markieren und das Symbol ***Diagramm einfügen*** anklicken.
2. Unter den vorgeschlagenen Diagrammtypen den gewünschten auswählen.
3. Bei Bedarf Datenbereiche und Datenreihen anpassen.
4. Farben anpassen.

5. Diagramm auf die passende Größe ziehen und an die gewünschte Position schieben.

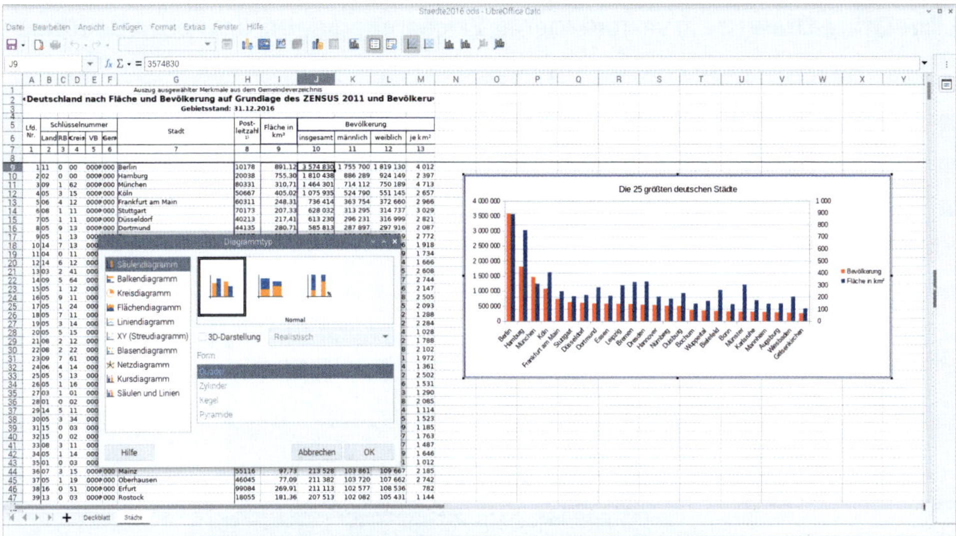


# 063 Funktionen in LibreOffice Calc

*fx* LibreOffice Calc enthält einen Funktions-Assistenten, mit dem sich Formeln aus den integrierten Funktionen zusammenbauen und beispielhaft durchrechnen lassen.

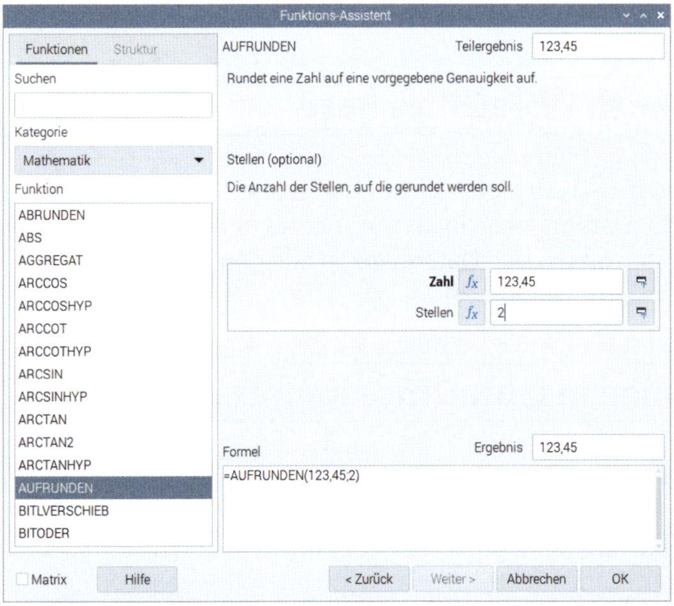

## 064 Grafiken in LibreOffice Draw bearbeiten

**LibreOffice Draw** ist ein vektorbasiertes Zeichenprogramm, das neben dem eigenen Dateiformat ODG auch SVG-Grafiken öffnet.

- Die Symbolleiste links enthält Werkzeuge, um neue Vektorobjekte zu zeichnen.
- Diese lassen sich beliebig verschieben und vor- sowie hintereinander anordnen.
- Auf der ***Eigenschaften***-Palette lassen sich die Objekte nachträglich verändern.

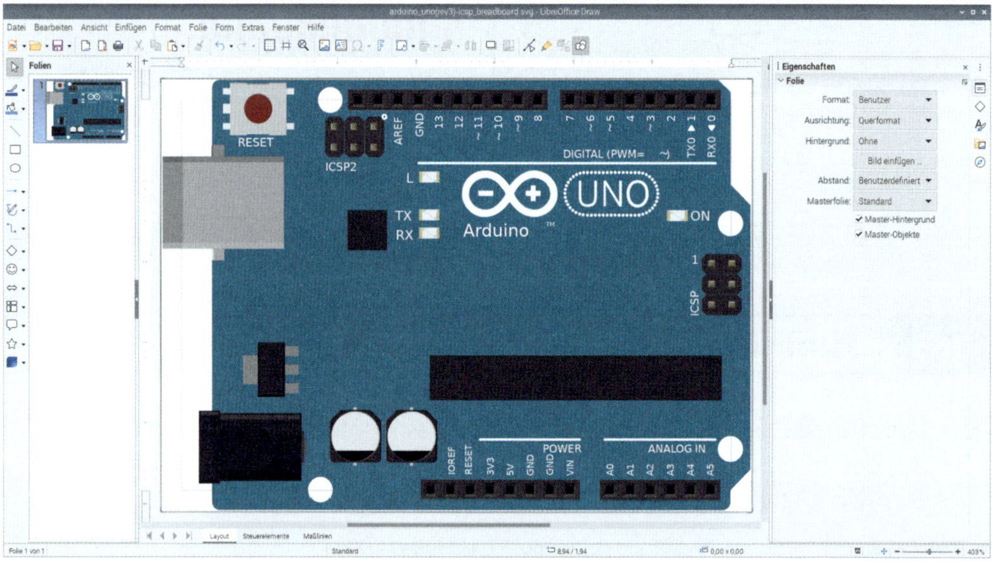


## 065 Datenbanken in LibreOffice Base

Das Datenbankmodul **LibreOffice Base** bietet eine Benutzeroberfläche mit Formularen, Abfragen und Tabellen für Datenbanken in MySQL, Access und anderen Datenbankformaten. Über Assistenten lassen sich Datenbanken anlegen sowie Formulare erstellen.

## 066 Präsentationen in LibreOffice Impress

**LibreOffice Impress** ist ein Präsentationsprogramm im Stil von Microsoft PowerPoint, das auch dessen Dateiformate bearbeiten kann. Ein Assistent und vorgefertigte Layoutvorlagen erleichtern das Erstellen eigener Präsentationen.

## 067 Mathematische Formeln in LibreOffice Math

**LibreOffice Math** erstellt mathematische Funktionen und speichert sie in einer einfachen ASCII-Syntax.

- Die Palette links enthält verschiedene Operatoren und Formelobjekte.
- Im unteren Fenster die Formel im Klartext bearbeiten.
- ***Symbole*** fügt griechische und mathematische Zeichen ein.

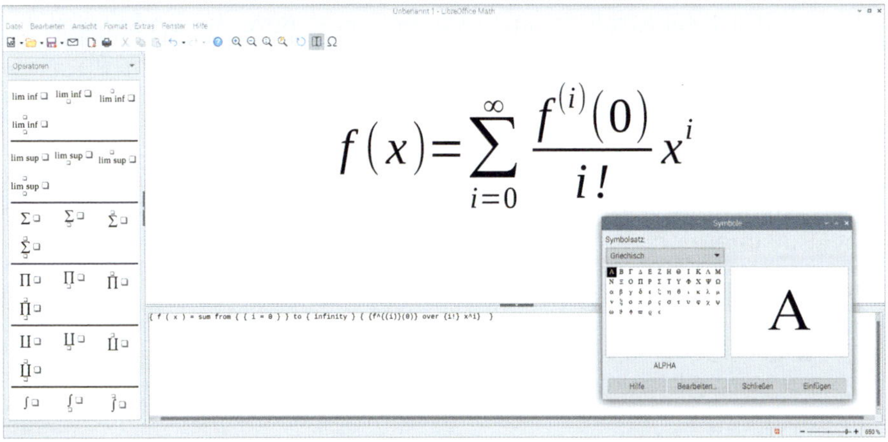


## 068 PDF-Dokumente auf dem Raspberry Pi betrachten

Der vorinstallierte Chromium-Browser wird als Standardbetrachter für PDF-Dokumente verwendet. Zusätzlich ist im Startmenü unter ***Zubehör*** ein **PDF Viewer** installiert, der verschiedene Ansichtslayouts und Lesezeichen unterstützt.

## 069 PDF-Dokumente in LibreOffice bearbeiten

LibreOffice bietet die Möglichkeit, PDF-Dateien in bearbeitbare Dokumente zu konvertieren.

1. PDF-Dokument in LibreOffice öffnen.
2. Nach der automatischen Konvertierung im ODG-Format speichern.

Je nach dem Verfahren, mit dem die PDF-Datei erstellt wurde, ergibt sich eine unterschiedliche Qualität der Ausgabe.

## 070 Schlanke Alternative: AbiWord

LibreOffice ist ein vollständiges Office-Paket mit einem riesigen Funktionsumfang, den viele Anwender gerade auf dem Raspberry Pi nicht brauchen. Um einfach nur ein paar Texte zu schreiben, reicht die Textverarbeitung **AbiWord** völlig aus.

1. AbiWord in der Softwareverwaltung suchen und installieren. Zusätzlich benötigte Pakete werden automatisch mit installiert und brauchen nicht manuell ausgewählt zu werden.
2. AbiWord trägt sich selbstständig im Startmenü unter ***Büro*** ein. Die Sprache der Oberfläche wird automatisch an die Sprache des Betriebssystems angepasst.
3. Die Texte lassen sich außer in den AbiWord-eigenen Formaten auch als DOC, DOCX, RTF, ODT für LibreOffice und OpenOffice sowie als reiner Text oder HTML speichern. Außerdem sind direkte Ausgabefunktionen für PDF und das E-Book-Format EPUB integriert.

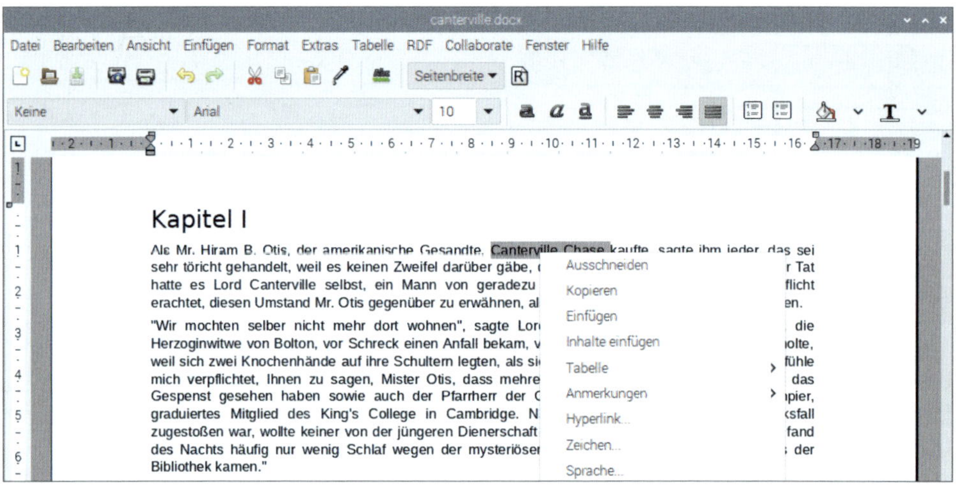


## 071 Diaschau im Vollbildmodus

Der Bildbetrachter in Raspberry Pi OS zeigt auf einem angeschlossenen Fernseher oder Monitor eine Diaschau im Großformat.

1. Alle Bilder für die Diaschau in ein Verzeichnis auf dem Raspberry Pi kopieren – am besten in ein Unterverzeichnis unter */home/pi/pictures*.
2. Im Startmenü unter ***Grafik*** den ***Bildbetrachter*** wählen.
3. Mit dem Symbol ***Datei öffnen*** oder der Taste [O] ein Bild auswählen.

4. Das Symbol ***Vollbildmodus*** oder die Tastenkombination [Fn]+[F11] schaltet in den Vollbildmodus.
5. Sollte das Bild nur teilweise zu sehen sein, skaliert es die Taste [F] auf Bildschirmgröße.
6. Ein Rechtsklick blendet ein Menü zur Steuerung im Vollbildmodus ein.
7. Der Menüpunkt ***Diaschau starten*** oder die Taste [W] startet die Diaschau und beendet sie auch wieder.
8. Über das Symbol ***Einstellungen*** oder die Taste [P] lassen sich die Geschwindigkeit der Diaschau und die Hintergrundfarbe im Vollbildmodus einstellen.

## 072 Einfache Bildbearbeitung mit Mirage

**Mirage** ist ein schlanker Bildbetrachter mit einfachen Bearbeitungsfunktionen.

1. Mirage in der Softwareverwaltung suchen und installieren.
2. Mirage trägt sich automatisch im Startmenü unter ***Grafik*** ein. Das Tool steht leider nur in Englisch zur Verfügung.
3. Im Menü ***Edit*** gibt es Funktionen, um das Bild zu drehen, zu spiegeln, zuzuschneiden oder die Größe sowie die Farbsättigung zu ändern.

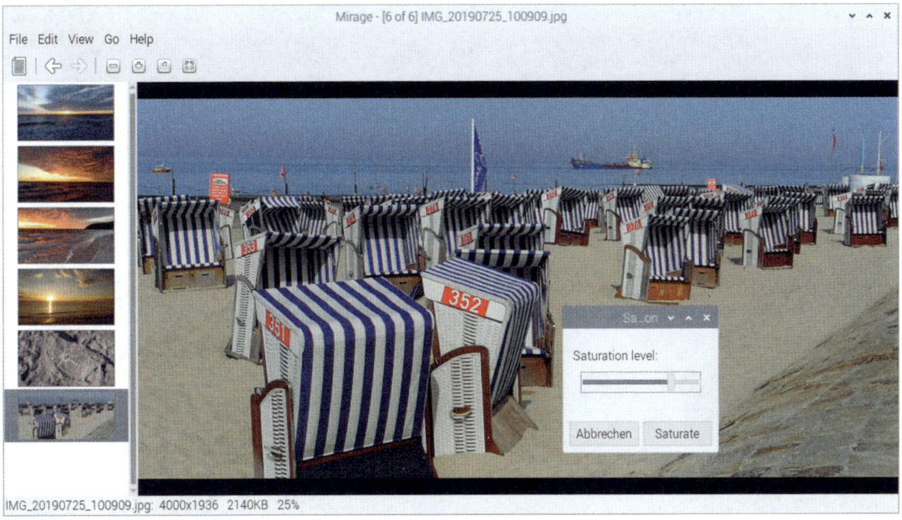


## 073 Professionelle Bildbearbeitung mit GIMP

Das **G**NU **I**mage **M**anipulation **P**rogram GIMP ist eines der besten Bildbearbeitungsprogramme auf dem Open-Source-Markt.

1. GIMP in der Softwareverwaltung suchen und installieren.
2. GIMP trägt sich automatisch im Startmenü unter ***Grafik*** ein. Die Sprache der Benutzeroberfläche wird ebenfalls automatisch auf Deutsch umgeschaltet.
3. Über das Menü ***Datei*** eine Bilddatei öffnen, einscannen oder einen Screenshot machen. Das Bild öffnet sich im Hauptfenster. Über die Vorschaubilder ganz oben zwischen allen geöffneten Bildern wechseln.
4. Ein Klick auf das Pfeilsymbol unten rechts in der Ecke zwischen den Bildlaufleisten blendet ein Übersichtsfenster ein, in dem der aktuell dargestellte Ausschnitt verschoben werden kann.
5. GIMP verwendet ein eigenes natives Bildformat XCF, das eine Layer-Technik mit transparenten übereinander angeordneten Bildebenen unterstützt.
6. Zum Import und zum Speichern fertiger Bilder unterstützt GIMP alle gängigen Bildformate wie GIF, JPEG, PNG, TIF und viele andere. Auch die Spezialformate PSD (Adobe Photoshop) und PSP (Paint Shop Pro) können exportiert werden.
7. Die wichtigen Funktionen sind in der Haupt-Werkzeugpalette am linken Fensterrand zu finden. Hier ist immer ein Werkzeugsymbol aktiv. Dieses kann mit der Maus direkt im Bild angewendet werden. Der untere Teil der Palette zeigt detaillierte Einstellungen zum gerade aktiven Werkzeug. Der Inhalt dieser Palette ändert sich, wenn ein anderes Werkzeug gewählt wird.

## 074 GIMP-Erweiterungen nutzen

Durch weitere Plug-ins und Skripte kann die Funktionsvielfalt von GIMP noch erweitert werden.

1. Plug-ins über *Hilfe/Plugin-Browser* verwalten.
2. Mit dem Zusatztool **Script-Fu** eigene GIMP-Funktionen mit der Programmiersprache Scheme, einer Abart von Lisp, schreiben.

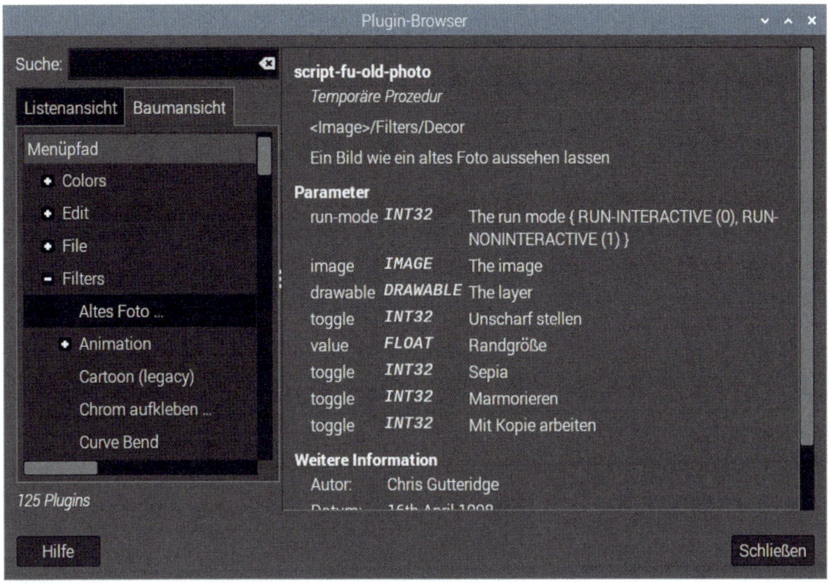


## 075 E-Mail mit Claws Mail

**Claws Mail** ist ein besonders schlankes, aber auch komfortables E-Mail-Programm, das mit den begrenzten Ressourcen des Raspberry Pi zurechtkommt.

1. Wenn Claws Mail nicht installiert ist, über *Einstellungen/Recommended Software* nachinstallieren.
2. Beim ersten Start Name und E-Mail-Adresse einrichten.
3. Im nächsten Schritt Namen und die Zugangsdaten für den Posteingangsserver eintragen. Claws Mail unterstützt sowohl POP3- als auch IMAP-Server und bietet, wie etwa auch Thunderbird oder Windows Mail, über den Button *Automatisch konfigurieren* eine automatische Erkennung von Serverdaten.

**POP3 oder IMAP?**

IMAP ist ein neueres Protokoll zum Zugriff auf einen Mailserver. Im Unterschied zum altbekannten POP3 verbleibt auf dem IMAP-Server eine zentrale Datenbank der E-Mails. Hier wird gespeichert, welche E-Mails bereits auf den lokalen Computer heruntergeladen wurden. So kann man von einem anderen Computer aus leichter auf die eigenen E-Mails zugreifen, auch wenn diese bereits einmal heruntergeladen wurden. Bei POP3 werden die E-Mails auf den lokalen Computer kopiert, und man arbeitet mit der Kopie, bei IMAP arbeitet man im Prinzip direkt auf dem Mailserver. IMAP hat deutliche Vorteile, bei langsamen Internetverbindungen sollte aber besser die POP3-Variante benutzt werden. Hier kann ein IMAP-Zugriff sehr lange dauern.

| Anbieter | Posteingang POP/ IMAP | Postausgang SMTP | Benutzername |
|---|---|---|---|
| GMX | pop.gmx.net<br>imap.gmx.net | mail.gmx.net | E-Mail-Adresse |
| Web.de | pop3.web.de<br>imap.web.de | smtp.web.de | E-Mail-Adresse |
| freenet | mx.freenet.de<br>mx.freenet.de | mx.freenet.de | E-Mail-Adresse |
| Outlook.com (Hotmail) | pop3.live.com<br>pop3.live.com | smtp.live.com | E-Mail-Adresse |
| T-Online | securepop.t-online.de<br>secureimap.t-online.de | securesmtp.t-online.de | E-Mail-Adresse |
| Vodafone | pop3.vodafonemail.de<br>imap.vodafonemail.de | smtp.vodafonemail.de | E-Mail-Adresse |

Eine wesentlich umfangreichere Liste mit Namen von POP3-/SMTP-Mailservern ist unter **softwarehandbuch.de/e-mail-servernamen** zu finden.

4. Im nächsten Schritt die Daten des Postausgangsservers eintragen. Das Kontrollkästchen ***Benutze Authentifizierung*** muss bei den meisten Mailanbietern eingeschaltet sein. Die Felder für ***SMTP-Benutzername*** und ***SMTP-Kennwort*** können üblicherweise leer bleiben, da die gleichen Daten wie bei der Anmeldung am POP3-/IMAP-Server verwendet werden.

5. Jetzt wird das E-Mail-Konto in Claws Mail eingetragen. Bei IMAP-Servern wird automatisch eine Ordnerliste heruntergeladen und im linken Seitenfenster angezeigt. Über den Menüpunkt ***Konfiguration/Konten bearbeiten*** lassen sich jederzeit weitere Mailkonten hinzufügen und auch die Einstellungen vorhandener Konten bearbeiten.

**Gmail in Claws Mail**

Gmail (Google Mail) lässt die Anmeldung sogenannter weniger sicherer Apps seit dem 30. Mai 2022 nicht mehr zu. Google versteht darunter Drittanbieter-Programme, bei denen Nutzername und Passwort ausreichen, um sich im Google-Konto anzumelden. Damit kann Claws Mail mit Gmail-Konten nicht mehr genutzt werden.

## 076 GMX und Web.de in Claws Mail nutzen

Auch bei GMX und Web.de muss der POP3-/IMAP-Abruf vor der ersten Verwendung in den Einstellungen auf der Weboberfläche freigeschaltet werden.

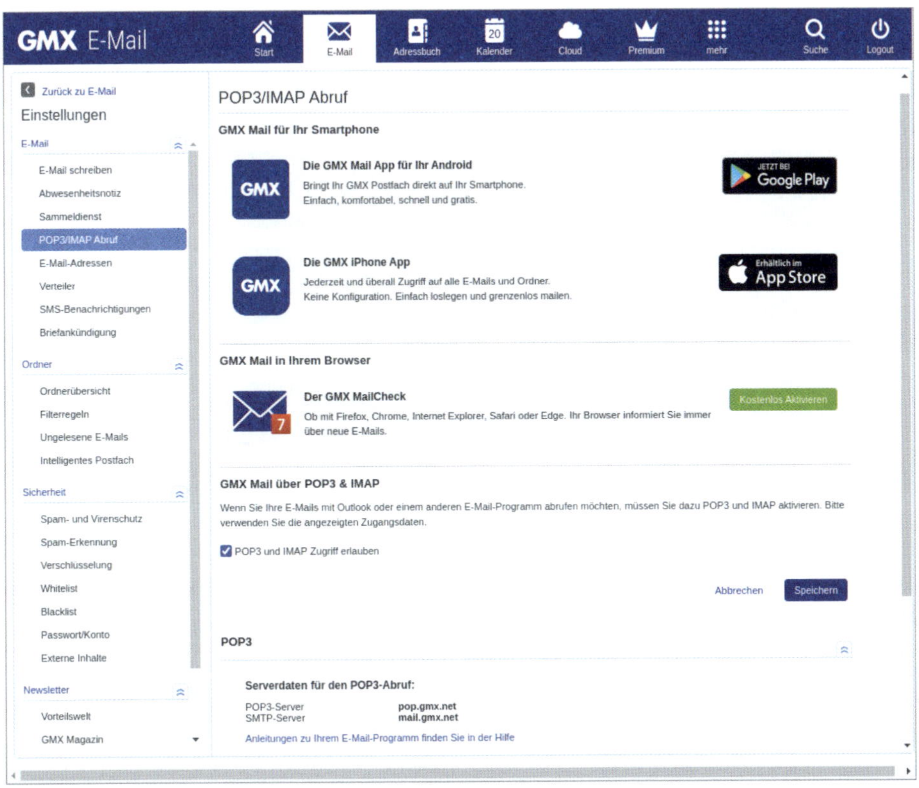

## 077 Filterregeln für eingehende E-Mails in Claws Mail

Filterregeln sortieren E-Mails automatisch nach Absendern oder Betreffzeile in Ordnern ein oder markieren bestimmte E-Mails farbig, damit sie in der Masse auffallen. Newsletter müssen, soweit sie erwünscht sind, nicht im Posteingang liegen, sondern sind zum späteren Lesen in einem Unterordner besser aufgehoben. Unerwünschte Newsletter, die sich nicht abmelden lassen, können per Filterregel direkt gelöscht werden.

1. Eine typische E-Mail, auf die ein Filter angewendet werden soll, markieren. Mit der rechten Maustaste darauf klicken und im Kontextmenü ***Filterregel erstellen/Nach Absender*** oder ***Nach Betreff*** wählen.
2. Der neuen Regel einen Namen geben und auf ***Definieren*** neben dem Feld ***Aktion*** klicken.
3. Entscheiden, was mit den E-Mails passieren soll, die der Filterregel entsprechen. E-Mails in andere Ordner verschieben, löschen, bewerten oder farbig markieren. Anschließend auf ***Hinzufügen*** klicken, um die gewählte Aktion in die Regel aufzunehmen.

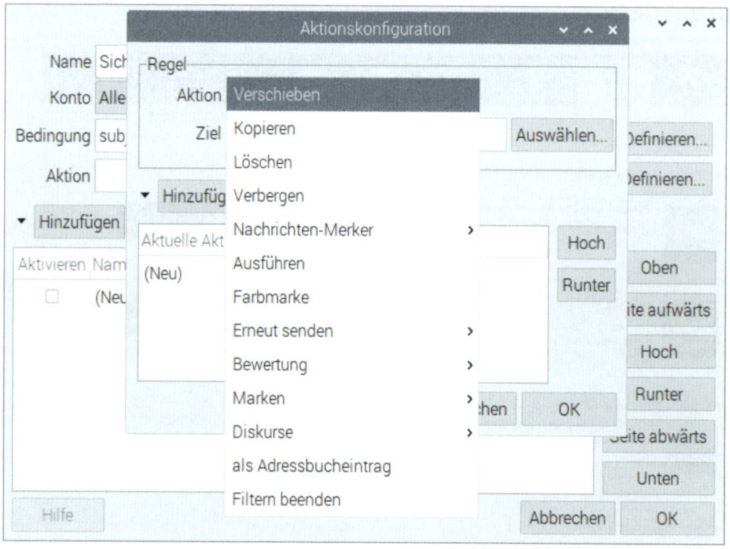


4. Im nächsten Fenster noch mal auf ***Hinzufügen*** klicken. Bei Bedarf weitere Aktionen für die Regel definieren und ihre Reihenfolge festlegen.
5. Die Filter werden automatisch auf neue E-Mails angewendet. Über die Menüpunkte ***Extras/Alle Nachrichten im Ordner filtern*** und ***Extras/Gewählte Nachrichten filtern*** Filter auf bereits vorhandene Nachrichten anwenden. ***Konfiguration/Filtern*** zeigt alle bereits definierten Filterregeln.

## 078 Das Adressbuch in Claws Mail

1. *Extras/Adressbuch* oder die Tastenkombination Strg+⇧+A öffnet das Adressbuch.
2. Per Rechtsklick auf eine E-Mail das Kontextmenü öffnen und mit dem Punkt *Absender ins Adressbuch übernehmen* die Adresse des Mailabsenders ins Adressbuch übernehmen.
3. Beim Schreiben einer E-Mail auf die Schaltfläche *Adresse* klicken und den Empfänger aus dem Adressbuch auswählen.
4. *Extras/Adressen sammeln/Aus aktuellem Ordner* übernimt alle E-Mail-Adressen der Absender von E-Mails im aktuellen Ordner ins Adressbuch. In einem Zwischenschritt noch einen Ordner im Adressbuch festlegen, in dem die Adressen gespeichert werden.

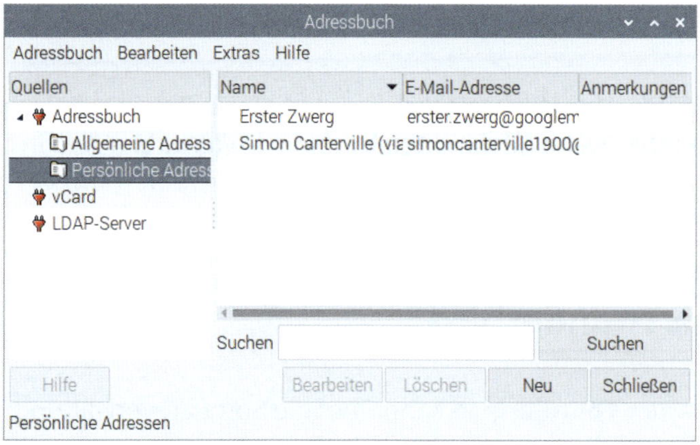


## 079 HTML-Mails in Claws Mail

Standardmäßig zeigt **Claws Mail** HTML-Mails nur in Textform an. Über Plug-ins lassen sich auch HTML-Mails darstellen. Das bekannteste derartige Plug-in ist aufgrund von Sicherheitslücken nicht mehr verfügbar. Das einzige derzeit installierbare HTML-Plug-in verwendet den Dillo-Browser im Hintergrund mit sehr begrenzten Grafikfähigkeiten.

1. Das Paket `claws-mail-extra-plugins` über die Softwareverwaltung *Add/Remove Software* installieren.
2. Im Menü *Konfiguration/Erweiterungen Plugins* wählen und im nächsten Fenster auf *Aktivieren* klicken.
3. Das Plug-in *dillo.so* auswählen und aktivieren.

4. E-Mails werden zunächst immer noch als Text angezeigt. Ein Klick auf ***text/html*** rechts neben der Mailvorschau wechselt zur HTML-Ansicht.

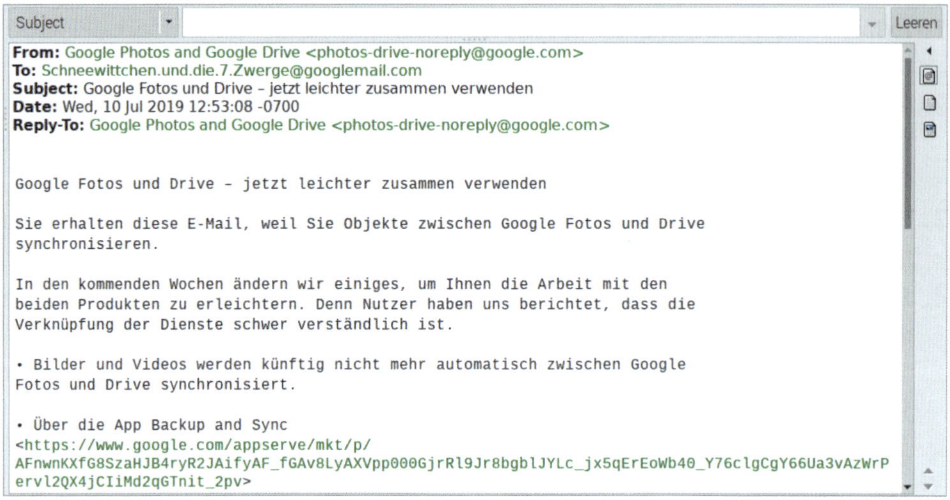


5. Die Schalter ***Wenn möglich, reine HTML-Nachrichten mit einem Plugin anzeigen*** sowie ***Den HTML-Teil wählen, wenn Nachrichten 'multipart/alternative' sind*** in den ***Einstellungen*** unter ***Nachrichtenansicht/Text-Einstellungen*** aktivieren, um bei einer HTML-Mail sofort die HTML-Ansicht und nicht erst die Textansicht zu sehen.

## 080 E-Mails mit Thunderbird

Das beliebte E-Mail-Programm **Thunderbird** kann über die Softwareverwaltung auch auf dem Raspberry Pi installiert werden.

1. ***Thunderbird*** und das ***German language package for Thunderbird*** in der Softwareverwaltung ***Add/Remove Software*** suchen und installieren.
2. Thunderbird erscheint im Startmenü unter ***Internet***.
3. Zur Verwendung einer vorhandenen E-Mail-Adresse in Thunderbird brauchen nur Adresse und Passwort eingegeben zu werden. In den meisten Fällen findet Thunderbird die Serverdaten automatisch und richtet das Konto ein.
4. Nur in seltenen Fällen, etwa bei E-Mails auf eigenen Domains, müssen die Serverdaten manuell eingetragen werden.

## 081 Gmail in Thunderbird nutzen

Gmail-Konten können in Thunderbird wahlweise als IMAP- oder POP3-Konten genutzt werden.

1. IMAP- und POP3-Zugriff in den Einstellungen von Gmail aktivieren (wie bei Claws Mail beschrieben).
2. Neues Konto mit einer bestehenden E-Mail-Adresse in Thunderbird einrichten. Gmail-Adresse und Passwort eintragen.
3. Die Serverdaten werden automatisch erkannt. Auswählen, ob IMAP oder POP3 genutzt werden soll.

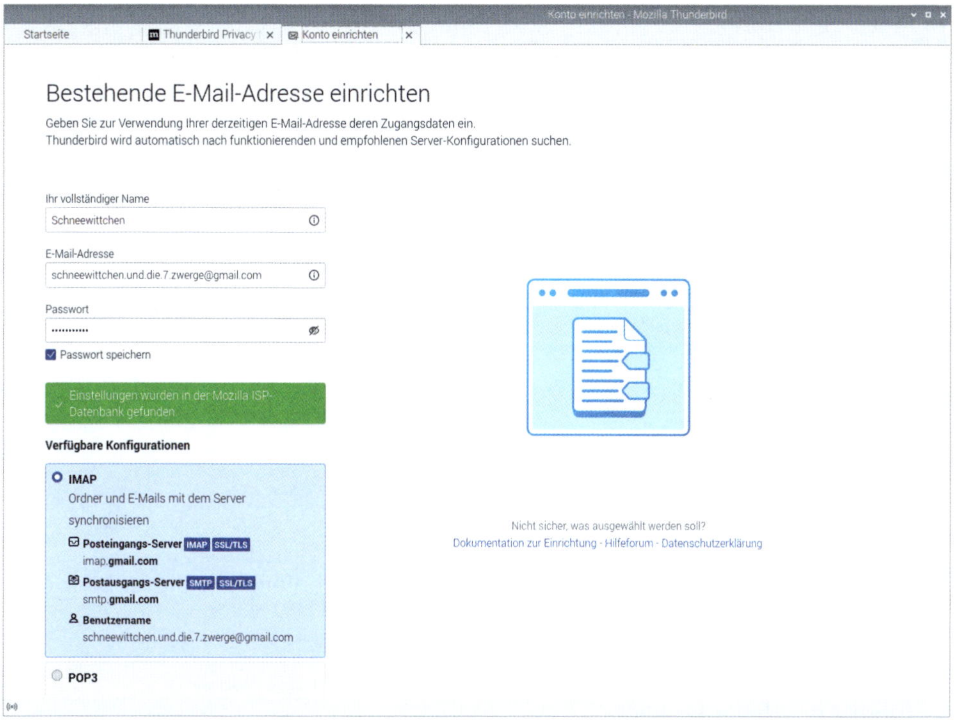


4. Beim ersten Mal muss in einem sich automatisch öffnenden Google-Fenster der Zugriff auf das Google-Konto autorisiert werden.

## 082 GMX und Web.de in Thunderbird nutzen

E-Mail-Konten von GMX und Web.de können in Thunderbird wahlweise als IMAP- oder POP3-Konten genutzt werden.

1. IMAP- und POP3-Zugriff in den Einstellungen von GMX oder Web.de aktivieren (wie bei Claws Mail beschrieben).
2. Neues Konto mit einer bestehenden E-Mail-Adresse in Thunderbird einrichten. E-Mail-Adresse und Passwort eintragen.
3. Die Serverdaten werden automatisch erkannt. Auswählen, ob IMAP oder POP3 genutzt werden soll.

## 083 Externe Inhalte in Thunderbird blockieren

In der Grundeinstellung blockiert Thunderbird aus Sicherheitsgründen externe Inhalte in E-Mails, etwa Fotos. Um die Blockierung aufzuheben, auf den Button ***Einstellungen*** im gelben Balken über der E-Mail-Anzeige klicken.

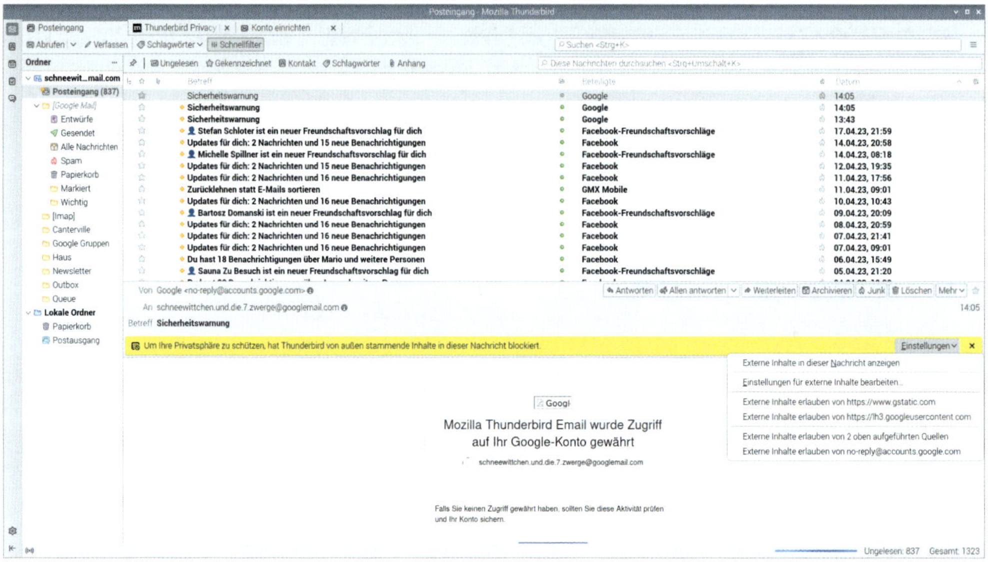


- ***Externe Inhalte in dieser Nachricht anzeigen*** – zeigt die Bilder dieser Mail, ohne die Einstellungen zu verändern.
- ***Einstellungen für externe Inhalte bearbeiten*** – zeigt eine Liste zugelassener Ausnahmen für externe Inhalte. Hier können Einträge hinzugefügt oder entfernt werden.
- ***Externe Inhalte erlauben von*** – mit einem Klick automatisch Ausnahmen hinzufügen, die für alle weiteren E-Mails gelten. Ausnahmen können nach Host oder Absender-E-Mail-Adresse festgelegt werden.

# 084 Filterregeln für eingehende E-Mails in Thunderbird

Filterregeln sortieren eingehende E-Mails in Ordnern, markieren sie farbig oder leiten sie an andere Personen weiter.

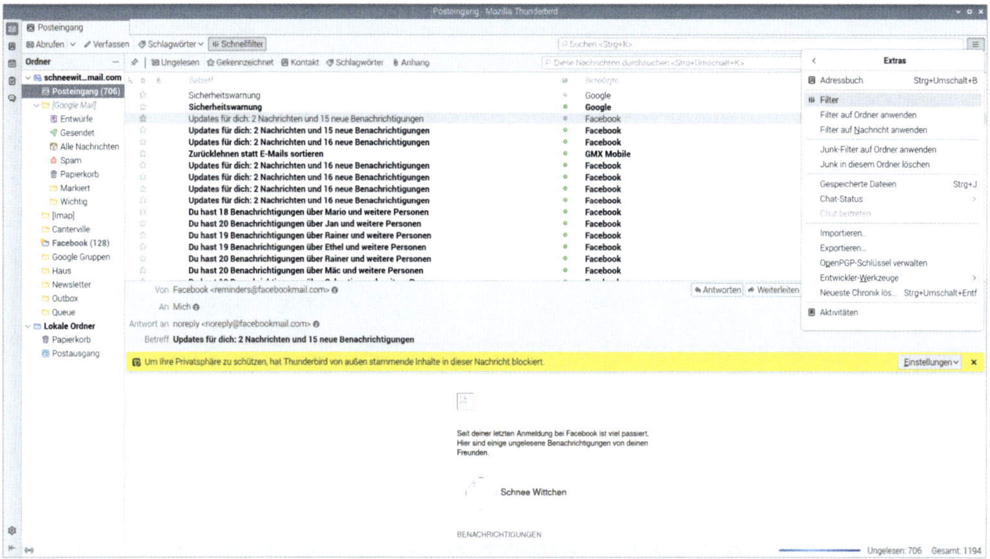


1. Menü *Extras/Filter* wählen.
2. Neuen Filter mit Klick auf *Neu* anlegen. Bei mehreren Filtern kann die Reihenfolge wichtig sein!

3. Namen für Filter festlegen. Schalter *Alle 10 Minuten erneut ausführen* aktivieren, wenn ein Filter auch neue E-Mails regelmäßig automatisch verarbeiten soll.

4. Eine oder mehrere Bedingungen auswählen, bei denen der Filter wirken soll.
5. Auszuführende Aktionen festlegen.

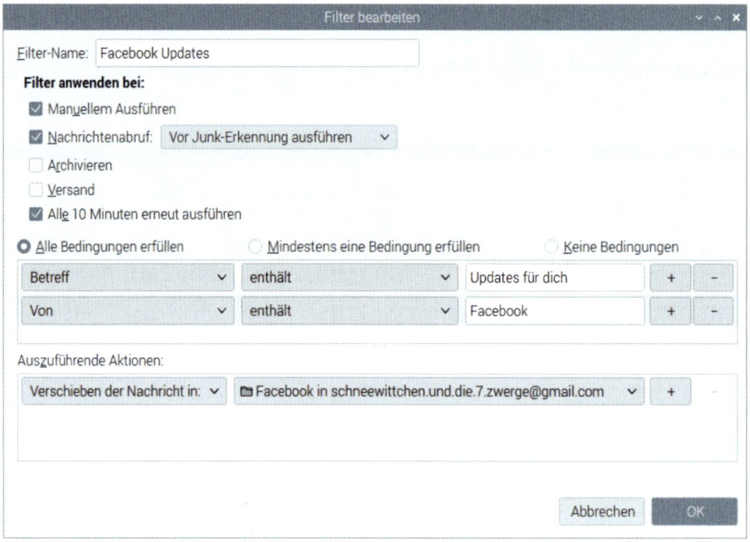


6. Filter mit Klick auf ***Jetzt ausführen*** über alle vorhandenen E-Mails laufen lassen.

## 085 Junk-Filter in Thunderbird

Thunderbird enthält einen lernfähigen Spam-Filter, der Junk-E-Mails automatisch in einen eigenen Ordner einsortiert.

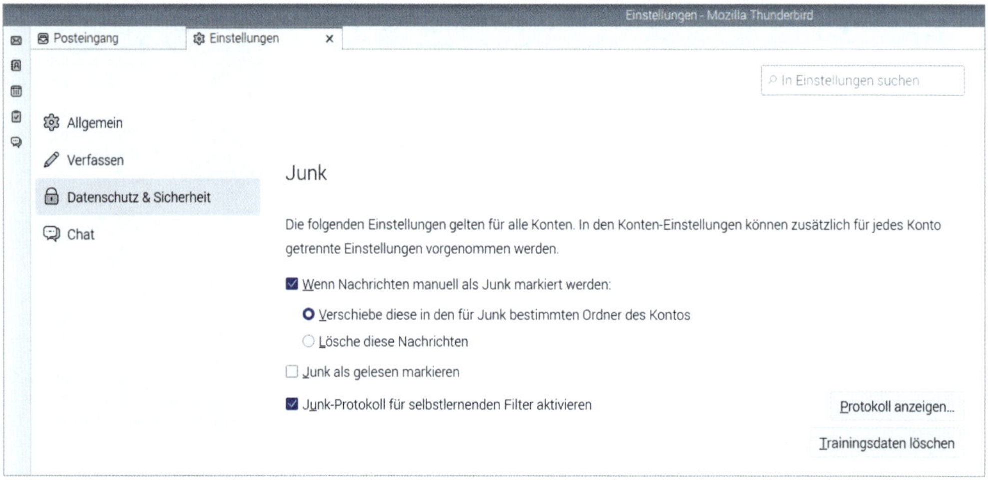


1. In den ***Einstellungen*** unter ***Datenschutz & Sicherheit/Junk*** den Junk-Filter aktivieren.

2. Typische Junk-Mails regelmäßig mit dem Button ***Junk*** oder dem Flammensymbol in der Liste der E-Mails als Junk markieren, um den Junk-Filter zu trainieren.
3. Mit der Zeit werden immer mehr Junk-Mails automatisch als Junk eingeordnet. Fälschlich als Junk markierte E-Mails mit einem Klick auf ***Kein Junk*** im gelben Balken markieren, um die Filterfunktionen zu verbessern.

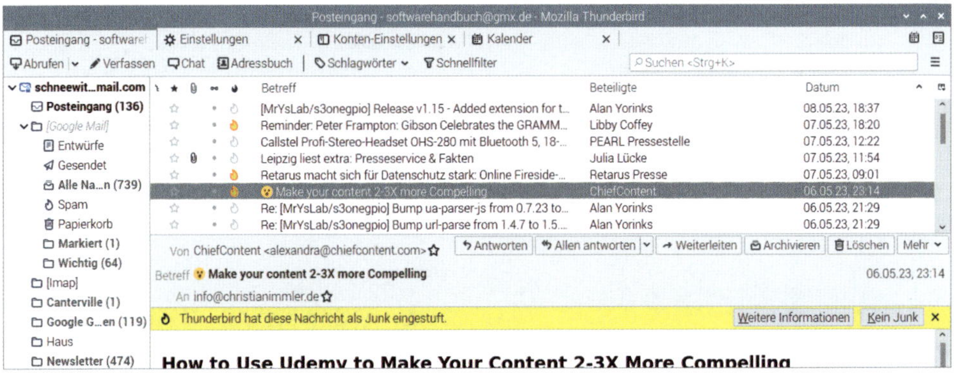

4. Über einen Rechtsklick auf den Junk- oder Spam-Ordner in der Ordnerliste alle Junk-Mails auf einmal löschen.
5. Im Kontextmenü ***Eigenschaften*** des Junk-Ordners auf der Registerkarte ***Speicherplatz*** festlegen, welche Junk-E-Mails automatisch gelöscht werden sollen.

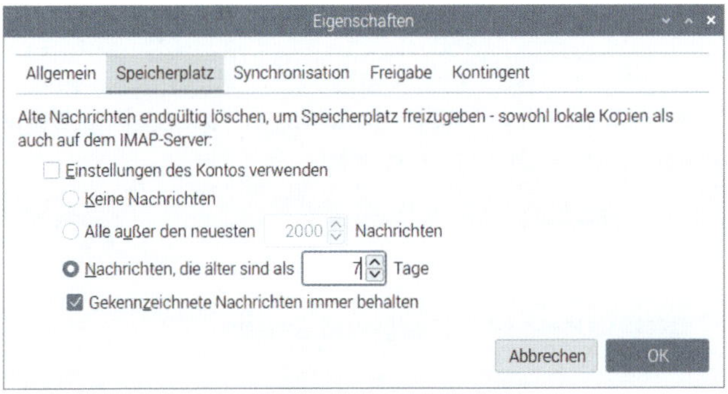

## 086 Thunderbird-Kalender mit Google-Kalender synchronisieren

Thunderbird enthält einen eigenen Kalender, der mit dem Google-Kalender und so mit Smartphones synchronisiert werden kann. In aktuellen Versionen ist dafür kein zusätzliches Add-on mehr nötig.

1. Beim Anlegen eines Google-Kontos in Thunderbird werden die Kalender des Kontos erkannt.

2. Hier auf ***Mit allen Kalendern verbinden*** klicken oder nur einzelne Kalender bestimmen.

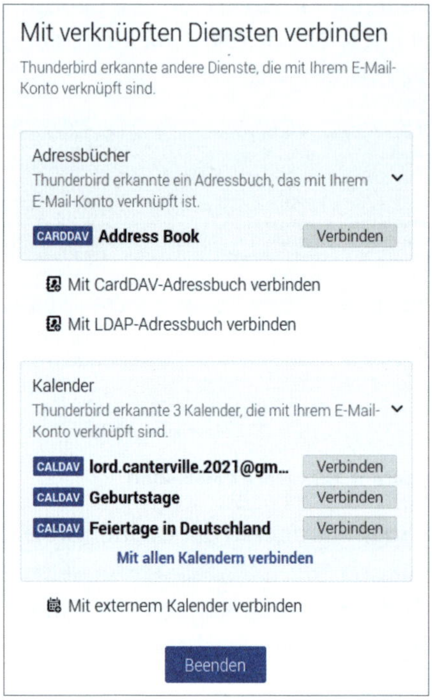


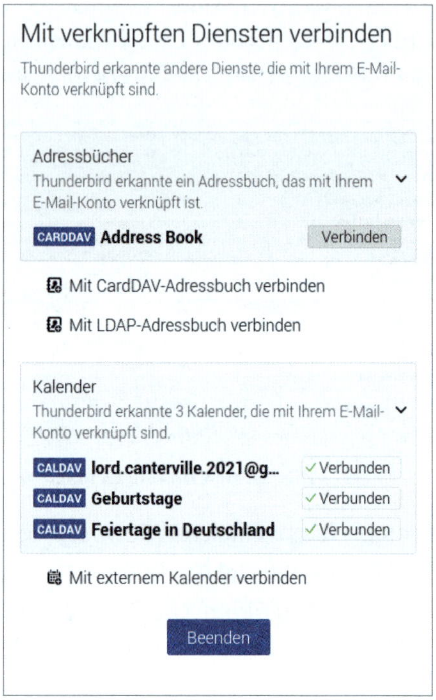


3. Ein Klick auf das Kalender-Symbol oben links zeigt die Kalender an.
4. Neue Termine können auf dem Raspberry Pi oder anderen Geräten eingetragen werden. Der Kalender synchronisiert sich automatisch.

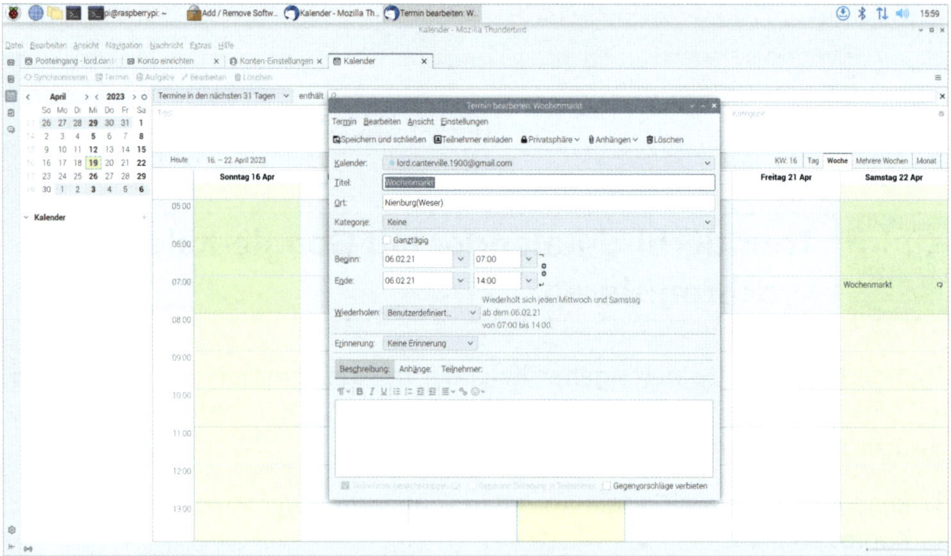

## 087 Bildschirmlupe

Bei sehr hohen Bildschirmauflösungen kann es passieren, dass in manchen Programmen dargestellte Details sehr klein erscheinen.

1. Über den Menüpunkt ***Einstellungen/Recommended Software*** im Bereich ***Universal Access*** die Bildschirmlupe **Magnifier** installieren. Danach Raspberry Pi neu starten.

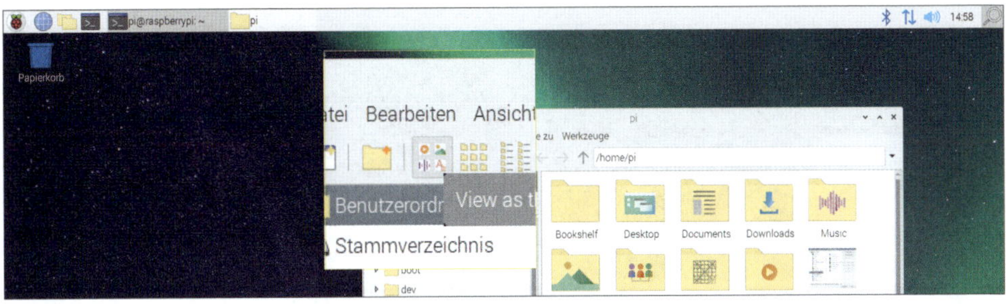


2. Beim Klick auf das Lupensymbol rechts oben in der Taskleiste erscheint um den Mauszeiger herum ein Vergrößerungsfenster. Der Mauszeiger kann weiterhin wie gewohnt genutzt werden. Ein weiterer Klick auf das Lupensymbol schaltet die Bildschirmlupe wieder aus. Auch die Tastenkombination Strg+Alt+M schaltet die Lupe jederzeit ein und wieder aus.
3. Einstellungen für die Bildschirmlupe mit Rechtsklick auf das Lupensymbol und Kontextmenüpunkt ***Magnifier Settings*** vornehmen: Form und Größe des Lupenfensters sowie Vergrößerungsfaktor einstellen.
4. Der Schalter ***Static window*** schaltet auf ein Lupenfenster um, das sich nicht mit dem Mauszeiger bewegt. Dieses Fenster kann an eine beliebige Stelle auf dem Bildschirm geschoben werden. Größe und Vergrößerungsfaktor lassen sich wie beim dynamischen Lupenfenster frei einstellen.

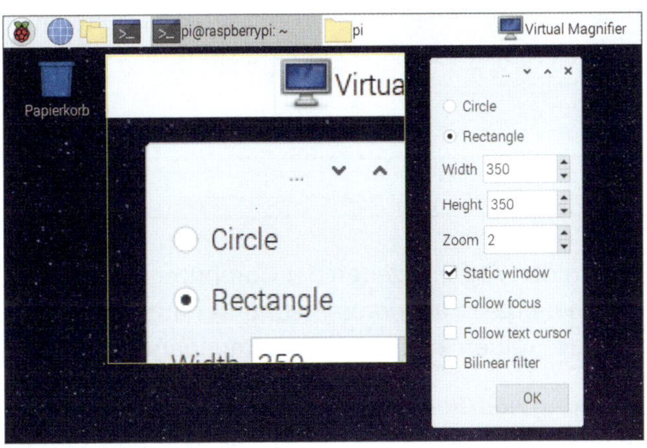

## 088 Videos abspielen

Ein Doppelklick auf ein Video im Dateimanager öffnet dieses im vorinstallierten **VLC media player**, der Videos in allen gängigen Formaten abspielt.

- Leer-Taste startet und pausiert das Video.
- Fn+F11 schaltet in den Vollbildmodus.
- Rechtsklick blendet ein Menü mit weiteren Funktionen ein.

## 089 YouTube-Videos mit H.264 flüssiger abspielen

Das Add-on ***h264ify*** spielt YouTube-Videos im Chrome-Browser deutlich flüssiger ab, da es die Hardwarebeschleunigung des Raspberry Pi 4 und 400 unterstützt.

## 090 ASCII-Art

ASCII-Art ist eine Kunstform, die in den Anfangszeiten der Computer entstand. Dabei werden Bilder aus Buchstaben dargestellt. Voraussetzung ist natürlich eine nicht proportionale Schriftart, damit Buchstaben auch wirklich untereinanderstehen.

Über die Softwareverwaltung ***Add/Remove Software*** das Paket `caca-utils` installieren. Es enthält verschiedene Programme zur Darstellung von ASCII-

Art, die über die Kommandozeile oder den Menüpunkt ***Run*** im Startmenü aufgerufen werden:

- **cacaclock** zeigt eine Digitaluhr in ASCII-Art.

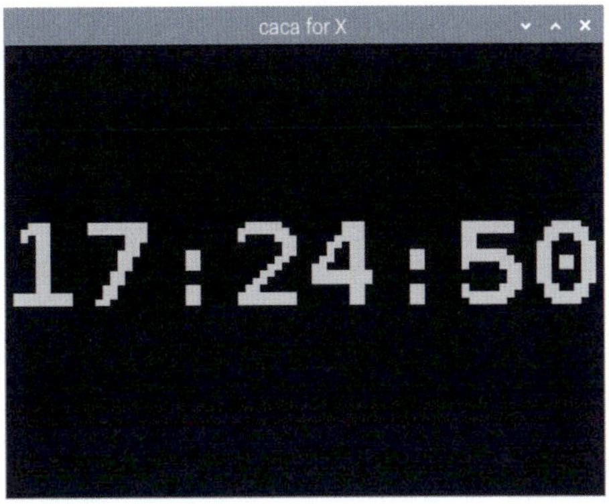


- **cacafire** zeigt ein animiertes Kaminfeuer in ASCII-Art.

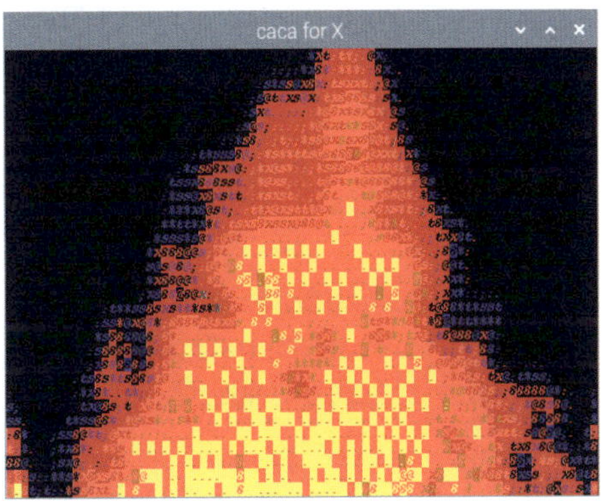


- **cacademo** zeigt weitere animierte Grafiken in ASCII-Art.
- **cacaview** – mit Dateinamen als Parameter aufrufen, setzt ein beliebiges Bild in ASCII-Art um (zum Vergleich das gleiche Bild im Bildbetrachter).

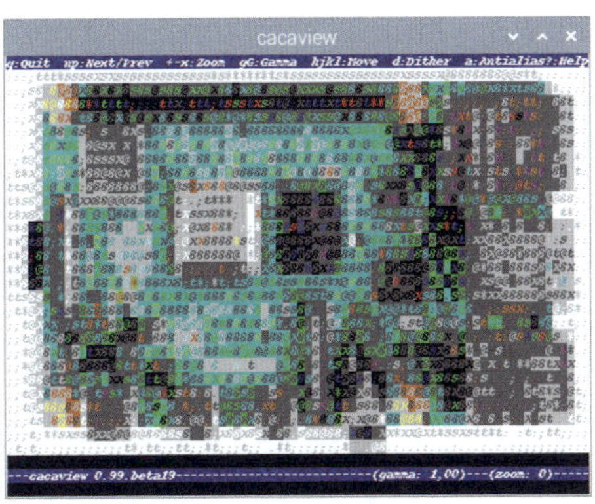

- **toilet** erzeugt ein ASCII-Art-Banner aus einem beliebigen Text. Dabei sind verschiedene Effekte, Farben und Schriftarten möglich. `toilet -h` zeigt alle Parameter. Der Text kann mit dem Parameter `-E html` als HTML ausgegeben werden, um ihn in Webseiten einzubauen.

## 091 Pi Presents für Präsentationen

Pi Presents ist ein Präsentationstool für interaktive Audio-, Video- und Diashows, das unter anderem in Museen und Besucherzentren verwendet wird, aber auch für private Shows eingesetzt werden kann.

> **Pi Presents und aktuelle Raspberry-Pi-OS-Versionen**
> Da das aktuelle auf Debian Bullseye basierende Raspberry Pi OS den OMXPlayer nicht mehr unterstützt, der in Pi Presents intern für Videos verwendet wird, kann Pi Presents zum Zeitpunkt der Drucklegung nur mit der Legacy-Version von Raspberry Pi OS verwendet werden.

1. Python-Pakete installieren:

```
sudo apt update
sudo apt install python3-pil.imagetk
sudo apt install unclutter
sudo apt install mplayer
sudo apt install python3-pexpect
sudo pip3 install selenium
sudo apt install chromium-chromedriver
sudo pip3 install python-vlc
```

2. Wenn GPIO-Eingabe verwendet werden soll:

```
sudo pip3 install evdev
```

3. Pi Presents herunterladen und installieren:

```
wget https://github.com/KenT2/pipresents-beep/tarball/master -O - |
tar xz
```

4. Im Dateimanager erscheint im Home-Verzeichnis */home/pi* der neue Ordner ***KenT2-pipresents-beep-xxxx***. Diesen mit dem Dateimanager in ***pipresents*** umbenennen.
5. Beispielpräsentation herunterladen:

```
wget https://github.com/KenT2/pipresents-beep-examples/tarball/
master -O - | tar xz
```

6. Im Dateimanager erscheint im Home-Verzeichnis */home/pi* ein neuer Ordner *KenT2-pipresents-beep-examples-xxxx*. Die beiden Unterverzeichnisse aus diesem Ordner mit dem Dateimanager in das Home-Verzeichnis */home/pi* verschieben.
7. Interaktive Beispielpräsentation starten:

```
python3 /home/pi/pipresents/pipresents.py -p pp_mediashow_1p4 -f -b
```

## 092 Eigene Präsentationen mit Pi Presents erstellen

Pi Presents steuert die Shows über Konfigurationsdateien in reinem Textformat. Diese können mit jedem Texteditor, etwa Mousepad, bearbeitet werden. Pi Presents liefert zusätzlich einen eigenen Editor mit, der nichts anderes tut, als diese Konfigurationsdateien unter einer übersichtlichen Oberfläche zu bearbeiten. So braucht man sich die Namen der einzelnen Parameter nicht zu merken. Mit diesem Editor lassen sich vorhandene Shows bearbeiten und neue erstellen.

1. Pi Presents Editor per Doppelklick im Verzeichnis */home/pi/pipresents* starten.

**Pi Presents Editor direkt auf dem Desktop**

Um den Pi Presents Editor noch einfacher zu starten, einfach die Datei *pp_editor.desktop* in das Verzeichnis */home/pi/Desktop* kopieren. Der Pi Presents Editor erscheint nun als Desktop-Symbol.

2. Automatisch öffnet sich ein Browser-Fenster mit dem Editor.

3. Eines der Beispielprofile über den Menüpunkt ***Profile/Open*** öffnen.

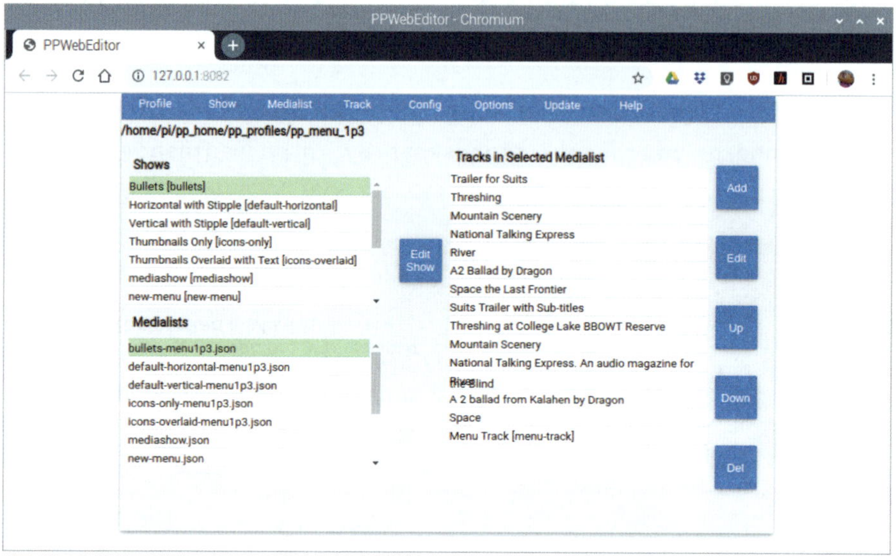

- Das Fenster ***Shows*** oben links zeigt die im gewählten Profil verfügbaren Shows.
- Das Fenster ***Medialists*** unten links zeigt die Medienlisten dieses Profils.
- Das rechte Fenster ***Tracks in Selected Medialist*** zeigt die Titel der im Fenster ***Medialists*** ausgewählten Medienliste.

4. Show markieren und auf ***Edit Show*** klicken. Hier lassen sich alle Parameter bearbeiten.

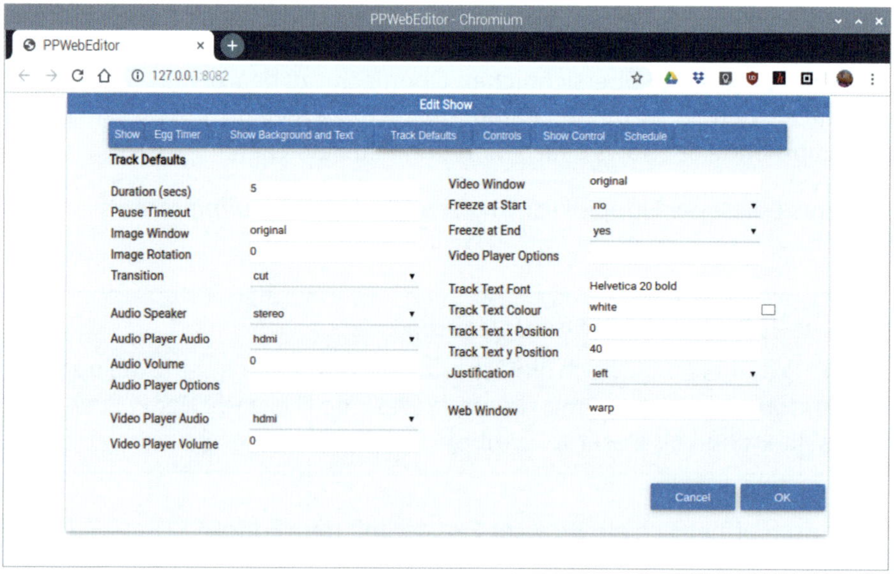

> **Deutsches Handbuch**
> Für Pi Presents existiert ein ausführliches deutschsprachiges Handbuch. Bei **www.softwarehandbuch.de/raspberry-pi** ist in der Rubrik ***Software*** der Link zur aktuellsten Version dieses Handbuchs zu finden.

## 093 Minecraft

**Minecraft**, das beliebte Weltenbauer-Spiel, ist in der aktuellen Raspberry-Pi-OS-Version nicht mehr vorinstalliert, kann aber leicht nachinstalliert werden.

1. Bei **minecraft.net/de-de/edition/pi** die Pi Edition von Minecraft herunterladen.
2. Heruntergeladene Datei per Doppelklick oder direkt aus dem Browser mit **xarchiver** öffnen.
3. Auf ***Dateien entpacken*** klicken und Zielverzeichnis ***/home/pi*** wählen.
4. Im Dateimanager in dieses Verzeichnis wechseln und dort im Menü ***Werkzeuge/Terminal im aktuellen Verzeichnis öffnen*** anklicken.
5. Minecraft mit dem Befehl `./minecraft-pi` starten.

In Minecraft erkundet man eine schier endlose Welt, die aus einfachen Würfeln erbaut ist. Die Blöcke bestehen aus verschiedenen Materialien und können abgebaut werden, um aus den Rohstoffen andere Dinge in Minecraft zu bauen.

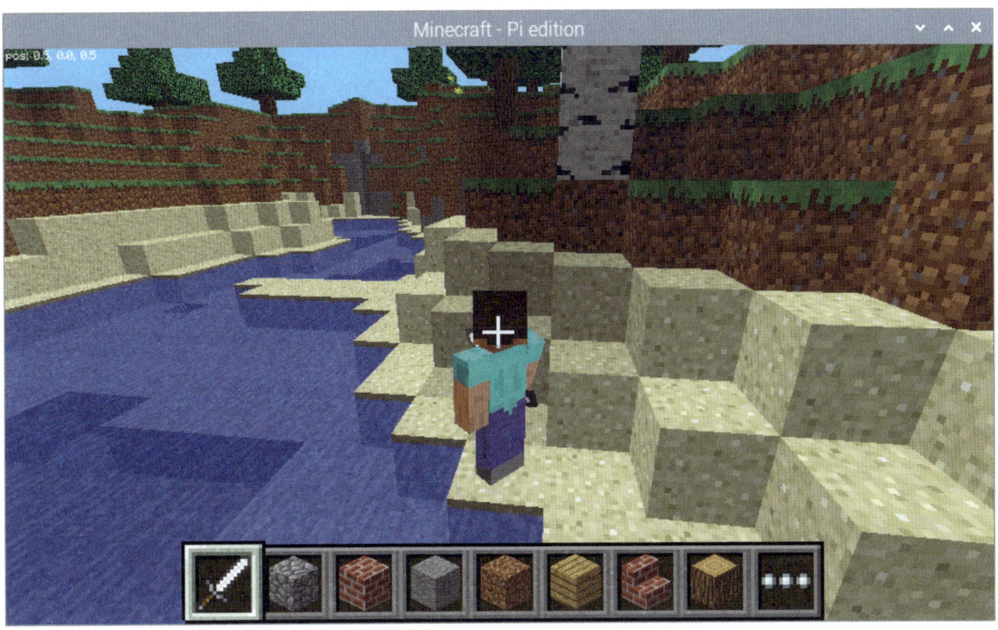

Minecraft ermöglicht die Anbindung an verschiedene Programmiersprachen, um das Spiel zu erweitern, eigene Zusatzmodule zu schreiben oder einfach um spielerisch in die Programmierung einzusteigen, was auch das ursprüngliche Ziel der Entwickler des Raspberry Pi war.

Wer Minecraft kennt, wird sich auch in der Pi Edition schnell zurechtfinden. Die Steuerung des Spiels und die Bewegungen in der Spielwelt laufen sehr ähnlich.

- Mit der Maus dreht man sich, ohne eine Maustaste zu drücken, um die eigene Achse und neigt den Blick nach oben oder unten. Das Spiel reagiert sehr schnell, man muss also aufpassen, dass man sich beim Drehen nicht »überschlägt«.
- Mit vier auch aus anderen Spielen bekannten Buchstabentasten bewegt man sich: mit [W] nach vorne, [S] nach hinten, [A] nach links und [D] nach rechts. Bei Stufen im Gelände steigt man während der Bewegung automatisch nach oben oder unten.
- Mit der [Leer]-Taste kann man in die Höhe springen. Drückt man [Leer] zweimal kurz hintereinander, wird auf den Flugmodus umgeschaltet. In diesem Modus schwebt man und ist nicht mehr an den Boden gebunden. Im Flugmodus steigt man durch längeres Drücken von [Leer] weiter nach oben.
- Umgekehrt duckt man sich mit der linken [⇧]-Taste etwas nach unten. Im Flugmodus verringert man mit dieser Taste die Flughöhe.
- Die Taste [E] öffnet das Inventar, in dem jede Menge unterschiedliche Blöcke zum Bau zur Verfügung stehen. Acht verschiedene Blöcke oder Werkzeuge sind in der Inventarleiste am unteren Bildschirmrand jederzeit verfügbar. Hier wählt man mit den Tasten [1] bis [8] oder mit dem Mausrad das gewünschte Objekt aus.
- Ein Klick mit der linken Maustaste entfernt den angeklickten Block, ein Klick mit der rechten Maustaste platziert einen Block des gewählten Typs an der angeklickten Position.
- Die [Esc]-Taste blendet ein Menü ein, in dem man das Spiel verlassen oder auf die Sicht eines außen stehenden Betrachters wechseln kann.
- Die [⇆]-Taste befreit die Maus aus dem Minecraft-Fenster, wenn man zwischendurch in ein anderes Programm wechseln möchte.

**Wenn die Steuerung nicht reagiert**

Es kann immer wieder vorkommen, dass das Spiel auf Mausbewegungen nicht richtig oder viel zu schnell reagiert und man ständig nach unten oder oben blickt. Bei solchen Problemen einfach die [⇆]-Taste drücken, die Maus kurz außerhalb des Minecraft-Fensters bewegen und dann mit [⇆] wieder zurück ins Spiel schalten.

## 094 Windows-Spieleklassiker für Raspberry Pi umgesetzt

Die Leistung eines Raspberry Pi 4 und 400 reicht zwar nicht für topaktuelle Computerspiele, Fans haben aber die beliebtesten Windows-Spiele Mastermind, Minesweeper und Mah-Jongg, das hier Penguin Taipei heißt und einen eigenen Level-Editor mitbringt, unter dem Namen **Ace of Penguins** für Linux nachgebaut.

1. Über die Softwareverwaltung ***Add/Remove Software*** das Paket `ace-of-penguins` installieren.
2. Die Spiele tauchen im Menü ***Spiele*** auf.

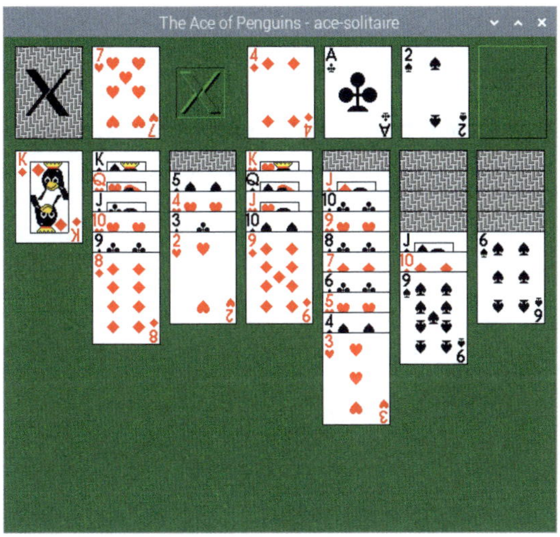


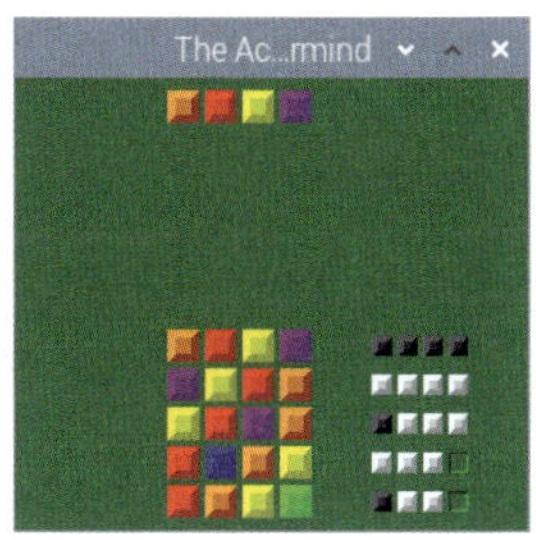


## 095 Textadventures – interaktive Fiktion

Textadventures waren in der Zeit der ersten Home-Computer eine beliebte Art von Spielen. Seit Jahren sind keine solchen Spiele mehr kommerziell erschienen, die Fangemeinde ist aber immer noch riesig. In einem Textadventure liest man eine Geschichte und entscheidet an wichtigen Punkten selbst, wie es weitergehen soll. Heute werden diese Textadventures meist nicht mehr als Spiele bezeichnet (da sie den grafischen Ansprüchen heutiger Gamer längst nicht mehr genügen), sondern als »Interactive Fiction« oder interaktive Romane.

Im Laufe der Zeit haben sich neben proprietären Spielsystemen verschiedene Beschreibungssprachen entwickelt, in denen Autoren ihre Geschichten auch heute noch schreiben. Um interaktive Fiktion, die nicht an eine bestimmte Plattform gebunden ist, spielen zu können, benötigt man einen Interpreter für die jeweilige Beschreibungssprache. Gargoyle ist ein solcher Interpreter für den Raspberry Pi, der neben dem bekannten Z-Code noch diverse andere Beschreibungssprachen wie TADS, Blorb und AGX unterstützt.

1. Interpreter ***gargoyle-free*** über die Softwareverwaltung ***Add/Remove Software*** installieren.
2. Hier gibt es die passenden Geschichten: **www.interactive-fiction.de**, **www.ifarchive.org** oder **ifdb.tads.org**. Unsere Linksammlung **www.software-handbuch.de/raspberry-pi** enthält noch weitere Links zu Textadventures.
3. Die heruntergeladenen Textadventures in das Home-Verzeichnis ***/home/pi*** kopieren und Gargoyle aus dem Startmenü unter ***Spiele*** starten.
4. Jedes Textadventure ist anders. Manchmal werden die nächsten möglichen Schritte durch einfache Zahlen in einem simplen Menü ausgewählt, in anderen Spielen muss man einfach schreiben, was man als Nächstes tun möchte. Im Zweifelsfall hilft die eingebaute Hilfe-Funktion in den Spielen weiter.

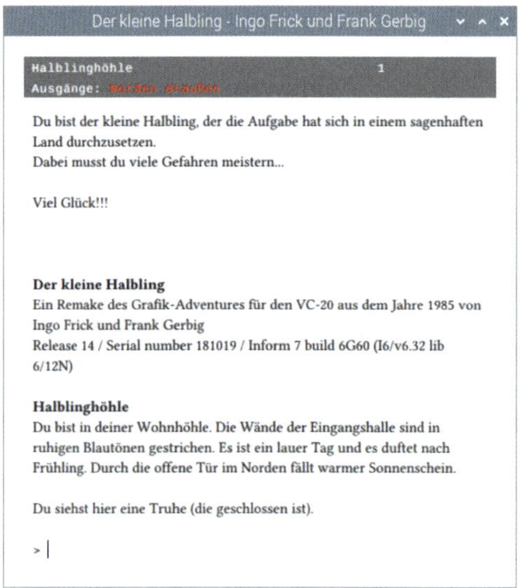


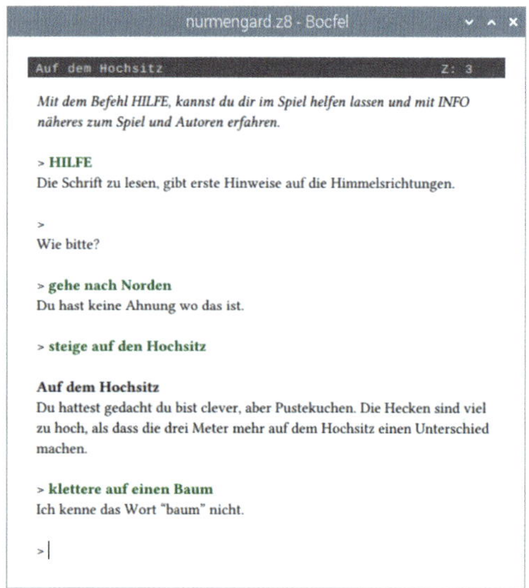


## 096 Klassische Point-and-Click-Adventures

Jeder, der in den 80er- und 90er-Jahren schon einen Computer hatte, kennt die Spieleklassiker Monkey Island, Indiana Jones oder Zak McKracken. Diese Spiele lassen sich auf dem Raspberry Pi neu erleben.

**ScummVM** – die Abkürzung steht für **S**cript **C**reation **U**tility for **M**aniac **M**ansion **V**irtual **M**achine – ermöglicht es, die klassischen Point-and-Click-Abenteuer von LucasArts und Sierra auf Computern zu spielen, für die sie nie entwickelt wurden.

Dabei stellt ScummVM (**www.scummvm.org**) lediglich die Plattform zur Verfügung. Die Spiele werden von den Disketten-Images oder CDs von damals installiert.

1. ScummVM über die Softwareverwaltung ***Add/Remove Software*** installieren.
2. ScummVM trägt sich bei der Installation automatisch im Startmenü unter ***Spiele*** ein.
3. Vorhandene Spiele in das Verzeichnis ***/home/pi/scummvm*** kopieren.
4. Einige bekannte Klassiker werden kostenlos in einem für ScummVM vorbereiteten Format zur Installation in der Softwareverwaltung angeboten, einige sogar auf Deutsch.
5. ScummVM starten und Verzeichnis der Spieldateien in der Oberfläche hinzufügen. Die per ***apt-get*** oder Softwareverwaltung installierten Spiele befinden sich in Unterverzeichnissen von ***/usr/share/scummvm***.
6. Spiel auswählen und starten. Viele der über die Softwareverwaltung installierten Spiele tragen sich automatisch im Startmenü ein.

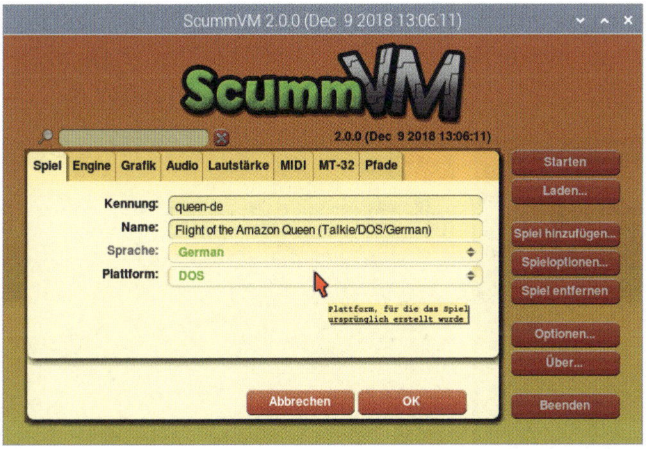

## 097 Code the classics

Die fünf Spiele aus dem gleichnamigen Programmierkurs zum Einstieg in die Spieleprogrammierung sind in der Raspberry-Pi-OS-Vollversion im Menü ***Spiele*** vorinstalliert oder können über ***Einstellungen/Recommended Software*** nachinstalliert werden.

- **Boing** – das klassische Tennis, eines der ersten Computerspiele überhaupt, mit ansprechender Grafik.
- **Bunner** – ein Hase versucht, Straßen und Flüsse zu überqueren. Ein Tribut an das bekannte Frogger.
- **Cavern** – die Spielfigur läuft in einer zweidimensionalen Höhle und springt in die Höhe. Dabei müssen möglichst viele wertvolle Früchte eingesammelt werden. Ein bekanntes Spielprinzip vieler Retrospiele.
- **Myriapod** – eine Hommage an das Atari-Spiel Centipede, das erste Computerspiel, das von einer Frau entworfen wurde. Hier ballert ein Insekt vom unteren Bildschirmrand nach oben auf alles, was sich bewegt.
- Soccer – das klassische Fußballspiel.

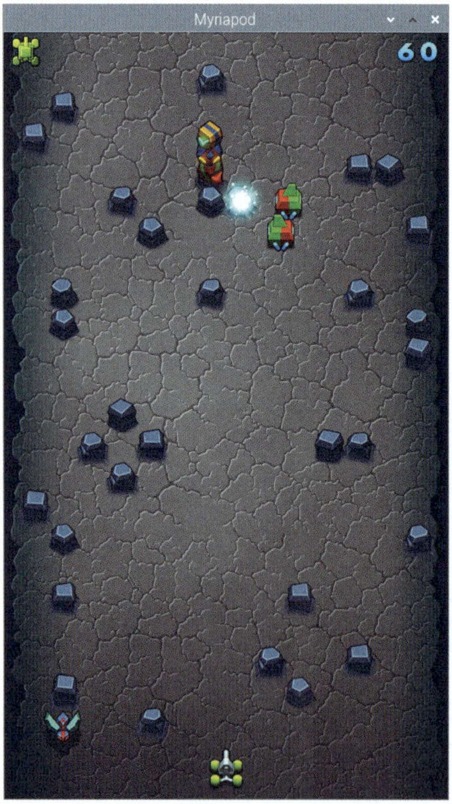

## 098 DOSBox – PC-Emulator

Mit den ersten PCs – lange vor Windows – kamen auch die ersten Spiele, die heute Kultstatus haben. DOSBox emuliert auf dem Raspberry Pi einen PC der damaligen Zeit. Die emulierten Systemeigenschaften entsprechen einem durchschnittlichen PC aus den frühen 90er-Jahren.

1. `dosbox` über die Softwareverwaltung ***Add/Remove Software*** installieren.
2. DOS-Spiele in ein neues Unterverzeichnis von ***/home/pi*** kopieren, zum Beispiel ***/home/pi/dosprogs***. Die Unterverzeichnisse dieses Verzeichnisses dürfen nur DOS-kompatible Namen haben.
3. DOSBox Emulator über das Startmenü ***Spiele*** starten.
4. Nach einem kurzen Erklärungstext erscheint der altbekannte DOS-Prompt: `Z:>_`.
5. Deutsche Tastatur starten: `keyb gr`. Der Buchstabe y liegt auf der englischen Tastatur auf der Taste [Z].
6. Verzeichnis mit den DOS-Programmen als Laufwerk ***C:*** mounten:
   `mount c ~/dosprogs`
7. DOS hatte keinerlei grafische Oberfläche. Die Spiele müssen direkt über die Eingabe ihres Namens gestartet werden. Mit `cd` zuvor in das jeweilige Unterverzeichnis wechseln.
8. Der Befehl `exit`, am DOS-Prompt eingegeben, beendet den Emulator.

**DOS-Dateinamen**

Beim Anlegen von Verzeichnissen und Dateien müssen die Begrenzungen für Dateinamen unter DOS beachtet werden. Alle Datei- und Verzeichnisnamen dürfen höchstens acht Zeichen lang sein und weder Leerzeichen noch Sonderzeichen enthalten; _ und - sind erlaubt. DOS unterscheidet im Gegensatz zu Linux nicht zwischen Groß- und Kleinschreibung. In den Anfangszeiten wurden DOS-Dateinamen immer großgeschrieben. Dateinamen haben hinter dem eigentlichen Namen üblicherweise noch eine Erweiterung aus drei Buchstaben, durch einen Punkt vom Namen getrennt, die den Dateityp angibt. Bei Verzeichnisnamen fehlt diese Erweiterung üblicherweise.

## 099 Der Emulator Sinclair ZX Spectrum

Der Emulator **Fuse** (the **F**ree **U**nix **S**pectrum **E**mulator) emuliert den Sinclair ZX Spectrum von 1982.

1. The Free Unix Spectrum Emulator und ZX Spectrum ROMs über die Softwareverwaltung ***Add/Remove Software*** installieren.
2. Alte Sinclair-Programmdateien und Spiele in den Formaten SNA, Z80, RZX, TAP, TZX, CSW, TRD, SCL, FDI, ZIP vor dem Start des Emulators ins Home-Verzeichnis kopieren.
3. Unreal Speccy Portable Emulator über den Menüpunkt ***Spiele/Fuse*** starten.
4. Über den Menüpunkt ***Options/Select ROMs/Machine ROMs*** das gewünschte ROM auswählen.
5. Über den Menüpunkt ***Machine/Select*** das gewünschte Spectrum-Modell auswählen.

6. Über den Menüpunkt ***Machine/Reset*** starten. Der ZX-Spectrum-Emulator startet mit einem Original-Menübildschirm, der nur mit der Tastatur bedient werden kann.

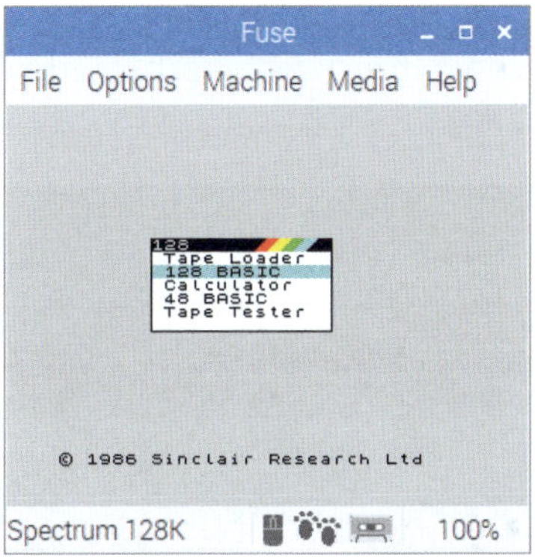


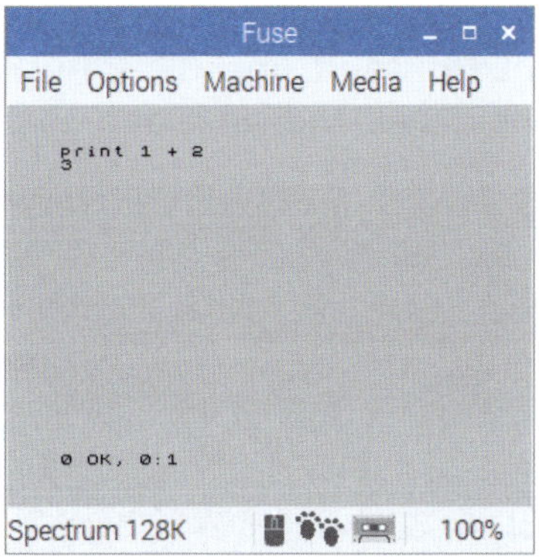


**Sinclair-Software**

Passende Sinclair-Software von damals gibt es unter anderem bei **www.worldofspectrum.org** oder **www.theoldcomputer.com**.

## 100 MAME – Sammlung von Emulatoren

Das **MAME**-Projekt bringt eine umfangreiche Sammlung von Emulatoren für alte Spielkonsolen auf PCs oder den Raspberry Pi.

1. Die Pakete `mame` und `mame-data`, das Basispaket und das Datenpaket, über die Softwareverwaltung ***Add/Remove Software*** installieren. MAME Arcade Emulator erscheint unter ***Spiele*** im Startmenü.

2. Im Home-Verzeichnis */home/pi* ein Unterverzeichnis `mame/roms` anlegen und eigene Spiele-ROMs hierhin kopieren.
3. Spiele über das Menü auswählen und starten.
4. Das **Simple MAME frontend**, über die Softwareverwaltung installierbar, erleichtert die Verwaltung der eigenen Spieldatenbank.

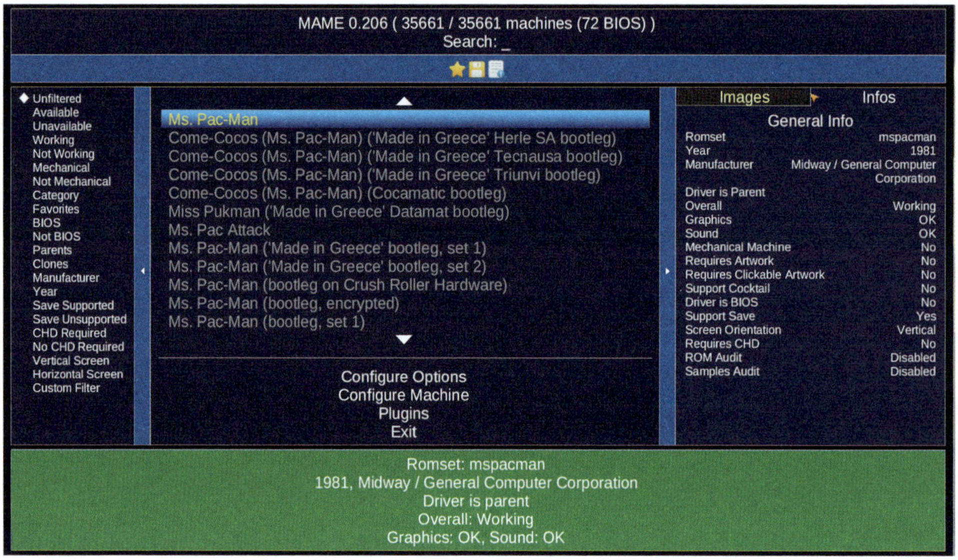


## 101 FS-UAE – Amiga-Spiele auf dem Raspberry Pi 4 und 400

Der Emulator **FS-UAE** emuliert den beliebten Retro-Computer Amiga auf dem Raspberry Pi. Der Amiga, später von Commodore als Nachfolger des legendären C64 produziert, war in den 80er-Jahren seiner Zeit weit voraus und bot damals schon eine mausgesteuerte grafische Oberfläche. Dank eines eigenen Grafikprozessors waren erstaunlich schnelle Spiele mit guter Grafikqualität möglich.

1. `fs-uae`-Basispaket und `fs-uae-launcher` über die Softwareverwaltung *Add/Remove Software* installieren.
2. Der FS-UAE-Launcher trägt sich automatisch in das Startmenü unter *Systemwerkzeuge* ein.
3. Im FS-UAE-Launcher auf der Registerkarte *Allgemeine Konfigurationsoptionen* das Amiga-Modell auswählen.
4. Auf der Registerkarte *ROM & RAM* die Kickstart-Datei auswählen und bei Bedarf Einstellungen zur Speichergröße vornehmen. Ist kein eigenes Kickstart-ROM vorhanden, die Option *Intern* aus der Liste wählen.

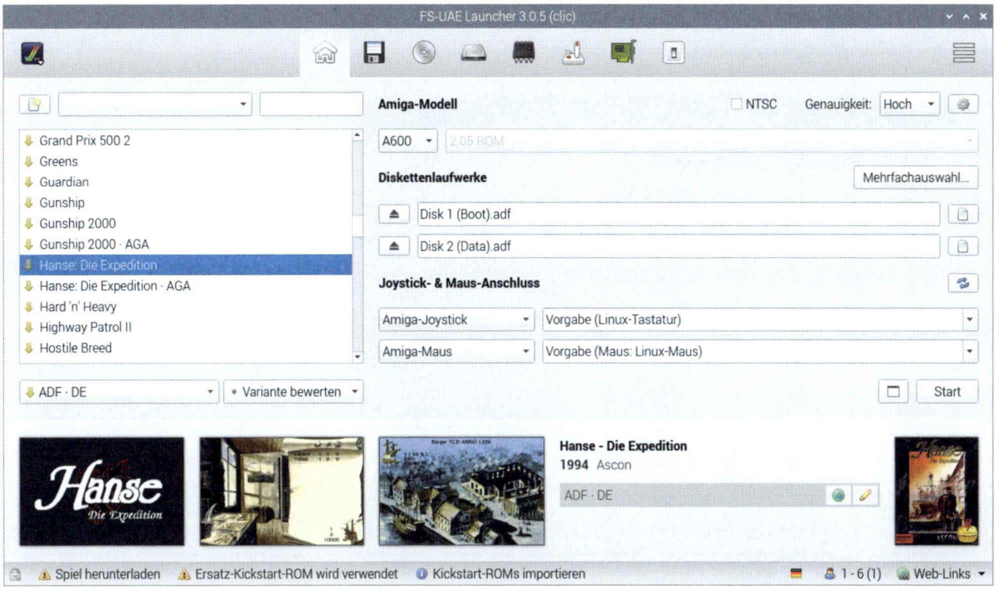


**Kickstart-ROM**

Kickstart enthält die Basisbestandteile des AmigaOS-Betriebssystems, die auf einem Original-Amiga im ROM lagen. Auf der Seite www.amigaforever.com bieten die damaligen Entwickler des Amiga Kickstart-ROMs für Emulatoren an. Der FS-UAE-Emulator enthält bereits eine vereinfachte Kickstart-Version mit eingeschränktem Funktionsumfang, die aber für viele Spiele ausreicht.

## 102 Spiele für FS-UAE herunterladen und installieren

FS-UAE bietet eine direkte Anbindung an die Datenbank OpenRetro Game Database (www.openretro.org) zur Installation vorgefertigter Emulator-Pakete der ehemaligen Amiga-Spiele.

1. Im FS-UAE-Launcher oben links auf das Amiga-Logo klicken und zur Anmeldung bei OpenRetro ***Einloggen*** wählen.
2. Ist kein OpenRetro-Benutzerkonto vorhanden, neues anlegen.
3. Danach wird automatisch eine Liste verfügbarer Spiele im FS-UAE-Launcher angezeigt.
4. Gewünschtes Spiel auswählen und auf ***Start*** klicken.
5. Viele Spiele müssen erst heruntergeladen werden. Bei einigen erfolgt der Download automatisch, bei anderen wird ein Link auf eine Downloadseite angezeigt.

Hier das Spiel herunterladen, im angegebenen Ordner entpacken, danach auf *Downloads scannen* klicken und starten.

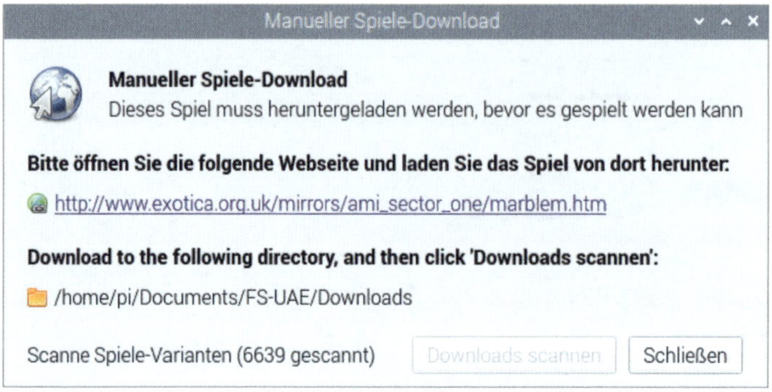


## 103 Eigene Amiga-Spiele in FS-UAE spielen

Windows-PCs konnten früher Amiga-Disketten lesen, aber nicht schreiben. Mit Windows 11 wurde die Unterstützung von Diskettenlaufwerken endgültig eingestellt. Die Software **ADFRead** erzeugt aus einer Amiga-Diskette eine Image-Datei. Auf einem echten Amiga funktioniert das Gleiche mit **ADFBlitzer**.

1. Über den Button *Neue Konfiguration* links oben eine neue Spielkonfiguration im FS-UAE-Launcher anlegen.
2. Auf der Registerkarte *Diskettenlaufwerke* die ADF-Dateien der Disketten eintragen.
3. Ein Klick auf *Start* startet das Spiel.

## 104 RetroPie einrichten

**RetroPie** ist ein für Spiele optimiertes Betriebssystem mit eigener Oberfläche, die diverse Emulatoren für Retro-Computer und -Spielkonsolen enthält.

1. RetroPie über den Raspberry Pi Imager auf einer Speicherkarte installieren.
2. Raspberry Pi mit dieser Speicherkarte booten.

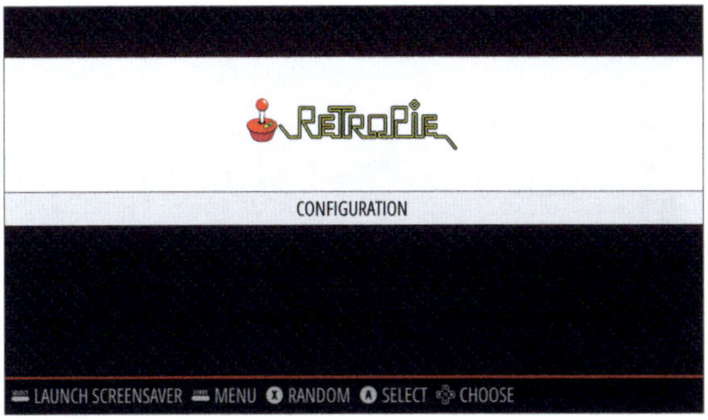


3. Die Steuerung kann über ein USB-Gamepad erfolgen, das am Anfang konfiguriert werden muss, oder über Tastatur und Maus.

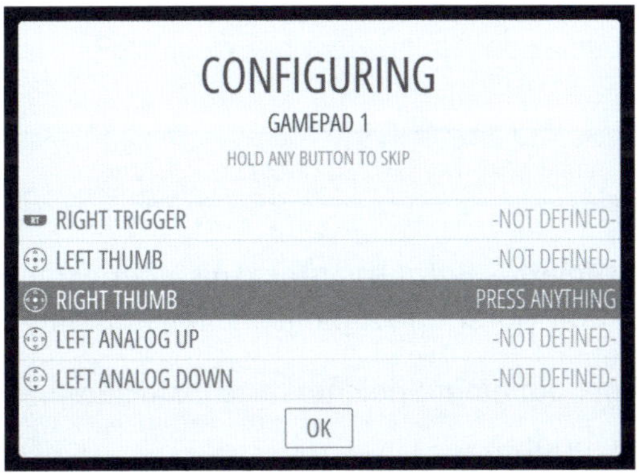


## 105 Spiele in RetroPie installieren

RetroPie enthält nur die Emulatoren für verschiedene Retro-Spielkonsolen und -Computer, aber keine Spiele. Die Spiele, sogenannte ROMs, müssen zusätzlich installiert werden. Am einfachsten lassen sie sich von einem PC über das Netzwerk übertragen.

1. RetroPie legt eine Windows-Netzwerkfreigabe an, in Linux als Samba Share bezeichnet.

2. Auf einem Windows-PC, auf dem die ROMs liegen, im Explorer unter ***Netzwerk*** die Freigabe ***RETROPIE*** suchen.
3. In das Unterverzeichnis des entsprechenden Emulators wechseln.
4. ROM-Dateien auf das freigegebene Laufwerk kopieren.
5. In RetroPie gewünschten Emulator auswählen und Spiel starten.

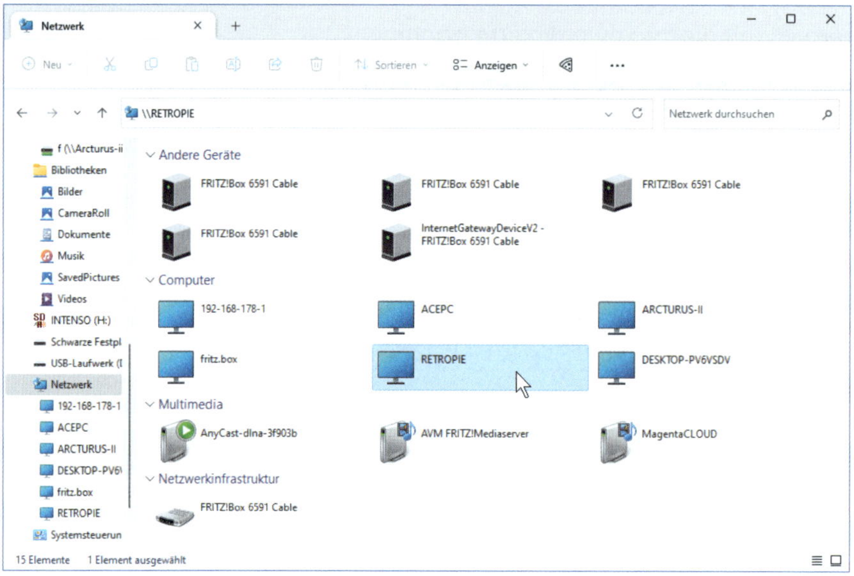


## 106 Recalbox

**Recalbox** ist ein ähnliches für Spiele optimiertes Betriebssystem mit eigener Oberfläche, die diverse Emulatoren für Retro-Computer und -Spielkonsolen enthält.

1. Recalbox über den Raspberry Pi Imager auf einer Speicherkarte installieren.
2. Raspberry Pi mit dieser Speicherkarte booten.
3. Controller werden automatisch erkannt.
4. Gewünschten Emulator und danach das Spiel wählen.

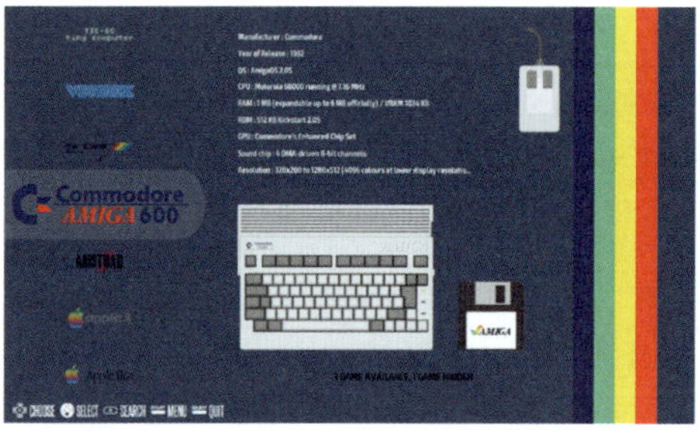

5. Spiele können per USB-Stick oder Windows-Freigabe in die Unterverzeichnisse von *\\RECALBOX\share\roms* installiert werden.

## 107 KODI-Mediacenter mit LibreELEC einrichten

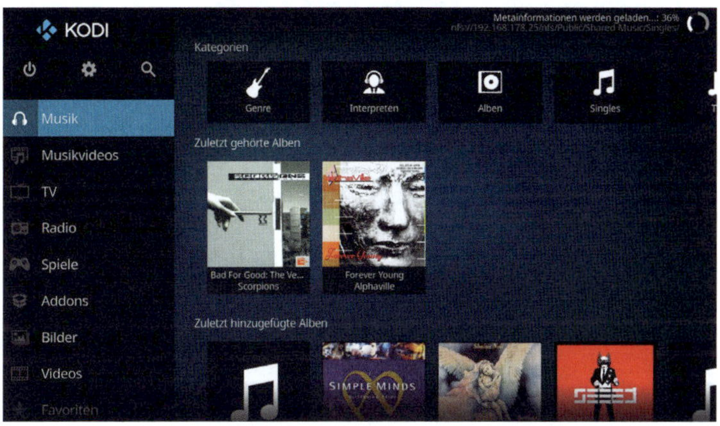


Die Software **LibreELEC** (**www.libreelec.tv**) macht aus dem Raspberry Pi 4 oder Raspberry Pi 400 ein komfortables Mediacenter für den Fernseher im Wohnzimmer. LibreELEC basiert auf der bekannten Mediacenter-Software KODI (**www.kodi.tv**), dem Nachfolger des legendären XBMC. LibreELEC installiert ein minimales Linux, dessen einzige Aufgabe es ist, das KODI-Mediacenter auf dem Raspberry Pi zu betreiben.

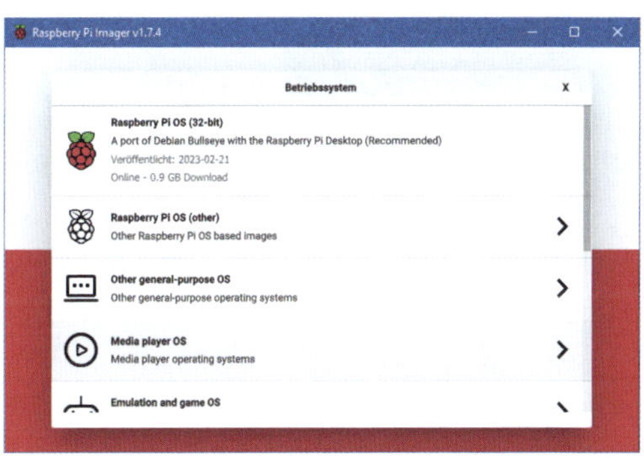


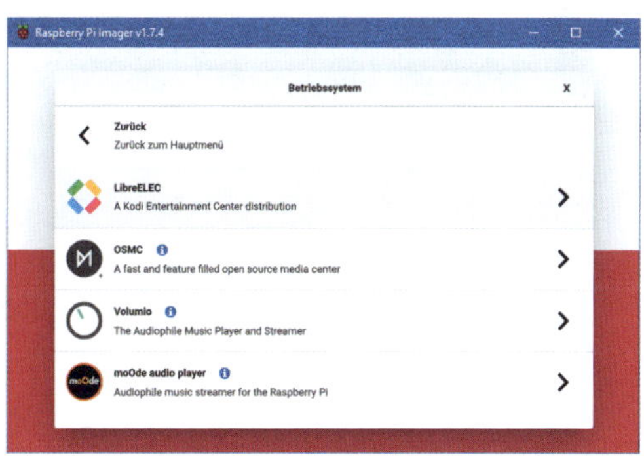

1. LibreELEC wird als eigenes Betriebssystem über den Raspberry Pi Imager auf der Speicherkarte installiert.
2. Nachdem die Speicherkarte auf dem PC fertiggestellt ist, den Raspberry Pi damit booten. Nach wenigen Minuten erscheint der Installationsassistent des KODI-Mediacenters.

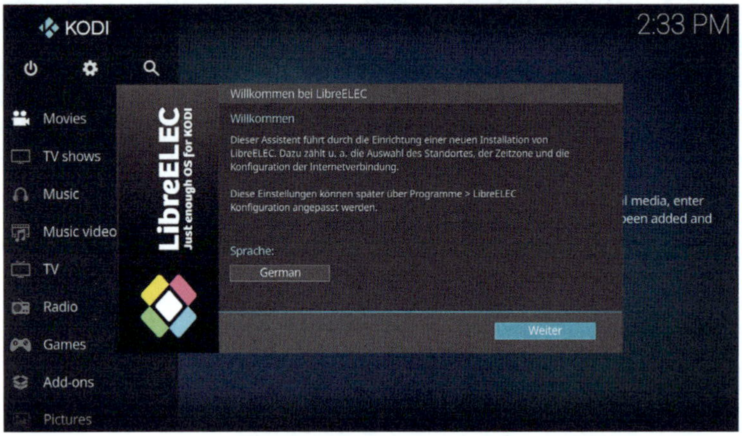


3. Auf der KODI-Oberfläche als Sprache ***Deutsch*** auswählen.
4. Dem Gerät einen eindeutigen Namen geben oder den vorgegebenen Namen bestätigen.
5. Netzwerkverbindung auswählen, bei WLAN den Schlüssel eingeben.

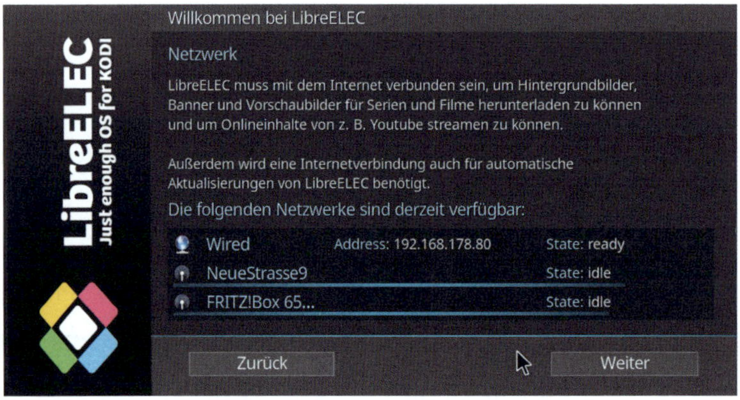


6. SSH sollte zur einfachen Datenübertragung wie auch zur Wartung eingeschaltet werden.
7. Samba aktivieren. Damit erscheint das Mediacenter im Windows-Netzwerk mit eigenen Freigaben, auf die Musik, Fotos und Videos von Windows-PCs übertragen werden können.
8. Der Standard-Benutzername lautet ***root***, das Passwort ***libreelec***. Beide können bei Bedarf an dieser Stelle geändert werden.

9. Unter *Einstellungen/Medien/Bibliothek/Videos, Bilder* und *Musik* neue Datenquellen hinzufügen. Das können Linux-Verzeichnisse, externe Speichermedien oder Netzwerklaufwerke sein. Für die einzelnen Datenquellen können beliebige Klartextnamen vergeben werden.
10. Musik, Bilderordner oder Video auswählen und abspielen.

## 108 Fernbedienung des Fernsehers über HDMI-CEC nutzen

Die Bedienung des KODI-Mediacenters mit Tastatur und Maus auf dem Sofa vor dem Fernseher ist nicht wirklich komfortabel. Zwar unterstützt das System auch drahtlose Fernbedienungen, aber nur wenige Typen. Einfacher ist es, direkt die Fernbedienung des Fernsehers oder HDMI-Monitors zu verwenden.

Die Lösung heißt CEC (**C**onsumer **E**lectronics **C**ontrol) und ist ein einfacher Datenbus auf einer zusätzlichen Leitung im HDMI-Kabel. Darüber werden die Signale der Fernbedienung an den Raspberry Pi übertragen. Der verwendete Monitor und auch das Kabel müssen CEC unterstützen.

Hersteller von Fernsehern und Monitoren vermarkten CEC oft unter eigenen Markennamen wie T-Link, EasyLink, EZ-Sync, Simplink, Digital Link HD, NetCommand for HDMI, RIHD, Viera Link, Kuro Link, Anynet+, Aquos Link, BRAVIA Sync, Regza-Link, TechniLink, CSTLink, FUN-Link oder Digi-Link.

## 109 Medienquellen hinzufügen

Das KODI-Mediacenter kategorisiert Medien wie die meisten Mediaplayer nach Interpreten, Alben oder Genres, unabhängig vom Speicherort der Mediendatei. Die Medien können auf der Speicherkarte liegen, auf angeschlossenen USB-Sticks oder Netzwerklaufwerken.

1. In der Meldung *Die persönliche Bibliothek ist leer* im Bereich *Musik*, *Musikvideos* oder *Filme* auf *Zu Dateien...* klicken, um Medienquellen hinzuzufügen.
2. NAS-Laufwerke oder Linux-basierte Medienplayer über das Linux-Netzwerk-Dateisystem (NFS) hinzufügen.
3. Freigegebene Laufwerke auf Windows-PCs über das Windows-Netzwerk (SMB) hinzufügen.
4. Ist für eine Netzwerkfreigabe eine Anmeldung mit Benutzername und Passwort erforderlich, diese beim Einrichten der Medienquelle eingeben.
5. Nach dem Hinzufügen einer Medienquelle werden die Metainformationen aller Medien eingelesen, was je nach Größe der Medienbibliothek einige Zeit dauert.

## 110 Musik im KODI-Mediacenter abspielen

Die Seite ***Musik*** zeigt Vorschläge für Interpreten sowie noch nicht oder zuletzt gespielte Alben.

- Titel können nach Genre, Interpret, Album oder anderen Kriterien gesucht werden.
- Die [Leer]-Taste auf der Tastatur funktioniert beim Abspielen wie die Pause-Taste der Fernbedienung.
- Mit einem Rechtsklick auf einen Titel diesen in die Wiedergabeliste aufnehmen oder als Favoriten markieren.
- Das Symbol ***Optionen*** links unten blendet in allen Ansichten einen Seitenbalken mit Sortieroptionen, Suche und Filter ein.

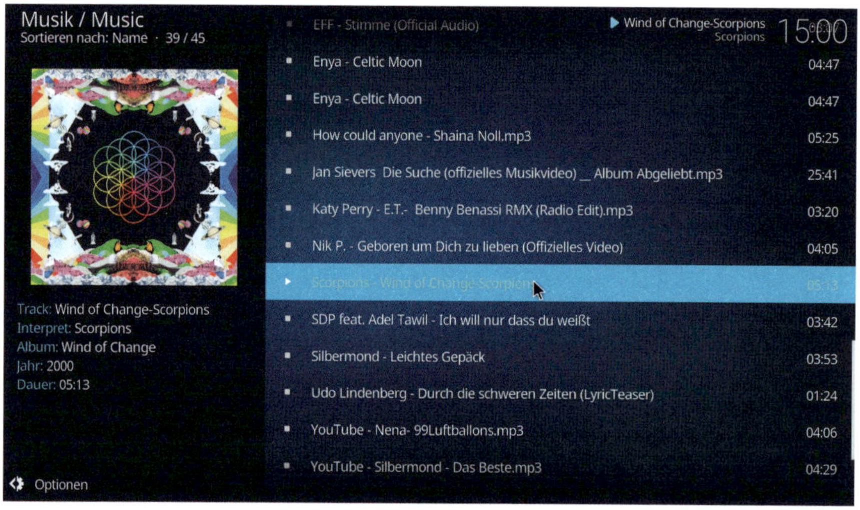


## 111 Fotos im KODI-Mediacenter

KODI eignet sich nicht nur für Musik und Videos, sondern auch sehr gut zum Betrachten von Fotos.

- Hier gilt das Gleiche wie bei Musik und Videos: Als Erstes müssen die Verzeichnisse oder Laufwerke angemeldet werden, in denen die Bilder zu finden sind. Anschließend können diese Verzeichnisse durchgeblättert werden.
- Der Klick auf ein Bild zeigt es im Vollbildformat an. Ein weiterer Klick ins Bild startet eine Diashow. Im Seitenpanel lässt sich einstellen, ob die Bildreihenfolge zufällig oder geordnet sein soll und ob die Bilder in Unterverzeichnissen rekursiv mit abgespielt werden. Dazu mit der Maus an den linken Bildschirmrand fahren.

- Ein einfacher Mausklick während der Diashow legt eine Pause ein, ein Rechtsklick beendet die Diashow und springt zurück zur Bilderübersicht.

## 112 Fotos aus Cloud-Speichern betrachten

KODI zeigt nicht nur Bilder auf lokalen Speichermedien, sondern bietet auch die Möglichkeit, direkt auf Onlinefotoalben bei Google, OneDrive oder pCloud zuzugreifen. Dazu werden im Bereich ***Addons/Herunterladen*** unter ***Bilder-Addons*** zusätzliche Add-ons angeboten, die optional installiert werden können. Nach persönlicher Anmeldung zeigen diese Add-ons die eigenen Fotos in KODI an.

**Autorisierung bei Flickr**

Flickr verlangt von jeder Anwendung, die auf die eigenen Fotos zugreifen möchte, eine spezielle Autorisierung. Dazu zeigt KODI in den Einstellungen des Add-ons nach Eingabe des Flickr-Benutzernamens einen Link an. Dieser muss auf einem PC oder Smartphone geöffnet werden, und ein in KODI angezeigter Code muss eingegeben werden, um das Add-on für Flickr zu autorisieren

## 113 Videos in KODI abspielen

Videos können wie Musik aus mehreren Medienquellen abgespielt werden.

- Wird beim Abspielen von Videos die Maus bewegt oder eine Taste der Fernbedienung gedrückt, erscheint am unteren Bildschirmrand eine Symbolleiste zur

Steuerung mit der Maus. Nach kurzer Zeit der Inaktivität wird die Symbolleiste ausgeblendet und erscheint beim Druck auf eine beliebige Taste wieder.

- Bei Verwendung einer Fernbedienung, die die entsprechenden Tasten nicht hat, können diese Symbole mit den Cursortasten ausgewählt werden.

## 114 Webradio in KODI

Bei den Musik-Add-ons finden sich diverse Add-ons einzelner Webradiostationen.

1. Das Add-on *Radio* des Onlineportals **radio.de** bietet eine Auswahl verschiedenster Sender in einem Add-on. Nach der Installation erscheint das Add-on unter *Musik/Musik Addons/Radio*.
2. Hier kann man nach Thema, Sprache, Musikrichtung filtern oder einfach einen Lokalsender aus der Umgebung suchen.
3. Ein Rechtsklick auf einen Sendernamen bietet die Möglichkeit, diesen Sender zur Favoritenliste hinzuzufügen, um ihn schneller aufrufen zu können.

## 115 TV-Mediatheken in KODI nutzen

KODI bietet über Add-ons auch die Möglichkeit, Mediatheken der Fernsehsender einzubinden und zu nutzen. Jede Mediathek verhält sich etwas anders, in den meisten findet man Sendungen nach Titel oder Zeitraum, in einigen Fällen werden auch Livestreams angeboten.

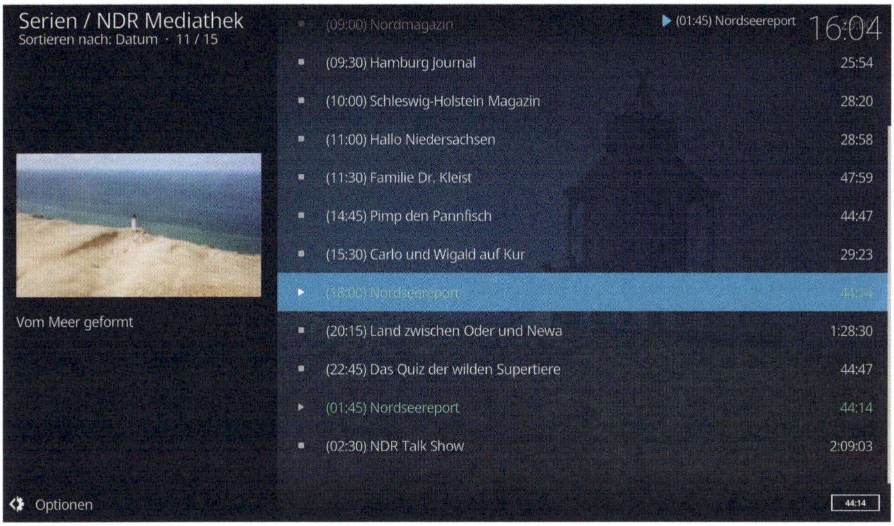


## 116 YouTube in KODI nutzen

Das YouTube-Add-on ist personalisierbar. Nach Eingabe des eigenen YouTube-Benutzernamens sind hier die eigenen Abonnements, selbst hochgeladene Videos und eigene Wiedergabelisten sowie Vorschläge anhand der zuletzt gesehenen und mit ***Gefällt mir*** markierten Videos zu finden. Dazu müssen zwei während der Installation in KODI angezeigte Codes in einem Browser auf dem PC oder Smartphone eingegeben werden, um das Add-on zu aktivieren und KODI den Zugriff auf die persönlichen Daten zu gewähren.

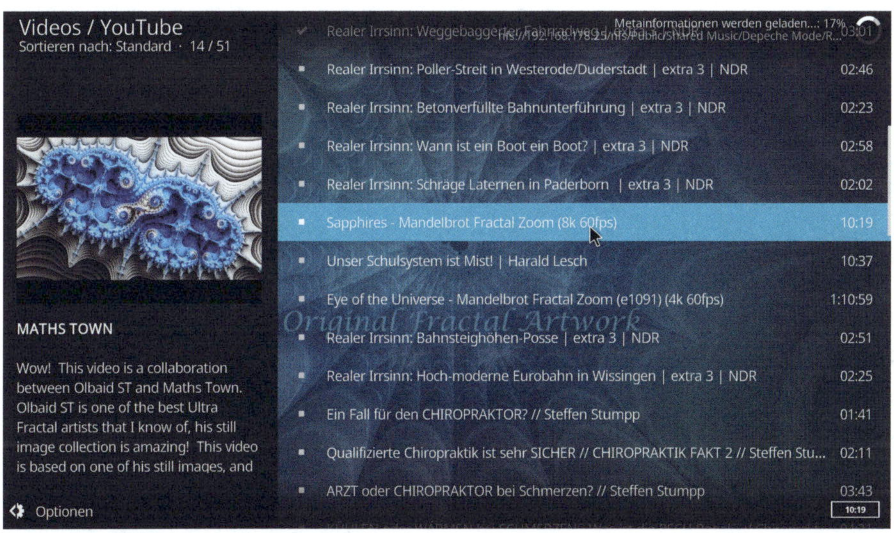

## 117 Wetter im KODI-Mediacenter

Auf der Seite *Wetter* zeigt KODI einen Wetterbericht mit der Vorhersage für die nächsten Tage an.

1. Unter *Einstellungen* (Zahnradsymbol)*/Dienste/Wetter* einen Wetteranbieter auswählen.
2. Jeder Wetteranbieter verfügt über ein eigenes Design und einen eigenen Konfigurationsbildschirm zur Standorteingabe.

## 118 Tastaturbelegung auf Deutsch umstellen

Zur Eingabe von Texten bietet KODI eine Bildschirmtastatur an, die mit der Maus oder der Fernbedienung gesteuert wird. Alternativ funktioniert auch die Hardwaretastatur des Raspberry Pi 400. Obwohl die Sprache der Benutzeroberfläche bei der Installation auf Deutsch gesetzt wurde, haben die Bildschirmtastatur sowie eine angeschlossene Hardwaretastatur weiterhin das US-Layout.

1. In den Einstellungen unter *Benutzeroberfläche/Regional/Virtuelle Tastaturlayouts* die deutsche Bildschirmtastatur *German QWERTZ* auswählen.
2. Auf der gleichen Seite *Standardformat für Region* und die *Zeitzonenregion* auf *Deutschland* setzen.
3. Unter *System/Eingabe* bei *Hardware-Tastaturlayouts* die deutsche Tastaturbelegung für die Tastatur des Raspberry Pi 400 auswählen.

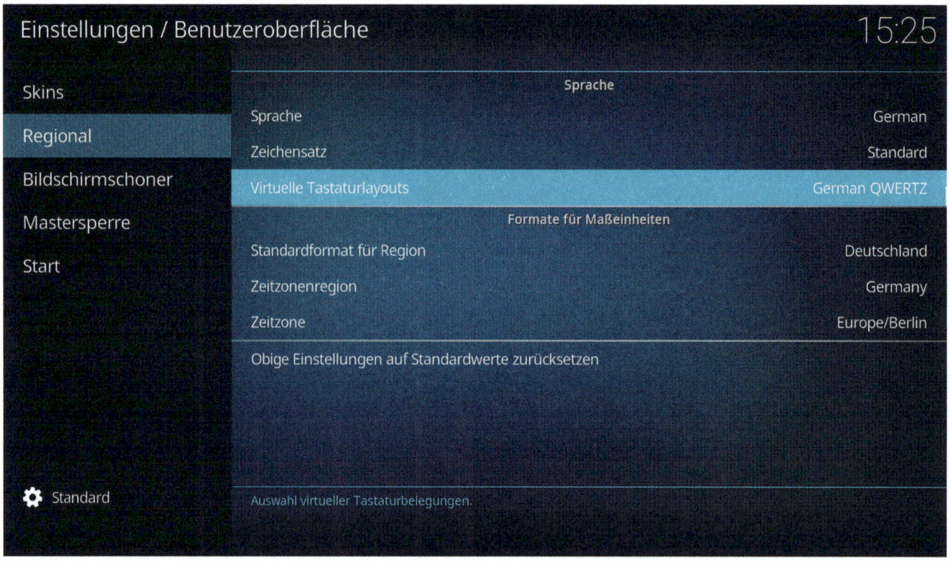

## 119 Smartphone als Fernbedienung für KODI

Alternativ zur Fernbedienung lässt sich das KODI-Mediacenter per WLAN mit dem Smartphone steuern.

1. Die App **Kore Official Remote for Kodi** für Android aus dem Google Play Store oder über den QR-Code installieren.
2. Damit die App den Raspberry Pi im WLAN findet und auch Zugriff darauf bekommt, muss in den ***Einstellungen*** unter ***Dienste/Steuerung*** die ***Steuerung über HTTP*** zugelassen sein.
3. Weiter unten unter ***Anwendungssteuerung*** muss die Option ***Fernsteuerung durch auf anderen Systemen befindlichen Anwendungen zulassen*** eingeschaltet sein.
4. Innerhalb der App über ***Mediacenter hinzufügen*** den Raspberry Pi als Medienserver eintragen. Mediacenter mit LibreELEC werden im lokalen Netzwerk automatisch erkannt.

Die App ***Kore Official Remote for Kodi*** bietet zwei verschiedene Methoden zur Steuerung des Mediacenters:

- Der **Listenmodus** zeigt sämtliche Musik sowie alle Filme und Bilder in übersichtlichen Listen an. Hier wählt man auf dem Smartphone die gewünschten Titel aus, die dann auf dem Raspberry Pi abgespielt werden. In diesem Modus braucht man den Bildschirm des KODI-Mediacenters nicht zu sehen.
- Der **Fernsteuerungsmodus** simuliert eine typische Mediacenter-Fernbedienung, mit der sich die Bildschirmoberfläche des KODI-Mediacenters interaktiv steuern lässt.

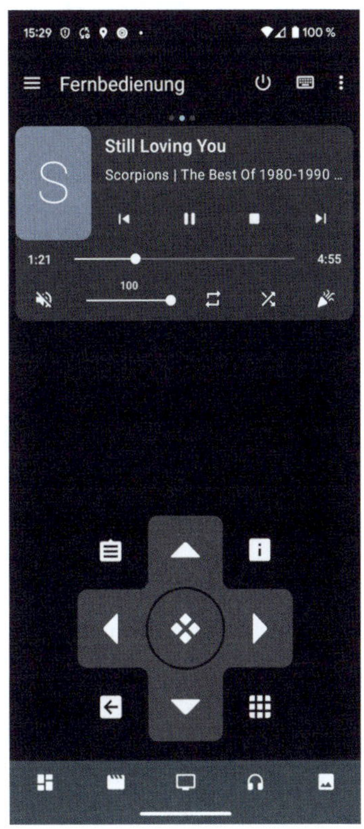

## 120 KODI im Browser auf einem anderen PC fernsteuern

Ist am Raspberry Pi 4 keine Tastatur oder Maus angeschlossen oder steht dieser nicht in Sichtweite, lässt sich das Mediacenter auch über den Browser eines anderen PCs oder eines Smartphones im LAN fernsteuern.

1. Im Browser auf dem PC die IP-Adresse des Raspberry Pi eingeben, dahinter ***:8080*** für den Port. Dabei darauf achten, das http-Protokoll zu verwenden und nicht https. Manche Webbrowser schalten bei der Eingabe von IP-Adressen standardmäßig auf https um.
2. Die IP-Adresse des Raspberry Pi ist in den KODI-Einstellungen unter ***Systeminformationen*** zu finden. In den ***Einstellungen*** unter ***Dienste/Steuerung*** muss die ***Steuerung über HTTP*** erlaubt sein. KODI bietet hier verschiedene Weboberflächen zur Auswahl an.

## 121 Was unterscheidet die verschiedenen Raspberry-Pi-Modelle?

Die Raspberry-Pi-Modelle unterscheiden sich im Wesentlichen im Prozessor, in der Größe des eingebauten RAM sowie in den vorhandenen Anschlüssen. Das aktuelle Raspberry-Pi-OS-Betriebssystem kann auf allen aktuellen Modellen verwendet werden.

| | Pi 4 | Pi 400 |
|---|---|---|
| Größe | 85,6 x 56 mm | 286 x 122 x 23 mm |
| RAM | 1 GB, 2 GB, 4 GB, 8 GB | 4 GB |
| Speicherkarte | Micro-SD | Micro-SD |
| USB-Ports | 2x USB 3.0,<br>2x USB 2.0 | 2x USB 3.0,<br>1x USB 2.0 |
| Stromversorgung | USB C<br>> 3.000 mA | USB C<br>> 3.000 mA |
| Netzwerk | 1 GBit/s | 1 GBit/s |
| Monitor | 2 Micro HDMI | 2 Micro HDMI |
| WLAN | 802.11b/g/n/ac | 802.11b/g/n/ac |
| GPIO-Pins | 40 | 40 |

## 122 Die Anschlüsse des Raspberry Pi 4

*(Grafik: Raspberry Pi Foundation – Creative Commons Lizenz)*

## 123 Die Anschlüsse des Raspberry Pi 400

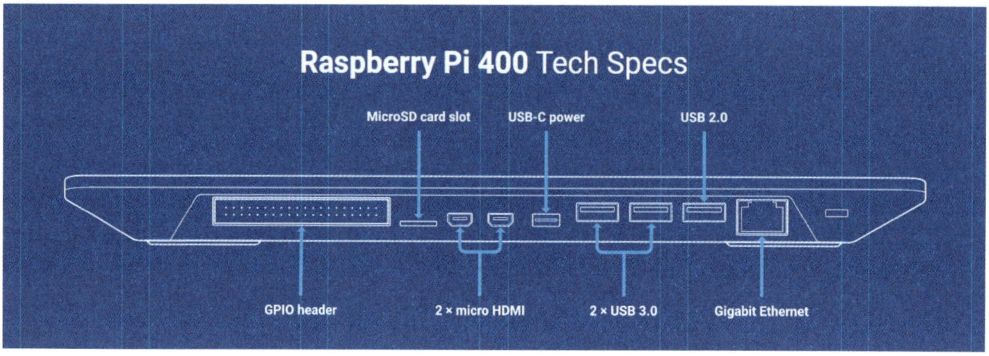


*(Grafik: Raspberry Pi Foundation – Creative Commons Lizenz)*

## 124 Netzteil anschließen

1. Der Raspberry Pi 4 und der Raspberry Pi 400 können über ein leistungsfähiges Smartphone-Netzteil mit USB-Typ-C-Anschluss mit Strom versorgt werden. Das Netzteil muss 5 V und nach Spezifikation mindestens 3.000 mA liefern. Die Raspberry Pi Foundation liefert ein passendes Netzteil.
2. Wenn der Raspberry Pi zwar bootet, dann aber oben rechts auf dem Bildschirm ein gelbes Blitzsymbol erscheint, deutet das auf eine zu schwache Stromversorgung hin.

## 125 Blaue und schwarze USB-Anschlüsse

- Schwarz: USB 2.0 für Maus und Tastatur (die nur bei Raspberry Pi 4)
- Blau: USB 3.0 für USB-Sticks und externe Festplatten

## 126 Tastatur und Maus persönlich einstellen

1. Im Menü ***Einstellungen/Tastatur und Maus*** lassen sich Parameter für Mausbewegung und Tastenwiederholung einstellen.
2. Auf der Registerkarte ***Maus*** die Beschleunigung bei schnellen Mausbewegungen sowie die Zeit zwischen zwei Klicks eines Doppelklicks einstellen. Linkshänder können die Maustasten tauschen.
3. Auf der Registerkarte ***Tastatur*** Verzögerung und Intervall für automatische Wiederholung von Tastenanschlägen bei längerem Drücken einstellen. In das Testfeld klicken und Tasten drücken, um die Einstellung zu testen.

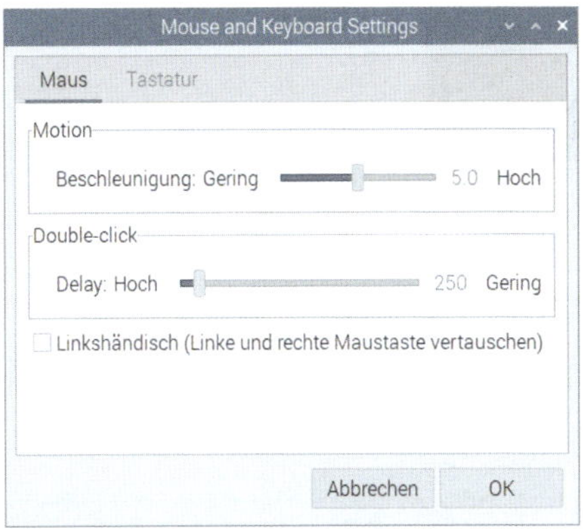


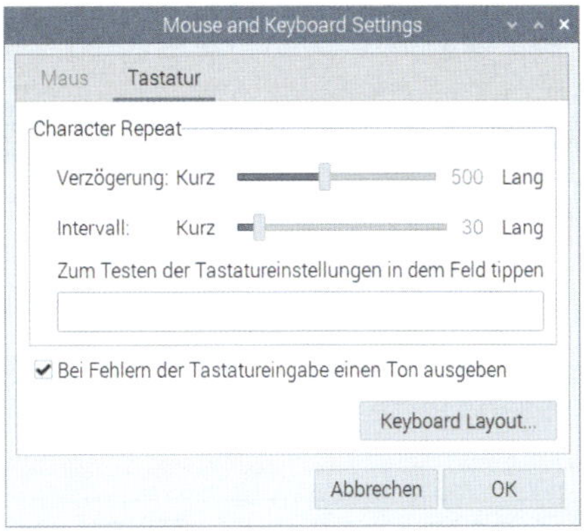


## 127 Audio einrichten

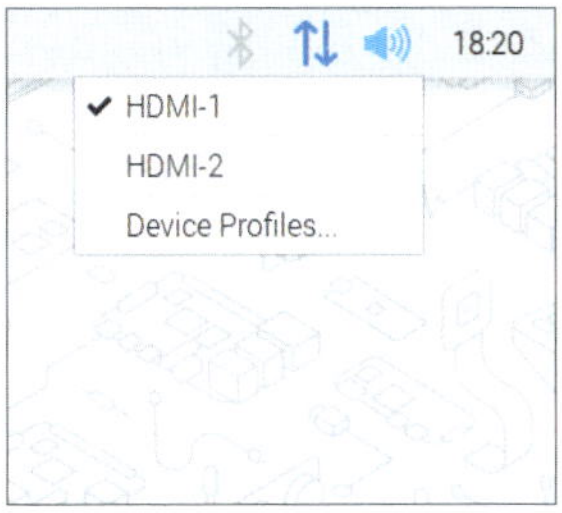


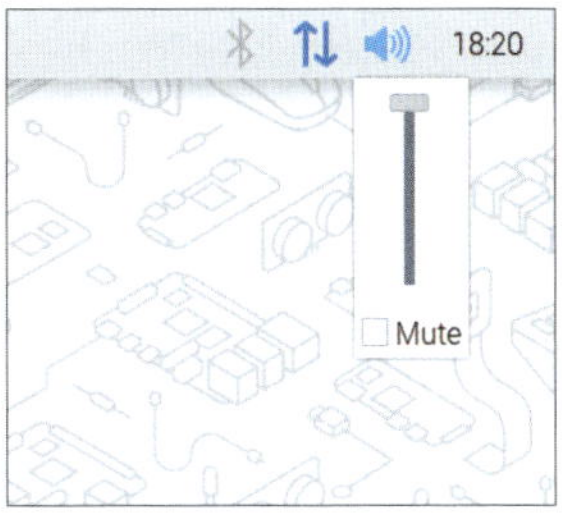


Das Audiosignal des Raspberry Pi 400 wird wahlweise über eines der beiden Micro-HDMI-Kabel ausgegeben und kommt so direkt auf einem HDMI-Fernseher an. PC-Monitore mit DVI-Eingang, an den sich über einen Adapter ein HDMI-Kabel anschließen lässt, verarbeiten meist nur das Videosignal, nicht aber das Audiosignal.

Mit einem Rechtsklick auf das Lautsprechersymbol oben rechts in der Taskleiste lässt sich der HDMI-Kanal zur Audioausgabe auswählen. Ein Linksklick blendet den Lautstärkeregler ein.

Am analogen Audioanschluss des Raspberry Pi 4 können Kopfhörer, Lautsprecher sowie Stereoanlagen angeschlossen werden. Diese Buchse ist mit dem FBAS-Videoausgang zu einer Buchse vereint. Der Raspberry Pi 400 verfügt dagegen nicht über einen analogen Audioausgang.

## 128 MP3 aus dem Dateimanager abspielen

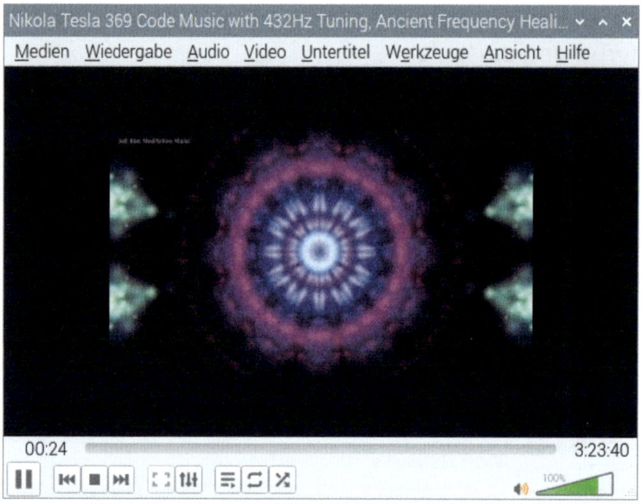


Beim Doppelklick auf eine MP3- oder WMA-Datei im Dateimanager wird diese automatisch mit dem **VLC media player** über die ausgewählte Audioausgabe abgespielt.

## 129 DVD, Blu-ray, SVCD und Audio-CD abspielen

1. Externes CD-/DVD-Laufwerk am USB-3.0-Anschluss des Raspberry Pi 400 anschließen.
2. Beim Einlegen einer DVD, Blu-ray, SVCD oder Audio-CD wird das Laufwerk automatisch erkannt.
3. Im Dialogfeld die Option ***VLC Media Player*** wählen und auf ***OK*** klicken.

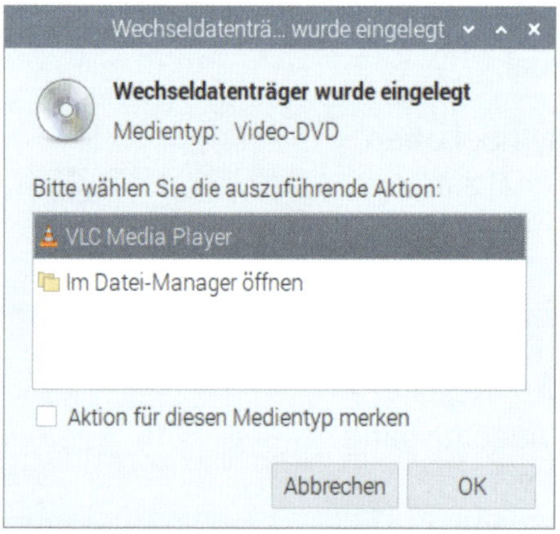

Alternativ im VLC media player ***Medien öffnen/Medium*** wählen, den Medientyp festlegen sowie bei Bedarf Titel und Kapitel. Mit einem Klick auf ***Wiedergabe*** starten.

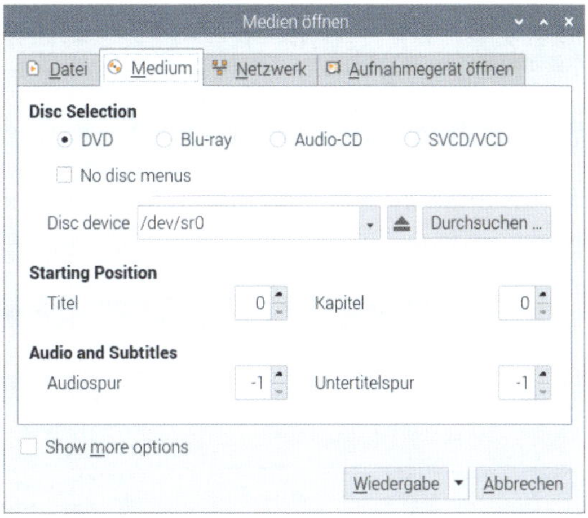


## 130 Raspberry-Pi-Modell anzeigen

`cat /sys/firmware/devicetree/base/model` zeigt Typ und Revisionsnummer des Raspberry Pi an.

## 131 Mehr Leistung durch Speichertuning

Ein Teil des Arbeitsspeichers auf dem Raspberry Pi wird für die GPU abgezweigt, was bei einem PC dem Grafikkartenspeicher entspricht. So bleibt für den Benutzer deutlich weniger. Wie viel Grafikspeicher reserviert werden soll, lässt sich abhängig von der typischen Nutzung einstellen.

1. Menü ***Einstellungen/Raspberry-Pi-Konfiguration***, Registerkarte ***Leistung***.
2. Für GPU reservierten Speicher in ganzzahligen Vielfachen von 16 im Feld ***GPU-Speicher*** eintragen. Die Tabelle gibt Richtwerte für unterschiedliche Anwendungsfälle an:

| Anwendung | Richtwert |
|---|---|
| HD-Videos abspielen und decodieren, Videostreaming, grafiklastige Anwendungen und Spiele | 128 MB |
| Normale Mischnutzung als PC mit grafischer Oberfläche und gelegentlich als Mediacenter | 64 MB |
| Reiner Serverbetrieb ohne grafische Oberfläche | 16 MB |

3. Raspberry Pi neu starten.

## 132 Aktuelle Speicherauslastung anzeigen

Wie viel Arbeitsspeicher tatsächlich gerade benötigt wird, zeigt der Taskmanager an.

1. Taskmanager im Startmenü ***Zubehör*** starten.
2. Die Schalter im Menü ***Ansicht*** wie abgebildet einstellen.

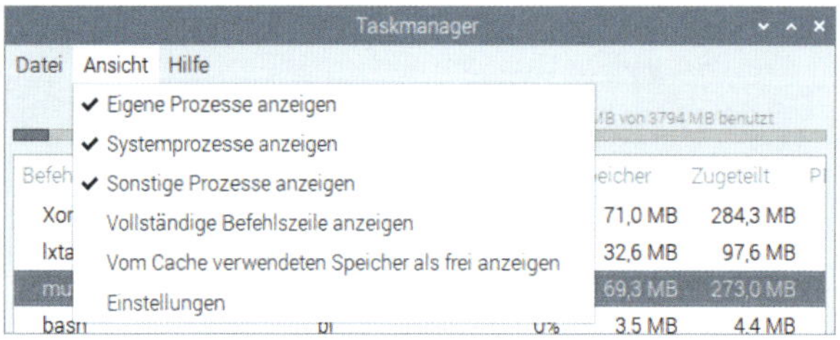


3. Der Taskmanager zeigt oben rechts die aktuelle Arbeitsspeicher-Auslastung an.

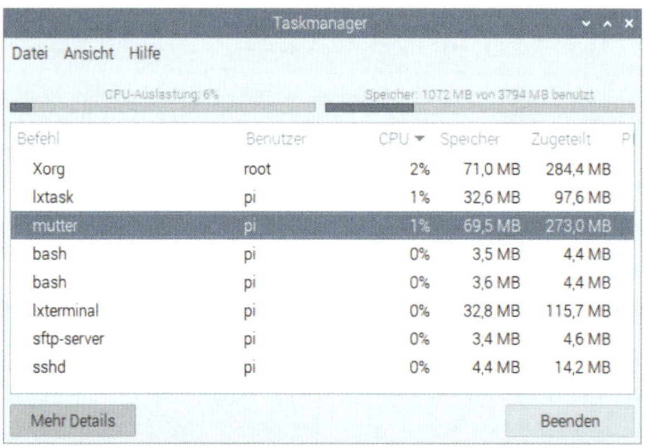


4. `cat /proc/meminfo` zeigt den gesamten sowie den freien Arbeitsspeicher auf der Kommandozeile an.

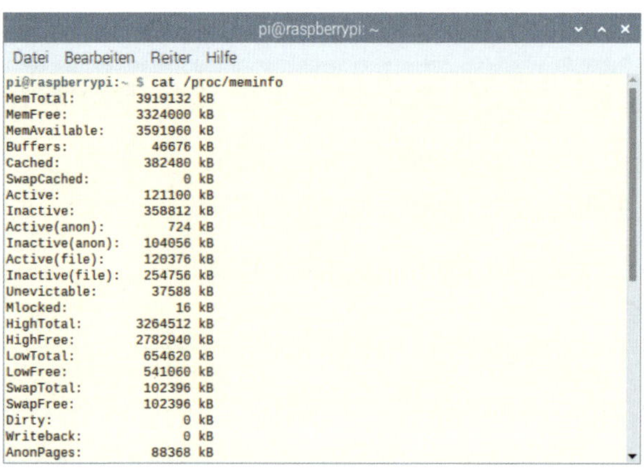

## 133 Taskmanager und Prozessorlast in der Taskleiste anzeigen

CPU-Auslastung und Speicherauslastung können in Echtzeit als Balkengrafik in der Taskleiste angezeigt werden.

1. Rechtsklick auf die Taskleiste und ***Listeneinträge hinzufügen/entfernen*** wählen.
2. Auf ***Hinzufügen*** klicken, im nächsten Fenster ***Ressourcen-Monitore*** wählen und auf ***Add*** klicken.

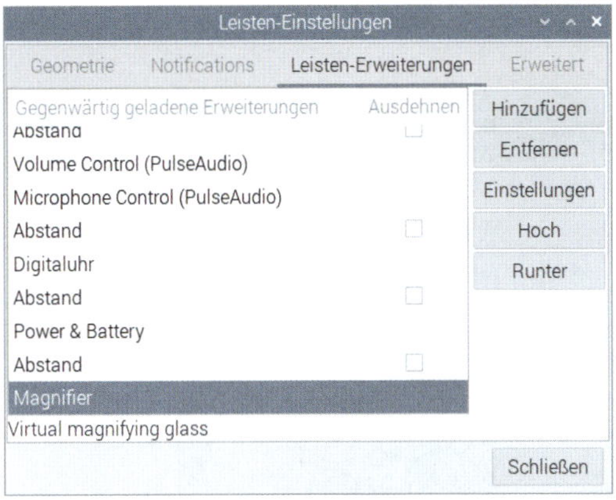

3. Im Fenster ***Leisten-Einstellungen*** die neue Erweiterung ***Ressourcen-Monitore*** markieren und auf ***Einstellungen*** klicken.
4. Beide Schalter ***Prozessorlast anzeigen*** und ***Speichernutzung anzeigen*** aktivieren. Wenn die blaue Farbe #0000FF schwer erkennbar ist, eine hellere Farbe wählen, zum Beispiel #00FF00.

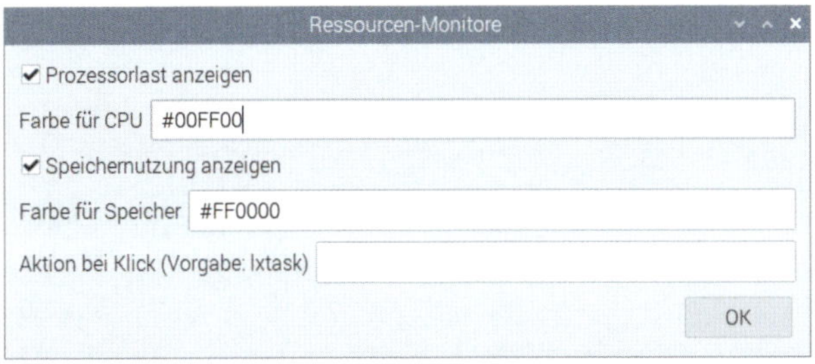


5. Zwei neue Felder in der Taskleiste zeigen die Prozessorlast sowie die Speicherauslastung in Echtzeit an. Im Fenster ***Leisten-Einstellungen*** kann die Anordnung der Erweiterungen mit den Buttons ***Hoch*** und ***Runter*** verändert werden.
6. Ein Klick auf eine der Erweiterungen öffnet den Taskmanager.

## 134 CPU-Temperatur in der Taskleiste

Der Raspberry Pi 400 kann dank großer eingebauter Kühlkörper kaum gefährlich warm werden, der Raspberry Pi 4 ohne Kühlkörper dagegen schon. In jedem Fall kann die CPU-Temperatur interessant sein.

Die Erweiterung ***CPU Temperature Monitor*** in den ***Leisten-Einstellungen*** zeigt in Echtzeit die aktuelle CPU-Temperatur. Wird die CPU zu heiß, ändert sich die Farbe der Anzeige erst auf Orange und dann auf Rot.

## 135 Das Raspberry Pi Touch Display

Die Raspberry Pi Foundation bietet ein Touchscreen-Display (**bit.ly/2mopVCP**) für den Raspberry Pi, mit dem dieser sich wie ein Tablet bedienen lässt. Alle notwendigen Komponenten werden mitgeliefert.

> **Wichtig**
>
> Schutzfolie erst nach kompletter Montage vom Display abziehen, da es leicht verkratzt, wenn es mit der Vorderseite nach unten auf dem Tisch liegt.

1. Steuerungsplatine mit den Abstandsbolzen auf die Rückseite des Displays schrauben und die beiden metallfarbenen Flachbandkabel einstecken.
2. Das weiße Flachbandkabel mit der blauen Markierung nach unten in die Steuerungsplatine stecken.

3. Speicherkarte in den Raspberry Pi stecken. Später kommt man schlecht heran. Anschließend Raspberry Pi mit den vier Schrauben auf die Abstandsbolzen der Steuerungsplatine schrauben.
4. Das weiße Flachbandkabel mit der blauen Markierung nach außen in den Displayanschluss des Raspberry Pi stecken.
5. Mit der roten Leitung den 5-V-Pin der Steuerungsplatine mit dem 5-V-Pin (zweiter Pin der äußeren Reihe) des Raspberry Pi verbinden.
6. Mit der schwarzen Leitung den GND-Pin der Steuerungsplatine mit dem GND-Pin (dritter Pin der äußeren Reihe) des Raspberry Pi verbinden.
7. Stromversorgung an der USB-Buchse des Raspberry Pi anschließen.

Die notwendigen Treiber werden automatisch geladen. Das Display hat eine Auflösung von 800 x 480 Pixeln. Die meisten Programme funktionieren damit.

## 136 Bildschirmtastatur für Touchscreen-Display

Ein Touchscreen-Treiber, der eine Maus simuliert, ist vorinstalliert. Zur Texteingabe muss aber eine normale Tastatur verwendet werden. Zur Installation der Bildschirmtastatur muss noch einmal eine USB-Tastatur angeschlossen werden.

1. `sudo apt-get install matchbox-keyboard`
2. Bildschirmtastatur bei Bedarf über das Menü ***Zubehör/Keyboard*** aufrufen.

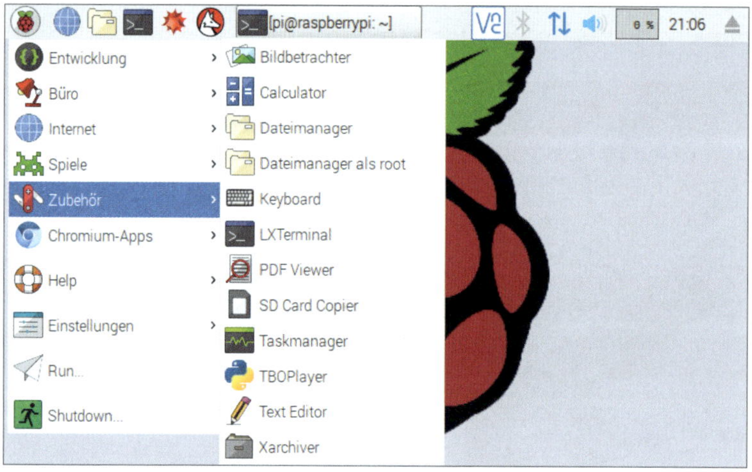


3. Die Bildschirmtastatur kann frei auf dem Bildschirm verschoben werden, wenn sie andere Fenster verdeckt.
4. Die Tasten ⇧, Strg und Alt brauchen nur kurz gedrückt zu werden und gelten dann bis zum nächsten angetippten Buchstaben. Nicht wie bei einer normalen Tastatur gleichzeitig festhalten.

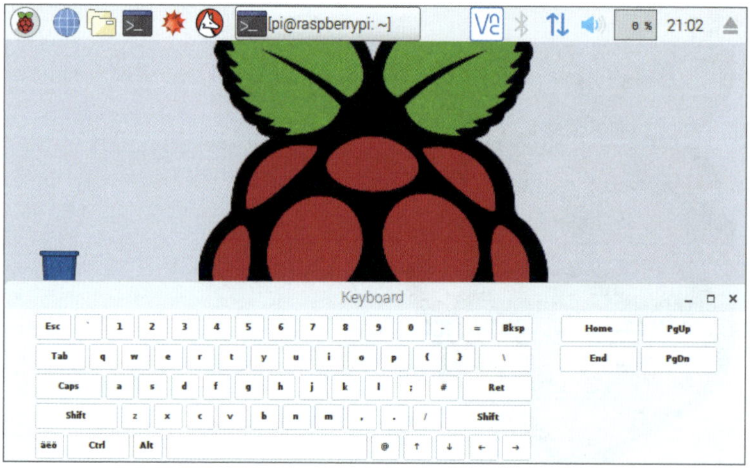

## 137 Raspberry-Pi-Kamera anschließen

Die Raspberry Pi Foundation liefert verschiedene Kameras zum Anschluss an den Raspberry Pi 4 (**www.raspberrypi.com/products**). Der Raspberry Pi 400 hat keinen Kameraanschluss.

Das Kameramodul wird mit dem mitgelieferten Flachbandkabel in einen speziell dafür vorgesehenen Steckplatz zwischen den Anschlüssen für Audio und HDMI eingesteckt.

1. Verriegelung des Steckplatzes leicht nach oben ziehen, um sie zu lösen.
2. Kabel der Kamera mit der blauen Seite zum Netzwerkanschluss in den Steckplatz stecken und die Verriegelung wieder nach unten drücken.
3. Schutzfolie von der Kamera abziehen.
4. Menü ***Einstellungen/Raspberry-Pi-Konfiguration***, Registerkarte ***Schnittstellen***: Kamera aktivieren und Raspberry Pi neu booten.

**Kamera stabil aufbauen**

Die Kamera hat ein Fixfokus-Objektiv, kann also das Bild nicht scharf stellen. Daher ist es umso wichtiger, dass sie während der Aufnahme ruhig liegt. Fotos aus der Hand sind fast unmöglich. In den Ecken der Kameraplatine sind Löcher, um die Kamera irgendwo festzuschrauben. Eine sogenannte »dritte Hand«, wie man sie beim Löten zum Festhalten von Platinen und Kleinteilen benutzt, eignet sich sehr gut als Kamerastativ. Alternativ gibt es auch Kamerahalterungen mit Schraubgewinde, mit denen sich die Raspberry-Pi-Kamera an kleinen Kamerastativen befestigen lässt.

## 138 Pi-NoIR-Kamera

Pi NoIR V3 ist eine Variante der Raspberry-Pi-Kamera ohne Infrarotfilter (NoIR = **No** **I**nfra**r**ed). Zusammen mit einer Beleuchtung durch Infrarot-LEDs lassen sich interessante Nachtaufnahmen auch bei völliger Dunkelheit machen, da das menschliche Auge Infrarotlicht nicht wahrnimmt.

Software, Anschluss und Treiber sind identisch mit denen der Raspberry-Pi-Kamera.

## 139 Fotografieren mit der Raspberry-Pi-Kamera

Raspberry Pi OS verfügt über ein Kommandozeilentool, mit dem man mit der Kamera Fotos aufnehmen kann.

```
raspistill -v -o foto.jpg
```

- Der Parameter `-v` liefert ausführliche Informationen zu den verwendeten Kameraeinstellungen.
- Der Parameter `-o` gibt den Dateinamen an, unter dem das Foto gespeichert wird. Ohne Verzeichnisangabe landet das Bild im Home-Verzeichnis ***/home/pi***.
- Außer im JPEG-Format lassen sich Fotos auch in den Formaten PNG und BMP speichern, was aber deutlich länger dauert, da der Grafikchip des Raspberry Pi nur JPEG-Dateien mit Hardwarebeschleunigung komprimieren kann.
- Vor dem eigentlichen Auslösen wird fünf Sekunden lang ein Vorschaubild auf dem Bildschirm angezeigt, um den Bildausschnitt zu wählen.
- Ohne spezielle Angabe liefert die Kamera ein Bild in voller 5-Megapixel-Auflösung mit 2.592 x 1.944 Pixeln.
- `raspistill` ohne weitere Parameter zeigt eine Auflistung aller möglichen Parameter. In diesem Fall wird auch kein Bild fotografiert.

## 140 Video mit der Raspberry-Pi-Kamera

Das Kommandozeilentool `raspivid` zeichnet mit der Raspberry-Pi-Kamera Videos im Format H.264 auf. In Full-HD-Auflösung hat ein Video von fünf Sekunden Dauer etwa 10 MB Dateigröße, in der typischen DVD-Video-PAL-Auflösung etwa 2,7 MB. Videos werden ohne Ton aufgezeichnet, da kein Mikrofon eingebaut ist.

```
raspivid -t 5000 -w 720 -h 576 -o video.h264
```

- Der Parameter `-t` legt die Aufnahmedauer in Millisekunden fest.
- Videos haben standardmäßig Full-HD-Auflösung, also 1.920 x 1.080 Pixel, es können aber auch kleinere Auflösungen angegeben werden, um die Dateigröße zu verringern. Die Parameter `-w` und `-h` legen die Breite und Höhe des Videos fest.
- Der Parameter `-o` gibt den Dateinamen an, unter dem das Video gespeichert wird. Ohne Verzeichnisangabe landet das Bild im Home-Verzeichnis ***/home/pi***.
- `raspivid` ohne Parameter listet ähnlich wie `raspistill` alle verfügbaren Parameter auf.

> **Mit der Raspberry-Pi-Kamera aufgenommene Videos abspielen**
> Zum Abspielen der Videos kann der vorinstallierte VLC Player verwendet werden.

## 141 USB-Sticks mounten

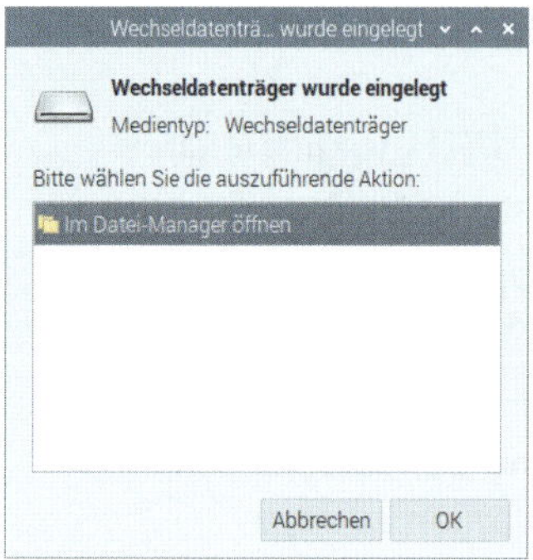


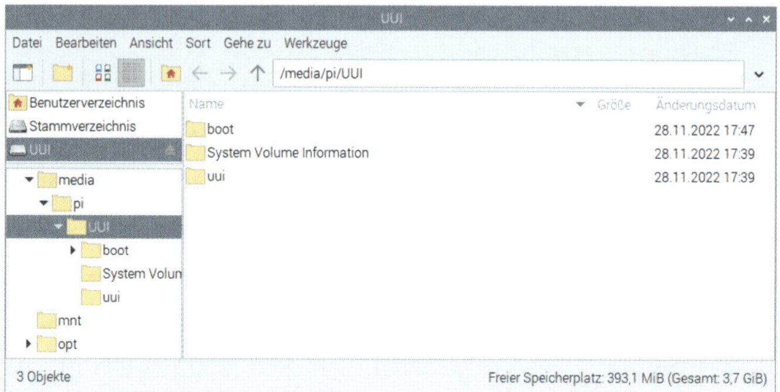


Der Raspberry-Pi-OS-Desktop erkennt einen angeschlossenen USB-Stick automatisch und meldet ihn direkt unter */media/pi* im Dateisystem an. Das Gerät kann dann lokal auf dem Linux-Desktop sofort genutzt werden.

**Dateisystem auf USB-Sticks**

USB-Sticks sind üblicherweise im *vfat*-Dateisystem formatiert. Linux kann dieses Dateisystem lesen und schreiben, es gibt nur keine Rechteverwaltung. Lässt man dieses Dateisystem auf dem USB-Stick bestehen, können leicht Daten von beliebigen PCs über den USB-Stick auf den Raspberry Pi übertragen werden. Windows kann dagegen mit einem Linux-formatierten USB-Stick nichts anfangen.

Um ohne grafische Oberfläche auf einen USB-Stick zugreifen zu können, muss er manuell angemeldet (gemountet) werden.

1. Feststellen, unter welchem Namen der angeschlossene USB-Stick in der Linux-Verzeichnisstruktur eingetragen ist: `sudo fdisk -l`
2. In den meisten Fällen wird ein USB-Stick physikalisch als `/dev/sda` bezeichnet, die erste darauf befindliche Partition als `/dev/sda1`.
3. Geräte-ID des USB-Sticks auslesen: `sudo blkid /dev/sda1` (bzw. entsprechender Name)

   ```
   /dev/sda1: UUID="8CA8-C35A" TYPE="vfat" PARTUUID="c3072e18-01"
   ```
4. Angezeigte UUID in `/etc/fstab` eintragen:
   `sudo mousepad /etc/fstab`
   Oder ohne grafische Oberfläche:
   `sudo nano /etc/fstab`

5. UUID und übrige Parameter wie abgebildet eintragen und Datei mit Strg + X speichern.

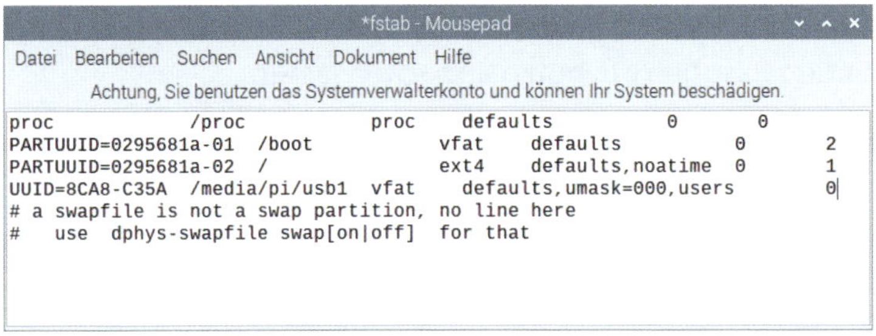


6. Mountpunkt des USB-Sticks anlegen:
   `sudo mkdir /media/pi/usb1`
7. Automatisch alle Einträge der `/etc/fstab` mounten: `sudo mount -a`
8. Beim nächsten Neustart wird dieser USB-Stick automatisch gemountet.

**Mehrere USB-Sticks**

Natürlich lassen sich auch mehrere USB-Sticks am Raspberry Pi anschließen und betreiben. Sie werden auf die gleiche Weise in verschiedenen Verzeichnissen, zum Beispiel */media/pi/usb2*, */media/pi/usb3* usw., gemountet.

## 142 Die Linux-Dateisysteme

Linux bietet zwar Unterstützung für die Windows-Dateisysteme, kann aber seine volle Funktionalität, unter anderem die Benutzerrechte, nur auf den eigenen Dateisystemen **ext2**, **ext3** und **ext4** nutzen. Diese unterscheiden sich im Wesentlichen in der Maximalgröße unterstützter Festplatten.

Ein ext3-Dateisystem kann maximal 32 Terabyte groß sein, ein ext4-Dateisystem kann bis zu 1 Exabyte groß sein. An diese Größe werden handelsübliche Festplatten noch lange nicht herankommen. Allerdings geht bei ext4 durch die größere Blockgröße mehr Speicherplatz für die Dateisystemverwaltung verloren, was sich bei kleineren Festplatten als Nachteil gegenüber ext3 auswirkt. Dem älteren ext2-Dateisystem fehlen die Journaling-Funktionen. Daher können Metadaten bei einem Computerabsturz oder auch bei zu schnellem Abstecken eines USB-Laufwerks beschädigt werden, weshalb häufige Integritätsprüfungen notwendig sind.

## 143 Komfortable Festplatteneinrichtung mit GParted

**GParted** ist ein Partitionsmanager mit grafischer Oberfläche für Linux, mit dem sich alte PC-Festplatten für den Raspberry Pi nutzbar machen lassen.

1. GParted für die Erkennung von Windows-formatierten Festplatten über die Softwareverwaltung ***Add/Remove Software*** installieren.
2. Festplatte anschließen und warten, bis die Meldung erscheint, dass sie erkannt wurde.

**Letzte Gelegenheit, Daten zu retten**
Jede vorhandene Festplattenpartition wird automatisch gemountet und in einem Dateimanager-Fenster angezeigt. Das ist die letzte Gelegenheit, eventuell wichtige Daten zu retten, danach werden sie durch die Neupartitionierung unwiderruflich gelöscht!

3. Alle offenen Dateimanager-Fenster schließen und GParted über das Startmenü unter ***Systemwerkzeuge*** starten. Aus Sicherheitsgründen muss hier noch einmal das Passwort ***raspberry*** oder ein persönliches Passwort eingegeben werden.

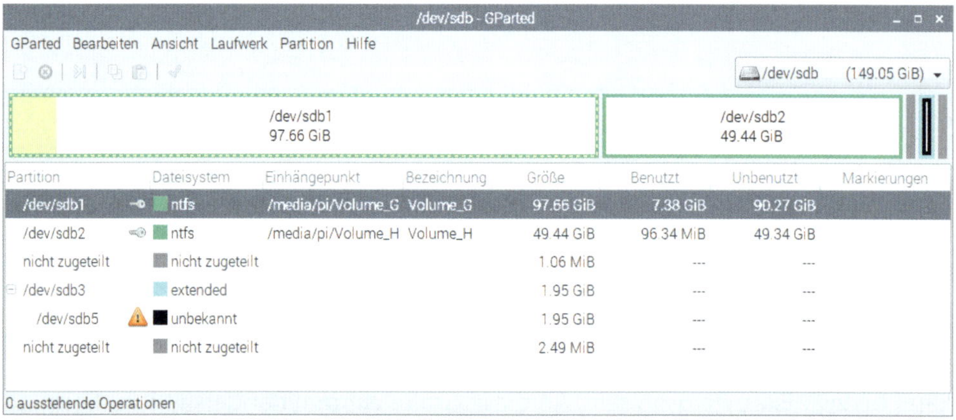


4. Oben rechts von der Anzeige der Speicherkarte, meist als ***/dev/mmcblk0*** bezeichnet, auf die Festplatte, meist als ***/dev/sda*** oder ***/dev/sdb*** bezeichnet, umschalten. Jetzt sind alle auf der Festplatte vorhandenen Partitionen zu sehen.
5. Um die Festplatte komplett zu löschen, nacheinander alle Partitionen markieren, bei denen ein Einhängepunkt angegeben ist, und bei jeder einzeln im Menü ***Partition/Aushängen*** wählen.
6. Danach wieder nacheinander alle Partitionen markieren und bei jeder auf das ***Löschen***-Symbol in der Symbolleiste klicken.

7. Die Löschvorgänge werden zunächst geplant, aber noch nicht wirklich ausgeführt. Erst mit einem Klick auf das grüne Häkchen in der Symbolleiste werden die Partitionen tatsächlich gelöscht.
8. Nach dem Löschen der Partitionen, was nur wenige Sekunden dauert, wird noch ein Statusbericht angezeigt. Die Festplatte ist jetzt komplett leer.
9. Auf den grauen, nicht zugeteilten Bereich klicken und dann ganz links auf das Symbol ***Eine neue Partition erstellen***.
10. Größe der neuen Partition festlegen. Als Vorgabe ist die gesamte Festplatte ausgewählt. Anhand deren Größe wird ein Dateisystem vorgeschlagen.
11. Im Dialogfeld ***Neue Partition erstellen*** auf ***Hinzufügen*** klicken, um die Partition anzulegen. Auch das Anlegen einer Partition wird erst mit einem Klick auf das grüne Häkchen endgültig ausgeführt.
12. Raspberry Pi neu starten und Dateimanager öffnen. Im linken Seitenfenster unter ***Orte*** wird die Festplatte unter dem Namen, der als Bezeichnung in GParted vergeben wurde, angezeigt.
13. Der Versuch, Dateien auf die Festplatte zu kopieren oder dort Verzeichnisse anzulegen, wird wegen fehlender Berechtigungen nicht erlaubt. GParted arbeitet mit ***root***-Berechtigung, um seine Systemaufgaben erfüllen zu können. Daher ist der Benutzer ***root*** auch Besitzer der Verzeichnisstruktur unterhalb von ***/media/pi/Festplatte*** und hat als Einziger Schreibrechte. (Das Wort ***Festplatte*** steht hier für eine meist lange Zahlenkombination, zum Beispiel ***09944a0d-ee03...***).
14. Besitz der Festplatte an den Benutzer ***pi*** übertragen:

```
sudo chown -R pi /media/pi/Festplatte
```

## 144 CloudMe auf dem Raspberry Pi nutzen

**WebDAV**, ein spezielles Datenübertragungsprotokoll, macht es möglich, Cloud-Speicherdienste in das Linux-Dateisystem einzubinden. Leider bieten einige der bekanntesten Anbieter von Cloud-Speicherplatz – Dropbox, OneDrive und Google Drive – keine Unterstützung für das WebDAV-Protokoll.

**CloudMe** (**www.cloudme.com**) gehört zwar zu den weniger bekannten Anbietern von kostenlosem Cloud-Speicherplatz, hat aber den Vorteil, dass die WebDAV-Unterstützung problemlos ohne zusätzliche Software funktioniert. Außerdem kann man über einen Webbrowser auf CloudMe zugreifen.

**Bonus-Speicherplatz**

CloudMe bietet 3 GB kostenlosen Speicherplatz an, bei Anmeldung über den folgenden Link erhalten Leser dieses Buches 3,5 GB kostenlos: **goo.gl/mJjvM**

1. CloudMe-Benutzerkonto im Browser einrichten.
2. Im Menü des Dateimanagers ***Gehe zu/Verbinde mit Server*** wählen. Bei ***Type WebDAV*** auswählen, bei ***Host*** dann ***webdav.cloudme.com*** eintragen und bei ***Anmelden als*** den persönlichen CloudMe-Benutzernamen eintragen.
3. Bei der ersten Anmeldung erscheint eine Abfrage nach dem CloudMe-Passwort.
4. Über ***Favoriten/Zu Favoriten hinzufügen*** ein Lesezeichen im Dateimanager anlegen. Damit erscheint CloudMe auch nach einem Neustart des Raspberry Pi im linken Seitenfenster des Dateimanagers.

**Synchronisation mit Windows-PCs**

Für Windows wird ein Synchronisationstool angeboten, das wählbare Ordner automatisch mit dem Cloud-Speicher synchronisiert. Alternativ kann auch unter Windows WebDAV genutzt werden.

## 145 Cloud von GMX und Web.de auf dem Raspberry Pi nutzen

GMX und Web.de bieten jedem Nutzer des kostenlosen Maildienstes 2 GB Speicherplatz in der eigenen Cloud. Mit der Installation der Synchronisationsanwendung für Windows bekommt man noch 4 GB zusätzlich geschenkt.

GMX und Web.de verwenden ebenso wie einige andere Cloud-Anbieter das verschlüsselte ***davs***-Protokoll, weshalb die Cloud-Speicher nur mit einem Trick über den Dateimanager von Raspberry Pi OS eingebunden werden können.

1. Im Menü des Dateimanagers ***Gehe zu/Mit Server verbinden*** wählen. Bei ***Typ WebDAV*** auswählen, bei ***Host*** dann ***webdav.mc.gmx.net*** eintragen und bei ***Anmelden als*** die persönliche GMX- oder Web.de-E-Mail-Adresse angeben.

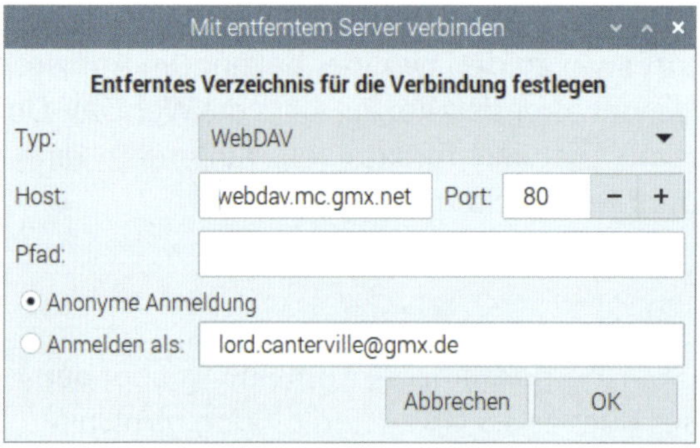

2. Jetzt erscheint eine Fehlermeldung. Diese bestätigen und in der Adresszeile des Dateimanagers den vorgegebenen Eintrag ***dav://...*** durch ***davs://...*** ersetzen. Mit [↵] bestätigen.
3. Bei der ersten Anmeldung erscheint eine Abfrage nach dem GMX-Passwort.
4. Über ***Favoriten/Zu Favoriten hinzufügen*** ein Lesezeichen im Dateimanager anlegen. Damit erscheint die GMX-Cloud auch nach einem Neustart des Raspberry Pi im linken Seitenfenster des Dateimanagers.

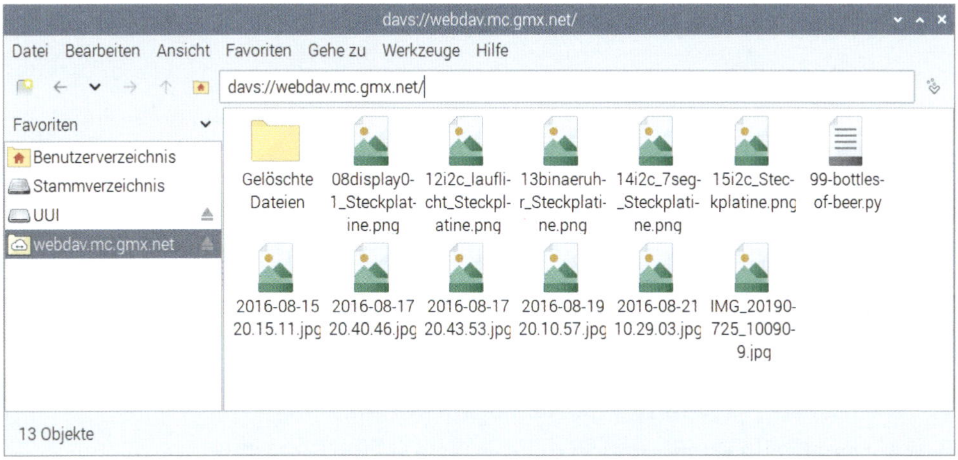


> **Web.de-Onlinespeicher auf dem Raspberry Pi nutzen**
>
> Das Einbinden des Web.de Onlinespeichers funktioniert prinzipiell gleich. Die Adresse lautet hier: ***webdav.smartdrive.web.de***.

## 146 OneDrive-Cloud-Speicher über Rclone verbinden

**Rclone** ist ein Kommandozeilentool, mit dem sich diverse bekannte Cloud-Speicherdienste, unter anderem OneDrive, Google Drive, Dropbox, MEGA, auf dem Raspberry Pi nutzen lassen. Rclone bietet sogar die Möglichkeit, mehrere Konten eines Cloud-Anbieters auf einem Raspberry Pi zu nutzen – eine Möglichkeit, die die Original-Softwaretools in der Regel nicht bieten.

1. Rclone als Linux-Paket installieren:

```
sudo apt update
sudo apt install rclone
```

2. Konfiguration von Rclone starten: `Rclone config`
3. Im ersten Schritt die Taste [N] für ***new remote*** drücken, um eine neue Cloud-Verbindung anzulegen.

4. Da von jedem Cloud-Speichertyp mehrere Konten genutzt werden können, empfiehlt es sich, bei der nächsten Frage eindeutige Namen zu verwenden. Im Beispiel:

```
onedrive_c
name> onedrive_c
```

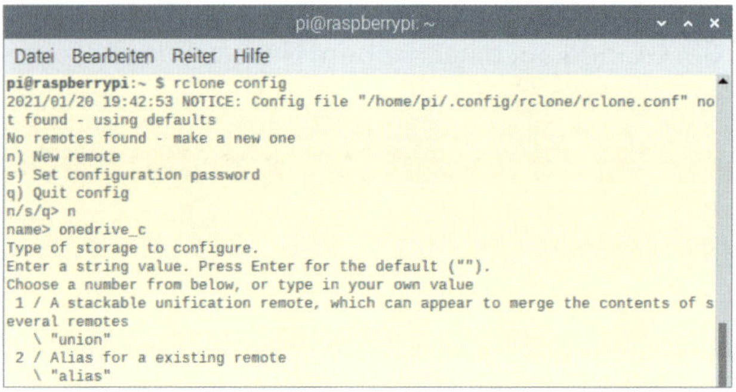


5. Cloud-Anbieter auswählen. Rclone unterstützt die meisten bekannten Cloud-Speicher. OneDrive hat hier die Nummer 17.
6. Microsoft-App-Client-ID und Microsoft-App-Client-Secret brauchen nicht eingegeben zu werden. Bei beiden Fragen einfach nur mit [↵] bestätigen.
7. Die nächste Frage mit [N] für Nein beantworten.
8. Automatische Konfiguration mit der Taste [Y] für Ja starten.
9. Im Browser mit dem Microsoft-Konto anmelden. Sollte der Browser nicht automatisch starten, den im Konfigurationsskript angegebenen Link im Browser aufrufen.
10. Nach der Anmeldung dem Rclone-Zugriff auf die auf OneDrive gespeicherten Daten zustimmen.
11. Typ 1 für ein normales, privates OneDrive-Konto wählen.
12. Nachdem OneDrive erkannt wurde, mit der Taste [Y] für Ja bestätigen.
13. Jetzt werden ein Token und eine Drive-ID angezeigt. Mit der Taste [Y] für Ja bestätigen.
14. Konfiguration mit der Taste [Q] beenden.
15. Jetzt folgen noch zwei sehr wichtige Schritte, damit der OneDrive-Cloud-Speicher im Linux-Dateisystem eingebunden wird. Als Erstes im Home-Verzeichnis einen Ordner ***onedrive*** anlegen:

```
mkdir ~/onedrive
```

16. OneDrive mit dem am Anfang vergebenen Namen (im Beispiel: ***onedrive_c***) in dieses neue Verzeichnis mounten:

```
rclone mount onedrive_c: ~/onedrive/
```

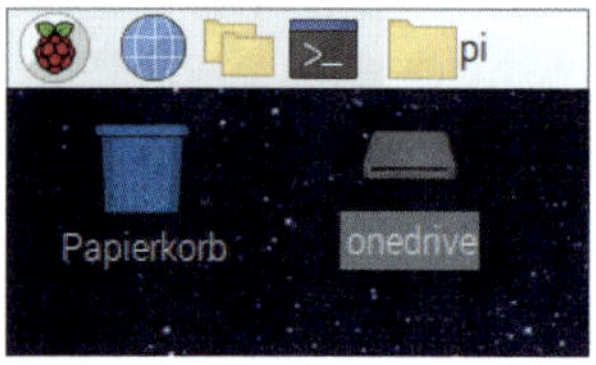


17. LXTerminal-Fenster offen lassen und den Dateimanager mit einem Doppelklick auf das neu angelegte Desktop-Symbol für OneDrive öffnen.

18. Im Dateimanager wird der neue Ordner automatisch geöffnet. Er ist auch in der Liste der Orte links oben oberhalb der Ordnerstruktur zu finden.

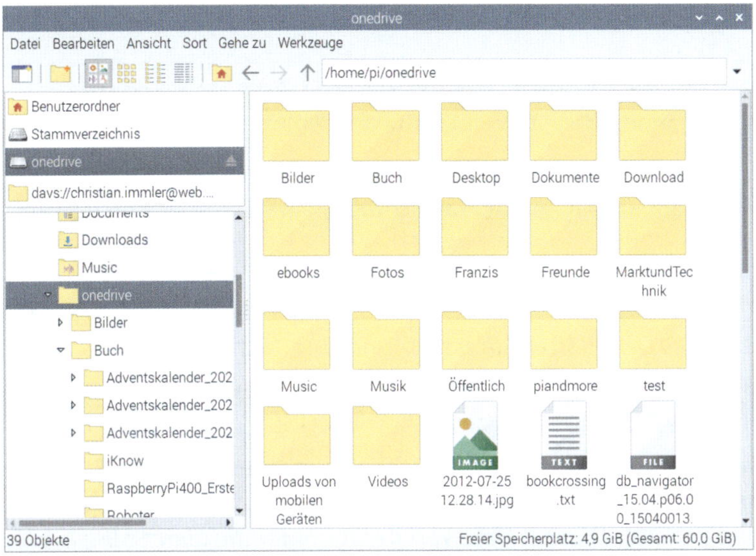


Die Dateien werden nicht zur Offlineverwendung auf den Raspberry Pi synchronisiert, belegen dort also auch keinen Speicherplatz, es können aber jederzeit Dateien geöffnet oder in andere Ordner kopiert werden. Dazu werden sie automatisch von OneDrive heruntergeladen. Dateien, die auf dem Raspberry Pi in den OneDrive-Ordner oder einen Unterordner kopiert werden, werden automatisch auf OneDrive hochgeladen und stehen dann auf den Windows-PCs, die mit dem gleichen Microsoft-Konto angemeldet sind, zur Verfügung.

## 147 IP-Adresse und MAC-Adresse des Raspberry Pi anzeigen

Fährt man mit der Maus über das Netzwerksymbol oben rechts auf dem Desktop, wird die IP-Adresse angezeigt. Steht kein grafischer Desktop zur Verfügung, gibt es dafür zwei Kommandozeilenbefehle.

1. Terminal starten: `hostname -I` zeigt die IP-Adresse.
2. `ip addr` zeigt die IP-Adresse und auch die MAC-Adresse sowie weitere Informationen zur Netzwerkkonfiguration.

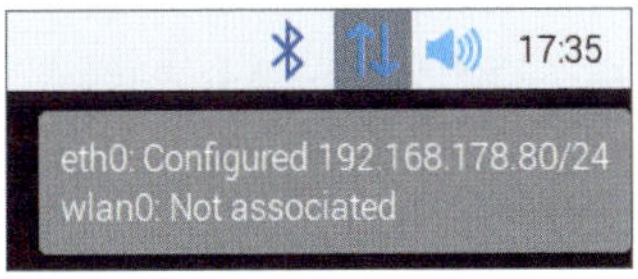

Die MAC-Adresse ist eine eindeutige Kennung der Netzwerkkarte, die unveränderlich ist. Lokale IP-Adressen beginnen üblicherweise mit ***192.168***, MAC-Adressen bestehen aus sechs zweistelligen Hexadezimalzahlen, die durch Doppelpunkte getrennt sind.

## 148 Feste IP-Adresse über den Router vergeben

Einem Raspberry Pi, auf den über das Netzwerk zugegriffen wird, gibt man am besten eine feste IP-Adresse. Am einfachsten funktioniert das über den Router.

1. Im Browser die Konfigurationsseite des Routers aufrufen. Bei einer FRITZ!Box lautet sie **fritz.box**.
2. Dort nach ***Statisches DHCP*** oder ***Adressreservierung*** suchen.
3. Den Raspberry Pi mit MAC-Adresse und der aktuell zugewiesenen IP-Adresse eintragen, damit diese in Zukunft immer gleich bleibt.
4. Bei FRITZ!Boxen muss die MAC-Adresse nicht eingetragen werden. Unter ***Heimnetz/Netzwerk*** den Raspberry Pi suchen, auf das ***Bearbeiten***-Symbol ganz rechts klicken und den Schalter ***Diesem Netzwerkgerät immer die gleiche IPv4-Adresse zuweisen*** aktivieren.

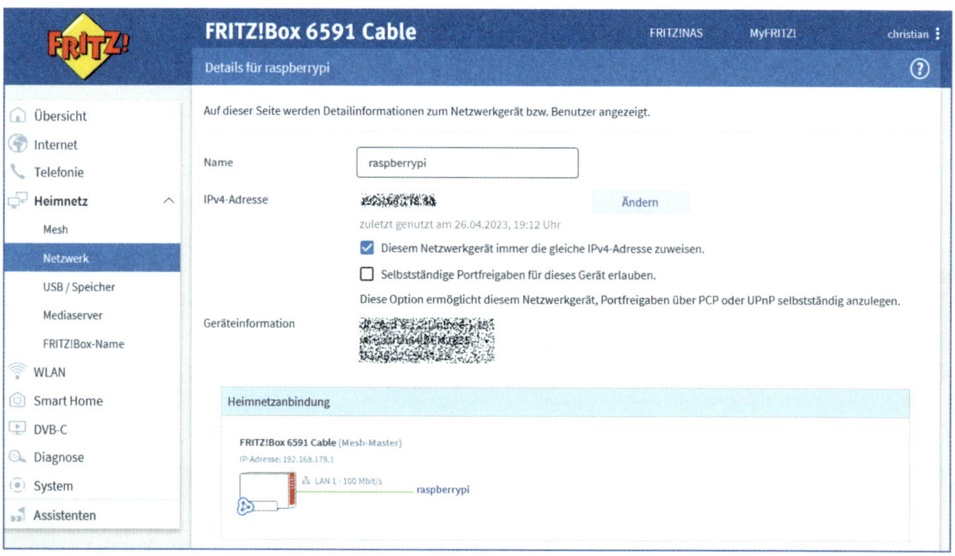


## 149 Feste IP-Adresse auf dem Raspberry Pi eintragen

Alternativ kann auch direkt auf dem Raspberry Pi eine feste IP-Adresse angelegt werden. Dazu muss sichergestellt sein, dass sie im gleichen Subnetz wie der Router liegt, aber in einem Bereich, der vom Router nicht per DHCP verwaltet wird.

```
sudo nano /boot/cmdline.txt
```

1. Diese Konfigurationsdatei enthält nur eine einzige Zeile. Am Ende dieser Zeile (ohne Zeilenumbruch) die neue feste IP-Adresse anhängen, zum Beispiel: `ip=192.168.178.200`
2. Nano-Editor mit der Tastenkombination Strg+X verlassen und mit J bestätigen, dass die Änderungen an der Datei gespeichert werden.
3. Raspberry Pi neu starten.

## 150 Vom PC über SSH auf dem Raspberry Pi anmelden

### Serverseite – Raspberry Pi

1. Menü ***Einstellungen/Raspberry-Pi-Konfiguration***.
2. Registerkarte ***Schnittstellen***, Schalter ***SSH*** aktivieren.

### Clientseite – Windows-PC

1. PuTTY installieren (**www.putty.org**)
2. Neue Verbindung mit IP-Adresse des Raspberry Pi über Port *22* mit dem Verbindungstyp ***SSH*** anlegen.
3. Links im Bereich ***Windows/Translation*** in der Liste ***Remote Character Set*** die Option ***ISO-8859-1: 1998 (Latin-1, West Europa)*** auswählen.
4. Verbindung im Bereich ***Session*** mit einem Klick auf ***Save*** speichern und eindeutigen Namen vergeben.
5. Verbindung mit einem Klick auf ***Open*** starten.

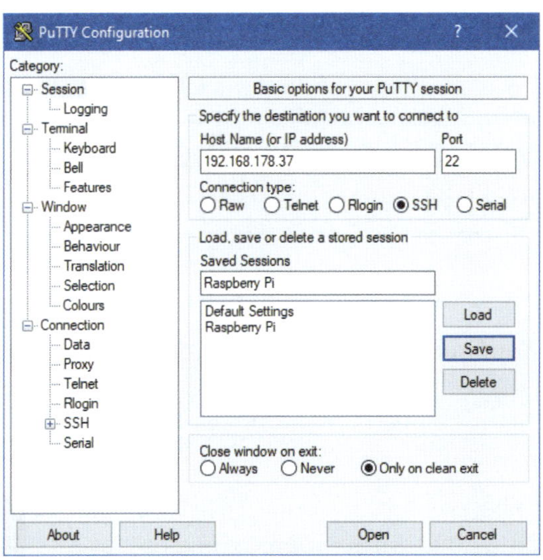

6. Bei der ersten Verbindung erscheint eine Sicherheitswarnung, die nicht relevant ist, da es sich um keine Internetverbindung handelt.

7. Im PuTTY-Terminal auf dem Raspberry Pi anmelden. Benutzername: *pi*, Passwort: ***raspberry*** oder persönliches Passwort.

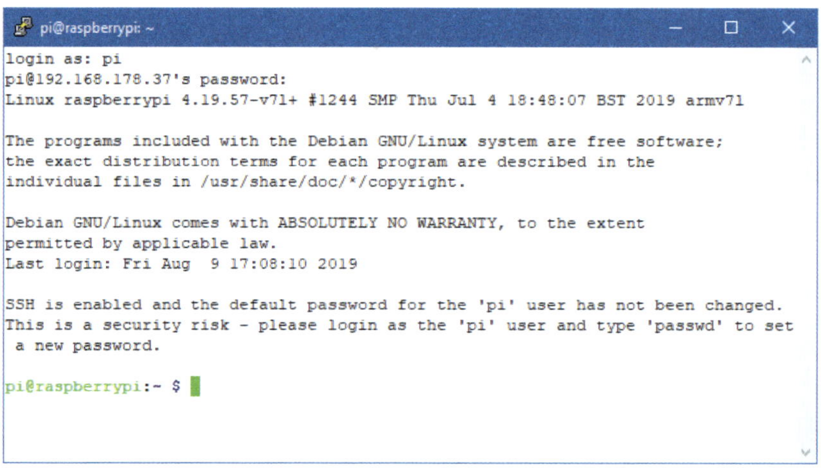


## 151 Daten per SSH vom PC auf den Raspberry Pi kopieren – und umgekehrt

### Serverseite – Raspberry Pi

SSH-Server muss in der ***Raspberry Pi-Konfiguration*** auf der Registerkarte ***Schnittstellen*** laufen.

### Clientseite – Windows-PC

1. WinSCP (**www.winscp.net/de**) installieren.
2. Neue Verbindung mit IP-Adresse des Raspberry Pi und Port *22* anlegen.

3. Übertragungsprotokoll ***SCP*** auswählen.
4. Benutzername ***pi*** und Kennwort ***raspberry*** oder persönliches Passwort eintragen, Verbindung speichern.
5. Nach wenigen Sekunden zeigt WinSCP einen eigenen Dateimanager in übersichtlicher Zwei-Fenster-Gestaltung. Das rechte Fenster zeigt das Home-Verzeichnis des Raspberry Pi, das linke die lokale Festplatte des PCs. Hier können in beide Richtungen Dateien kopiert werden.

**Warnungen bestätigen**

Alle Sicherheitswarnungen beim Verbindungsaufbau können einfach bestätigt werden. Man braucht keine Sicherheitsschlüssel, die Verbindung ist sicher. Sie läuft im lokalen Netzwerk und nicht über das Internet.

## 152 Dateiübertragung mit dem Total Commander

Der **Total Commander** (www.totalcommander.de) kann auch zur Datenübertragung mit dem Raspberry Pi verwendet werden, man braucht nur ein SFTP-Plug-in.

1. Bei www.ghisler.com/dplugins.htm das SFTP-Plug-in herunterladen und installieren.
2. Ein Fenster des Total Commander auf ***Netzwerkumgebung*** schalten, ***Secure FTP*** wählen und F7 drücken.
3. Der neuen Verbindung einen Namen geben, IP-Adresse des Raspberry Pi, Benutzername ***pi*** und Kennwort ***raspberry*** angeben. Verbindung speichern.
4. Per Doppelklick Verbindung aufbauen und Dateien kopieren.

## 153 Dateiverwaltung mit dem Midnight Commander

Das Blättern in Verzeichnissen sowie das Verschieben und Kopieren von Dateien auf dem Raspberry Pi ist auf Kommandozeilenebene oder in einem PuTTY-Fenster deutlich mühsamer als mit einem Dateimanager wie dem **Midnight Commander**.

1. Midnight Commander installieren: `sudo apt-nstall mc`
2. Midnight Commander im Konsolen- oder PuTTY-Fenster starten: `mc`
3. Der Midnight Commander zeigt zwei Fenster, in denen sich beliebige Verzeichnisse anzeigen lassen. Die textbasierte Oberfläche lässt sich über die aus dem Norton Commander bekannten Funktionstasten und Tastenkombinationen, über Cursortasten sowie mit der Maus bedienen.

4. Die Menüs des Midnight Commander wurden gegenüber dem Norton Commander um Linux-Funktionen erweitert, die im originalen Norton Commander unter DOS nicht verfügbar waren, etwa die Zuweisung von Rechten oder das Anlegen symbolischer Links.

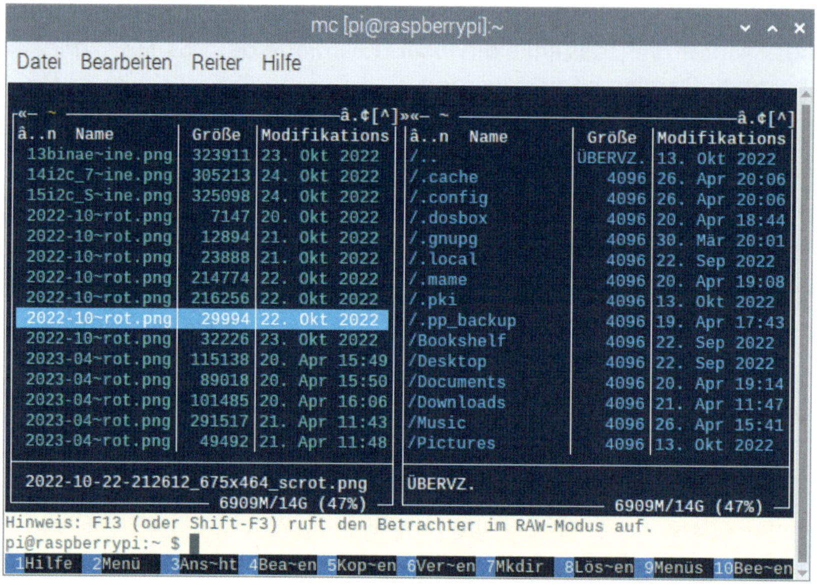


**Der Norton Commander**

Zu DOS-Zeiten, als es auf dem PC noch keine grafischen Oberflächen wie Windows gab, war der Norton Commander, der erstmals 1986 veröffentlicht wurde, ein beliebtes Tool, mit dem jegliche Dateioperation leichter von der Hand ging. Auf der Basis des Urahns aller Dateimanager hat eine freie Entwicklergruppe den Midnight Commander für Linux erschaffen, der in puncto Aussehen und Bedienung dem Norton Commander weitgehend gleicht.

## 154 SSH-Client für Smartphones und Tablets

Die Android-App **Terminus** baut vom Smartphone oder Tablet aus SSH-Verbindungen zum Raspberry Pi auf. Das Android-Gerät muss dazu per WLAN mit dem gleichen Netzwerk verbunden sein, in dem auch der Raspberry Pi läuft. Um über eine Mobilfunkverbindung zugreifen zu können, müsste der Raspberry Pi aus dem Internet erreichbar sein.

# 155 Windows-PC über VNC vom Raspberry Pi fernsteuern

Mit VNC lässt sich der komplette Desktop eines Computers unabhängig vom Betriebssystem auf einen anderen übertragen, zum Beispiel vom Raspberry Pi im Wohnzimmer auf den Windows-PC.

VNC benötigt zwei Komponenten: einen **VNC Server** auf dem PC, der gesteuert werden soll, sowie einen **VNC Viewer** auf dem Raspberry Pi, von dem der andere PC gesteuert werden soll.

1. Auf dem PC den Open-Source-VNC-Server **UltraVNC** (www.uvnc.com) installieren, da das Original von RealVNC in der kostenlosen Version deutlich eingeschränkt ist.
2. Bei der Installation von UltraVNC können Sie beide Komponenten – Server und Viewer – auf einmal installieren und dabei festlegen, dass der Server als Systemdienst registriert und automatisch gestartet werden soll. Das ist besonders dann nützlich, wenn der PC mit dem VNC Server unbeaufsichtigt im Netzwerk läuft und sichergestellt sein soll, dass VNC auch bei einem unerwarteten Neustart immer wieder mit startet.
3. Nachdem auf dem fernzusteuernden PC der UltraVNC-Server gestartet wurde, zeigt ein Symbol im Infobereich der Taskleiste von Windows beim Darüberfahren mit der Maus die IP-Adresse dieses Computers im lokalen Netzwerk an. Rechtsklick auf dieses Symbol und ***Admin properties*** wählen. VNC-Passwort festlegen.

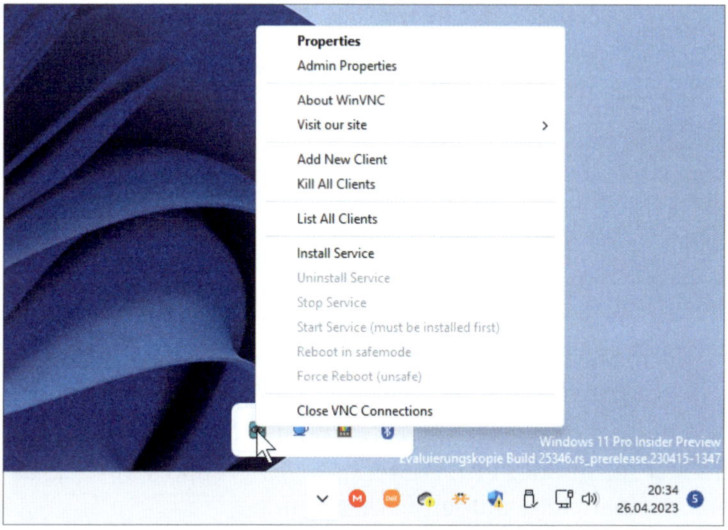


4. ***Advanced options*** einschalten.

5. Die Kontrollkästchen ***Remove Wallpaper while connected*** sowie ***Prevent screensaver*** einschalten. Dann wird das Desktop-Hintergrundbild nicht übertragen, was einen deutlichen Performance-Gewinn bedeutet. Zudem wird der Bildschirmschoner abgeschaltet, der oft zu Problemen bei VNC-Verbindungen führt.

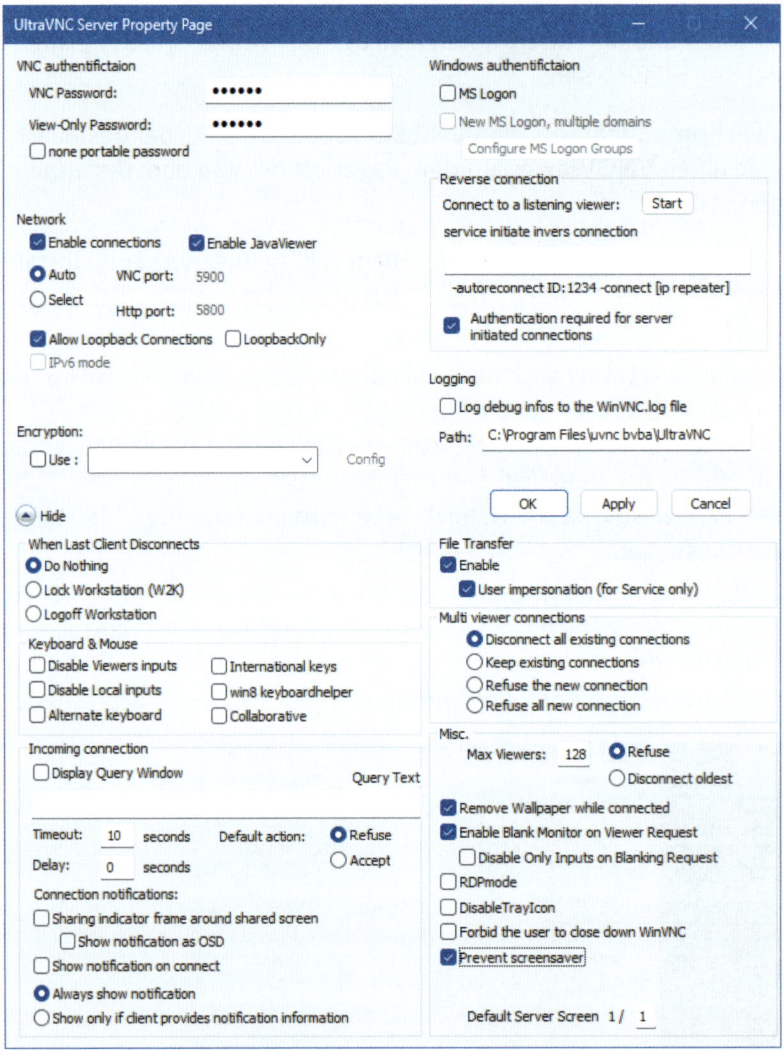


6. Auf dem Raspberry Pi im Startmenü unter ***Internet*** den ***VNC Viewer*** starten. Falls nicht vorhanden, über ***Einstellungen/Recommended Software*** nachinstallieren.
7. Oben im Adressfeld die IP-Adresse des Servers eintragen. Die Verbindung wird als Lesezeichen im Startfenster des ***VNC Viewer*** gespeichert und kann bei späteren Verbindungen mit einem Klick aufgerufen werden.

8. Jetzt erscheint ein Hinweis zur Verschlüsselung, der durch Setzen eines Häkchens für die Zukunft ausgeblendet werden kann. Im nächsten Schritt das Passwort des VNC Server eingeben.

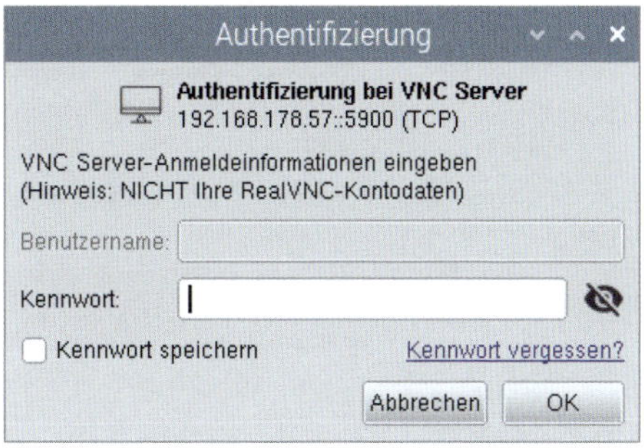


9. Der Desktop des VNC Server erscheint auf dem Viewer in einem Fenster. Eine Symbolleiste am oberen Bildschirmrand bietet die Möglichkeit, spezielle Befehle an den VNC Server zu senden. Hier lässt sich der Windows-Desktop des PCs auch in den Vollbildmodus auf dem Raspberry Pi 400 schalten.

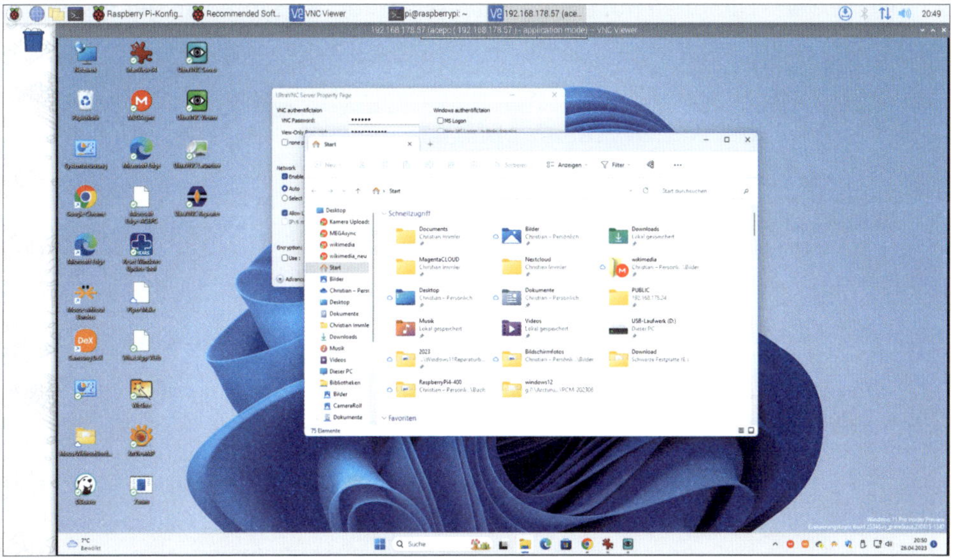

## 156 Raspberry Pi vom Windows-PC über VNC steuern

Um einen Raspberry Pi im Netzwerk über VNC zu steuern, zum Beispiel ein Modell ohne Tastatur und Bildschirm, muss auf diesem nur einmal der vorinstallierte VNC Server aktiviert werden.

1. In der ***Raspberry Pi-Konfiguration*** auf der Registerkarte ***Schnittstellen*** die Option ***VNC*** aktivieren und den Raspberry Pi einmal neu starten.

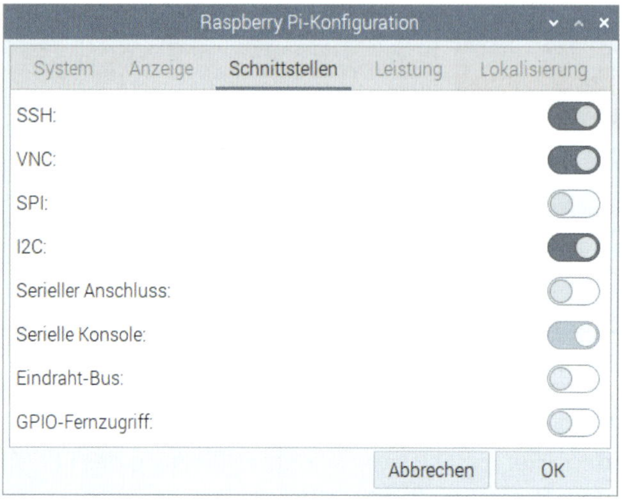


2. ***VNC Server – Optionen*** mit einem Rechtsklick auf das Symbol in der Taskleiste öffnen.

3. Im Bereich ***Sicherheit*** unter ***Verschlüsselung*** die Option ***Vorzugsweise deaktiviert*** wählen und unter ***Authentifizierung*** die Option ***VNC-Kennwort***. Auf ***Übernehmen*** klicken.
4. Ein Kennwort für die VNC-Verbindung festlegen und die Option ***Verbindungen von älteren VNC Viewer-Benutzern zulassen*** aktiv setzen.

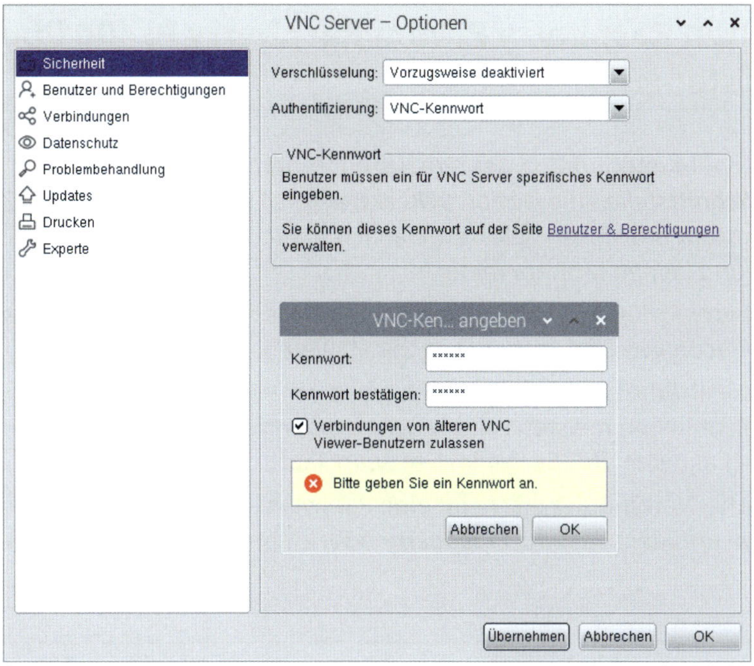


5. Auf dem Windows-PC den ***UltraVNC Viewer*** starten.
6. Im Feld ***server:port*** die IP-Adresse des Raspberry Pi und dahinter den Port ***:5900*** eintragen. Auf ***Connect*** klicken.
7. Nach erfolgreicher Verbindung erscheint eine Passwortabfrage. Hier mit vorher festgelegtem VNC-Passwort anmelden.
8. Der Desktop des Raspberry Pi wird in einem Windows-Fenster angezeigt.

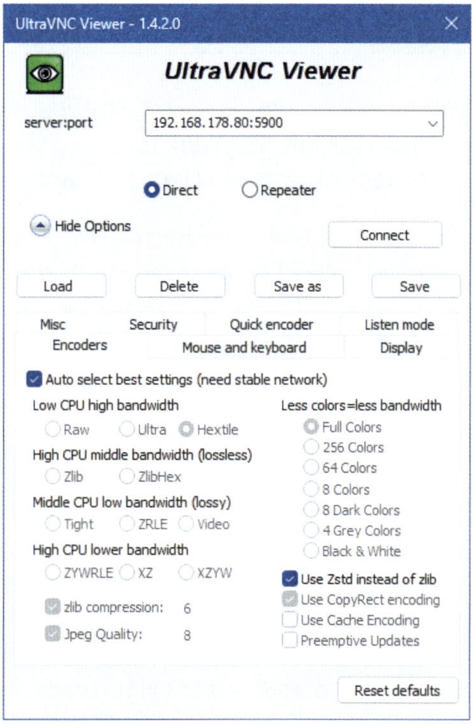

## 157 Zweiten Raspberry Pi vom Raspberry Pi 400 über VNC steuern

1. In der Raspberry-Pi-Konfiguration des fernzusteuernden Raspberry Pi auf der Registerkarte *Schnittstellen* die Option *VNC* aktivieren. Die Optionen des *VNC Server* auf den Standardwerten belassen. Danach braucht dieser Raspberry Pi keine Tastatur und keinen Monitor mehr.
2. Auf dem Raspberry Pi 400 den VNC Viewer starten. Falls nicht vorhanden, über *Einstellungen/Recommended Software* nachinstallieren.
3. Im Feld oben die IP-Adresse des anderen Raspberry Pi eintragen. In lokalen Netzwerken reicht in den meisten Fällen auch *raspberrypi.local*, solange nur ein Raspberry Pi mit aktivem VNC Server im Netzwerk läuft.
4. Nach erfolgreicher Verbindung erscheint eine Passwortabfrage. Hier mit dem Benutzernamen *pi* und dem Passwort *raspberry* oder einem persönlichen Passwort anmelden.

## 158 Notebook als Tastatur und Monitor für Raspberry Pi nutzen

Wenn weder Monitor noch Tastatur zur Verfügung stehen und unterwegs vielleicht nicht einmal ein Netzwerk für eine SSH- oder VNC-Verbindung vorhanden ist, kann ein Notebook über ein Netzwerkkabel den Raspberry Pi direkt steuern.

Jedes Notebook hat heute zwei Netzwerkverbindungen: per WLAN und über ein Netzwerkkabel. Das kann man sich zunutze machen, um einen Raspberry Pi per Netzwerkkabel direkt anzuschließen und gleichzeitig per WLAN einen Netzwerk- und Internetzugang zu haben. Dazu reicht ein normales Netzwerkkabel aus, man braucht kein Crosskabel.

**Stromversorgung**

USB-Ports liefern zwar offiziell erst nach der USB-Spezifikation 3.0 ausreichend Strom, um den Raspberry Pi zu betreiben, die meisten USB-Anschlüsse halbwegs aktueller Notebooks sind aber trotz USB 2.0 stark genug. So wird in vielen Fällen kein eigenes Netzteil für den Raspberry Pi und auch nur eine Steckdose benötigt, was beispielsweise bei der Arbeit in Zügen sehr praktisch ist, da die Steckdosen immer wieder mal knapp sind.

1. Auf dem Raspberry Pi muss vorher der VNC Server aktiviert sein, der beim Booten automatisch gestartet wird (siehe Anleitung 156). Dazu muss der Raspberry Pi einmal mit Tastatur und Bildschirm gebootet werden.
2. Vom Notebook über VNC mit dem Raspberry Pi an der Adresse ***raspberrypi.local*** verbinden.
3. Da kein HDMI-Monitor erkannt wird, wird eine geringe Standardauflösung eingestellt. Die optimale Bildschirmauflösung kann über ***Einstellungen/Screen configuration*** entsprechend der Bildschirmauflösung des Notebooks festgelegt werden.
4. In der VNC-Symbolleiste auf den Vollbildmodus schalten, um den kleinen Notebook-Bildschirm voll auszunutzen.

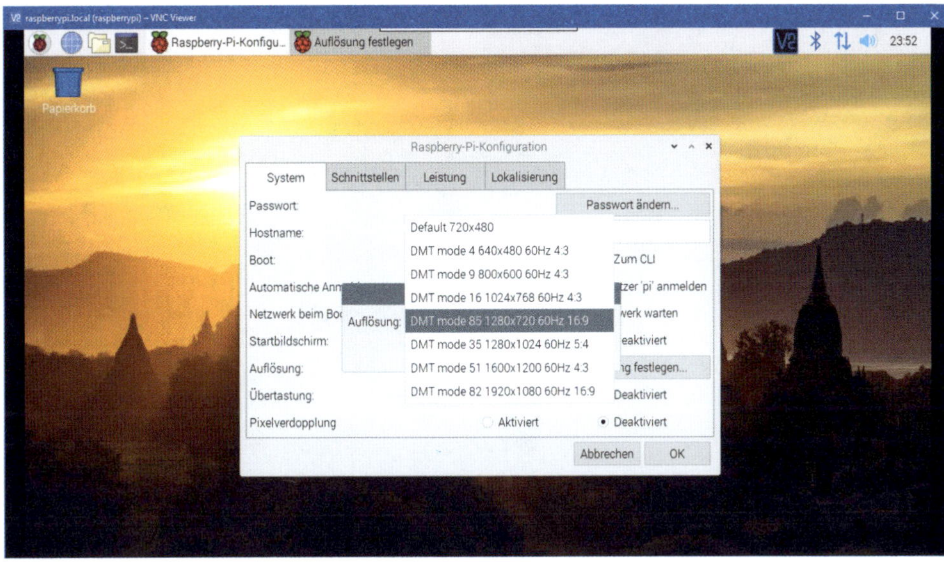


## 159 VNC vom Tablet verbinden

Tablets können zur Steuerung eines Raspberry Pi über VNC verwendet werden. Theoretisch lassen sich auch Smartphones nutzen. Deren Bildschirme sind allerdings so klein, dass sich ein Linux-Desktop darauf per Toucheingabe ohne echte Maus kaum nutzen lässt.

1. ***VNC Viewer*** auf dem Tablet installieren und starten.
2. Unten rechts auf das Plussymbol tippen, um eine Verbindung anzulegen.

3. Im Feld ***New connection*** die IP-Adresse des Raspberry Pi eintragen und der Verbindung einen beliebigen Namen geben.
4. Auf ***Connect*** tippen und die Sicherheitsfrage bestätigen.
5. Mit Passwort anmelden.
6. Jetzt erscheint der Desktop des Raspberry Pi auf dem Tablet.

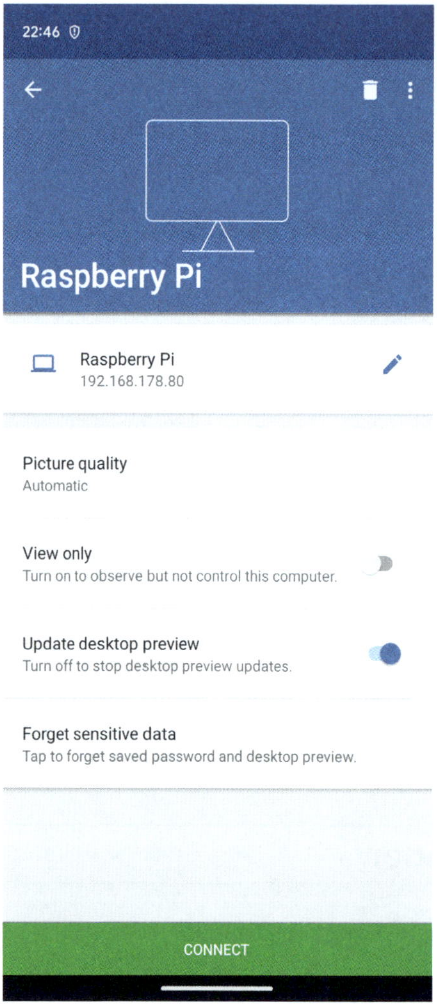


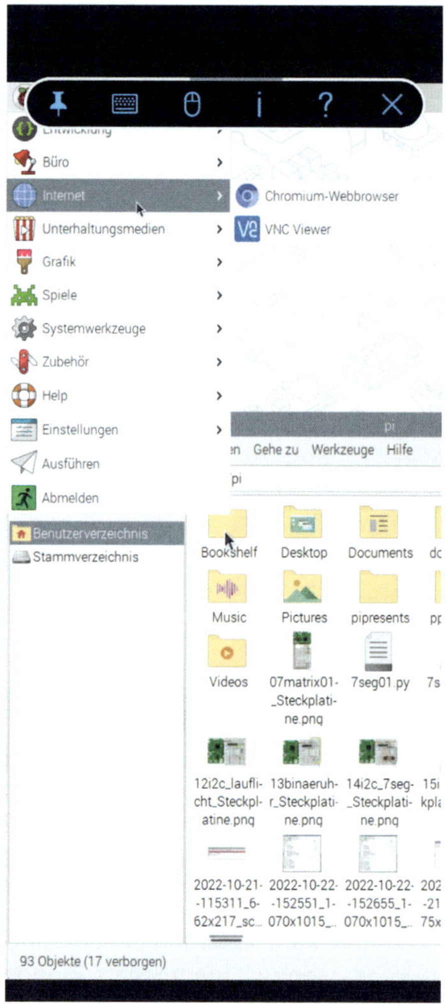


Die Touchscreen-Bedienung eines Tablets ist auf einem Linux-Desktop nicht einfach umzusetzen. Deshalb bietet der ***VNC Viewer*** verschiedene Gesten zur Steuerung, die beim ersten Start angezeigt werden.

Um die Verbindung später wieder zu trennen, einfach die Symbolleiste herunterziehen und auf das X-Symbol tippen.

## 160 Externe Festplatten für Serverbetrieb mounten

Am Server ohne grafische Oberfläche werden Festplatten auf klassischem Weg über die Kommandozeile partitioniert und gemountet.

1. Feststellen, unter welchem Namen die angeschlossene Festplatte in der Linux-Verzeichnisstruktur eingetragen ist:
   `sudo fdisk -l`
   In den meisten Fällen wird eine USB-Festplatte physikalisch als ***/dev/sda*** oder ***/dev/sdb*** bezeichnet, die erste darauf befindliche Partition als ***/dev/sda1*** oder ***/dev/sdb1***.
2. Prüfen, ob die Festplatte bereits gemountet ist: `mount`
3. Sollte hier zum Beispiel die Festplatte ***/dev/sda1*** auftauchen, muss sie für eine saubere Neuinstallation zunächst unmountet werden. Der automatisch angelegte Mountpunkt unterhalb von ***/media/pi*** kann bei jeder Festplatte anders heißen, meistens handelt es sich um lange Zahlenkombinationen:
   `sudo umount /media/pi/009944a0d`
4. Festplatte mit dem Linux-ext4-Dateisystem formatieren:
   `sudo mkfs.ext4 /dev/sda1`
5. Festplatte neu mounten:
   `sudo mkdir /media/pi/usb1`
   `sudo mount /dev/sda1 /media/pi/usb1`
6. Dem Benutzer ***pi*** den Besitz an der Festplatte übertragen:
   `sudo chown -R pi /media/pi/usb1`
7. Mountpunkt in ***/etc/fstab*** eintragen:
   `sudo nano /etc/fstab`
   Am Ende die neue Festplatte entsprechend der gemounteten Daten eintragen.

```
proc                 /proc          proc  defaults          0  0
PARTUUID=d35b20a0-01 /boot          vfat  defaults          0  2
PARTUUID=d35b20a0-02 /              ext4  defaults,noatime  0  1
/dev/sda1            /media/pi/usb1 ext3  defaults          0  0
```

## 161 Webserver installieren

Der Raspberry Pi kann zur Entwicklung eigener Webseiten als geräuschloser und sehr stromsparender Webserver im lokalen Netzwerk laufen. Dazu – einfacher als unter Windows – einen Webserver im lokalen Netzwerk direkt auf dem Raspberry Pi 4 oder 400 installieren. Der Webserver **Lighttpd** (**www.lighttpd.net**) ist eine schlanke Alternative zum mächtigen Apache-Webserver.

1. Basisverzeichnis für den Webserver anlegen:
   ```
   sudo mkdir /var/www
   ```
2. Benutzer und Benutzergruppe für den Webserver anlegen:
   ```
   sudo addgroup www-data
   sudo adduser --ingroup www-data www-data
   ```
3. Den neuen Benutzer zum Eigentümer des Verzeichnisses */var/www* machen:
   ```
   sudo chown -R www-data:www-data /var/www
   ```
4. Standardnutzer ***pi*** der Benutzergruppe ***www-data*** hinzufügen:
   ```
   sudo adduser pi www-data
   ```
5. Der ganzen Gruppe Schreibrecht auf das Datenverzeichnis des Webservers und alle Unterverzeichnisse gewähren:
   ```
   sudo chmod -R 775 /var/www
   ```
6. Um die neuen Rechte zu übernehmen, mit dem Menüpunkt ***Abmelden/Abmelden*** einmal ab- und wieder anmelden.
7. Webserver Lighttpd installieren: `sudo apt install lighttpd`
8. php7.3-Module installieren (kompletten Befehl in einer Zeile eingeben):
   ```
   sudo apt install php7.3-fpm php7.3-mbstring php7.3-mysql
   php7.3-curl php7.3-gd php7.3-curl php7.3-zip php7.3-xml -y
   ```
9. fastcgi-Modul aktivieren:
   ```
   sudo lighty-enable-mod fastcgi
   sudo lighty-enable-mod fastcgi-php
   ```
10. Konfigurationsdatei des Webservers bearbeiten:
    ```
    sudo nano /etc/lighttpd/conf-available/15-fastcgi-php.conf
    ```
    Die Datei muss so aussehen:
    ```
    # -*- depends: fastcgi -*-
    # /usr/share/doc/lighttpd/fastcgi.txt.gz

    fastcgi.server += ( ".php" =>
       ((
       "socket" => "/var/run/php/php7.3-fpm.sock",
       "broken-scriptfilename" => "enable"
       ))
    )
    ```
11. Alternativ die Datei aus dem Download kopieren:
    ```
    sudo cp ~/15-fastcgi-php.conf /etc/lighttpd/conf-available
    ```
12. Die neue Konfiguration in Lighttpd laden:
    ```
    sudo service lighttpd force-reload
    ```
13. Einfache Startseite für den Webserver erstellen, die die PHP-Konfiguration überprüft und anzeigt. Diese Datei ***index.php*** besteht nur aus einer einzigen Zeile:
    ```
    <?php phpinfo() ?>
    ```

14. Alternativ die Datei aus dem Download kopieren:
```
cp ~/index.php /var/www/html
```
15. Der Webserver steht nun lokal auf dem Raspberry Pi 4/400 und auch im lokalen Netzwerk zur Verfügung. Auf einem PC die IP-Adresse des Raspberry Pi im Browser eingeben, zum Beispiel: ***http://192.168.178.37***

## 162 Webserver über No-Ip ins Internet bringen

Dynamische DNS-Dienste (DDNS) ersparen das manuelle Herausfinden und Weitergeben der eigenen IP-Adresse, um aus der Ferne auf den eigenen Server zugreifen zu können. Hier bekommt man einen virtuellen Servernamen, der regelmäßig mit der eigenen Adresse aktualisiert werden muss.

Der bekannteste derartige Dienst, DynDNS, hat seine kostenlosen Angebote leider eingestellt. **No-IP** ist ein interessanter Nachfolger.

1. Kostenloses Benutzerkonto und virtuellen Host bei **no-ip.com** anlegen.
2. No-IP-Client für Raspberry Pi herunterladen und installieren:
```
wget http://www.noip.com/client/linux/noip-duc-linux.tar.gz
tar xf noip-duc-linux.tar.gz
rm noip-duc-linux.tar.gz
mv noip-* noip
cd noip
sudo make install
```
3. Eventuelle Warnungen können ignoriert werden. Zum Schluss den Log-in-Namen und das Passwort von **no-ip.com** angeben. Gewünschten (eigenen) Host auswählen.
4. Update-Intervall festlegen. In den meisten Fällen sollte die Standardvorgabe von 30 Minuten ausreichen, da die meisten Internetprovider nur einmal am Tag, üblicherweise nachts, die IP-Adressen neu vergeben.
5. Die Frage ***Do you wish to run something at successful update*** mit dem vorgeschlagenen ***N*** beantworten.
6. No-IP-Client starten: `sudo noip2`
Der Webserver auf dem Raspberry Pi ist ab sofort unter dem in der Konfiguration angegebenen Hostnamen von außen zu erreichen.
7. Um den No-IP-Client beim Booten des Raspberry Pi automatisch zu starten, in der Datei */etc/rc.local* vor der Zeile ***exit 0*** eine neue Zeile ***sudo noip2*** einfügen:
```
sudo nano /etc/rc.local
```

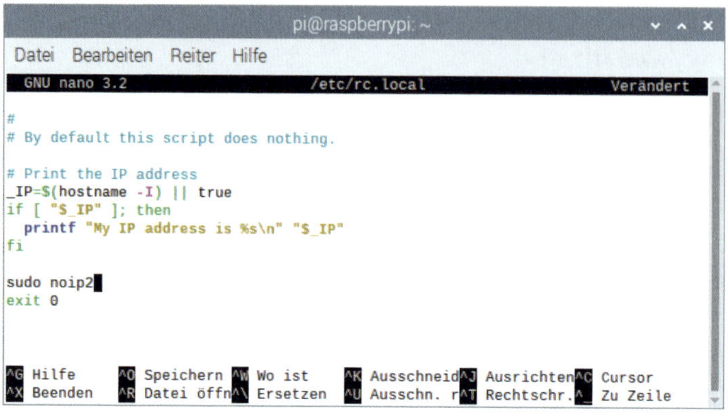


## 163 Portweiterleitung auf dem Router einrichten

Der Router muss noch wissen, auf welchen Computer im Netzwerk eine von außen kommende Anfrage nach einer Webseite weitergeleitet werden soll.

1. Routerkonfiguration im Browser aufrufen.
2. Einen Bereich ***Port Mapping*** oder ***Portweiterleitung*** suchen.
3. Weiterleitung für den HTTP-Port 80 auf die lokale IP-Adresse des Raspberry Pi eintragen.
4. Auf der FRITZ!Box unter ***Internet/Freigaben*** mit einem Klick auf ***Gerät für Freigaben hinzufügen*** den Raspberry Pi auswählen und über ***Neue Freigabe*** die Freigaben anlegen.

Die Tabelle zeigt die verwendeten Ports für die wichtigsten Internetdienste:

| Dienst | Port(s) | Dienst | Port(s) |
|---|---|---|---|
| FTP | 20/21 | SFTP | 115 |
| SSH | 22 | NTP | 123 |
| Telnet | 23 | IMAP | 143 |
| SMTP | 25/587 | IRC | 194 |
| WHOIS | 43 | HTTPS | 443 |
| DNS | 53 | Citadel | 504 |
| HTTP | 80 | Rsync | 873 |
| POP3 | 110 | | |

## 164 LionWiki – eigene kleine Wissensdatenbank einrichten

LionWiki (**lionwikit2t.sourceforge.io**) ist ein System zum Erstellen von Informationsseiten im Wikipedia-Stil, das mit sehr geringer Systemleistung zurechtkommt und nicht einmal eine Datenbank auf dem Webserver benötigt.

1. LionWiki installieren (Webserver muss auf dem Raspberry Pi laufen):

```
wget http://lionwiki.0o.cz/download/3.2.11/lionwiki-3.2.11.zip
sudo unzip lionwiki-3.2.11.zip -d /var/www/html
sudo mv /var/www/html/lionwiki-3.2.11 /var/www/html/lionwiki
sudo chmod -R 777 /var/www/html/lionwiki/var
```

2. LionWiki im Webbrowser auf dem PC aufrufen. Dabei die IP-Adresse durch die des Raspberry Pi ersetzen: ***http://192.168.2.124/lionwiki***

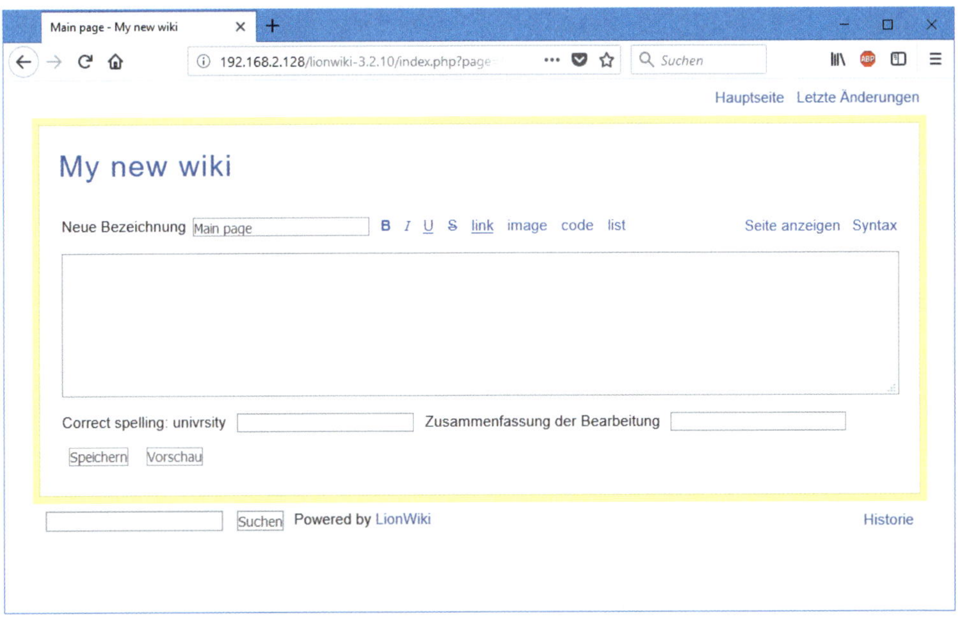


3. Seitentitel angeben und den Text der neuen Seite in das große Editorfeld schreiben. Zum Einfügen von Links, Bildern und Listenelementen stehen Symbole zur Verfügung.
4. Bei der ersten Bearbeitung muss ganz unten eine einfache Frage beantwortet werden. Es ist eine Sicherheitsabfrage, die automatisierte Spam-Kommentare verhindern soll. Sie erscheint immer mal wieder, aber nicht bei jeder Bearbeitung.
5. Nach dem Speichern ist die neue Seite über den Link ***Seite anzeigen*** oben rechts zu sehen.

6. Zusätzlich zum vorgegebenen gelb-weißen Template ***Dandelion*** liefert LionWiki im Verzeichnis ***templates*** der LionWiki-Installation weitere Templates zur Auswahl. Das gewünschte Template in der Datei */var/www/html/lionwiki/config.php* in der Zeile ***$TEMPLATE*** eintragen.

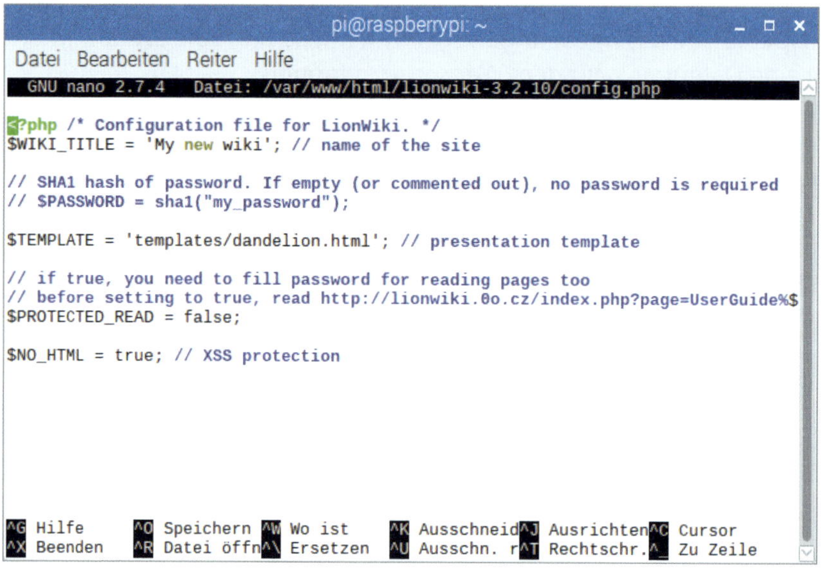


Die Tabelle zeigt die wichtigsten Syntaxelemente der Wiki-Beschreibungssprache:

| Syntax | Bedeutung |
|---|---|
| ! | Überschrift H2 |
| !! | Überschrift H3 |
| !!! | Überschrift H4 |
| * | Liste 1.Ebene |
| ** | Liste 2.Ebene |
| *** | Liste 3.Ebene |
| # | Nummerierte Liste 1.Ebene |
| ## | Nummerierte Liste 2.Ebene |
| ### | Nummerierte Liste 3.Ebene |
| '''Text''' | Fett (drei Apostrophe) |

<table>
<tr><th>Syntax</th><th>Bedeutung</th></tr>
<tr><td>''Text''</td><td>Kursiv (zwei Apostrophe)</td></tr>
<tr><td>'''''Text'''''</td><td>Fett + kursiv (fünf Apostrophe)</td></tr>
<tr><td>'--Text--'</td><td>Durchgestrichen (Apostroph und 2x -)</td></tr>
<tr><td>'__Text__'</td><td>Unterstrichen (Apostroph und 2x _)</td></tr>
<tr><td>{small}Text{/small}</td><td>Kleine Schrift</td></tr>
<tr><td>{sup}Text{/sup}</td><td>Hochgestellt (Exponent)</td></tr>
<tr><td>{sub}Text{/Sub}</td><td>Tiefgestellt (Index)</td></tr>
<tr><td>[Link]</td><td>Link auf andere Wiki-Seite, externe Links werden automatisch erkannt</td></tr>
<tr><td>[Linktext|Link]</td><td>Text mit hinterlegtem Link auf andere Wiki-Seite</td></tr>
</table>

## 165 Fotogalerie auf dem Webserver

Die Software **PhotoShow** (**github.com/thibaud-rohmer**) ermöglicht interaktive Fotogalerien auf einem Webserver und benötigt dabei so wenig Leistung, dass ein Raspberry Pi mit Lighttpd als Webserver völlig ausreicht. Ein weiterer Vorteil gegenüber anderen Lösungen ist, dass PhotoShow lediglich PHP benötigt, aber keine Datenbank. Die Fotos können interaktiv im Browser hochgeladen oder einfach in die entsprechenden Verzeichnisse kopiert werden.

1. PhotoShow herunterladen und installieren:

```
sudo apt-get install php7.0-xml
wget github.com/thibaud-rohmer/PhotoShow/archive/master.zip
sudo unzip ~/master.zip
sudo mv ~/PhotoShow-master /var/www/html/photoshow
sudo chown -R www-data:www-data /var/www/html/photoshow
mkdir ~/photos
mkdir ~/generated
```

2. Zugriffsrechte für die Benutzer ***pi*** und ***www-data*** einrichten:

```
sudo chown -R www-data:www-data ~/photos
sudo chown -R www-data:www-data ~/generated
sudo chmod -R 775 ~/photos
sudo chmod -R 775 ~/generated
sudo adduser pi www-data
```

3. Datenverzeichnisse in die Konfiguration von PhotoShow eintragen:
   `sudo nano /var/www/html/photoshow/config.php`

   Hier die vorgegebenen Zeilen für `photos_dir` und `ps_generated` ändern:

   ```
   $config->photos_dir = "/home/pi/photos";
   $config->ps_generated = "/home/pi/generated";
   ```

4. PhotoShow im Browser auf dem PC aufrufen. Dabei die IP-Adresse durch die des Raspberry Pi ersetzen: `http://192.168.2.124/photoshow`
5. Beim ersten Start erscheint ein Formular, in dem das Hauptbenutzerkonto angelegt werden muss. PhotoShow verwendet eine eigene, von Linux unabhängige Benutzerverwaltung.

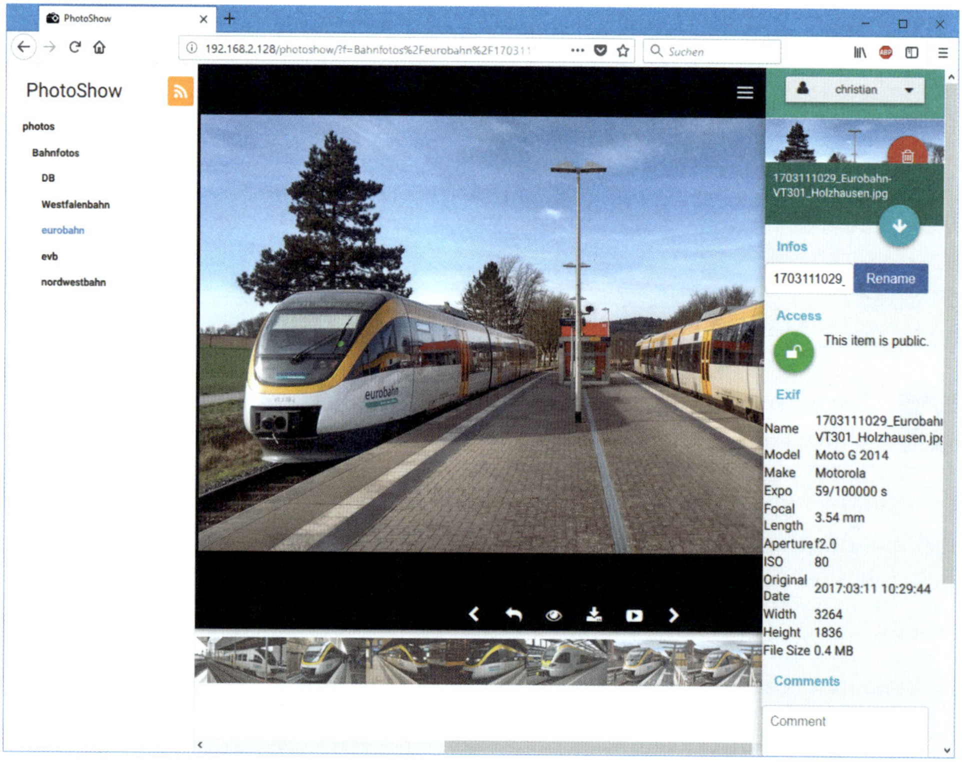


6. Angemeldete Benutzer haben die Möglichkeit, Alben und Unterordner für Fotos anzulegen sowie Bilder hochzuladen. Bei jedem Album kann man festlegen, ob es privat oder öffentlich sein soll.
7. Bilder müssen nicht unbedingt einzeln über das Uploadformular hochgeladen werden, sondern können auch direkt in Unterverzeichnisse des ***photos***-Verzeichnisses kopiert werden. Allerdings gehören neu angelegte Ordner dem Benutzer ***pi*** und lassen sich in der Webansicht von PhotoShow nicht interaktiv bearbeiten, sondern nur betrachten. Um das Problem zu lösen, nach dem manuellen Anlegen neuer Ordner im Dateisystem die Rechte neu zuweisen:

```
sudo chown -R www-data:www-data ~/photos
sudo chmod -R 0775 ~/photos
```

8. Ein anonymer Besucher der Fotogalerie kann sich oben rechts über den Button ***Anmelden*** ein eigenes Benutzerkonto anlegen. Das allein gibt ihm noch keinerlei Rechte, außer dass er Kommentare jetzt mit seinem Namen schreibt und nicht mehr anonym.
9. Der Administrator kann diesem neuen Nutzer jetzt verschiedene Rechte geben. Dazu sind unter ***Edit Groups*** im ***Admin***-Menü drei Benutzergruppen vordefiniert. Benutzer einfach per Drag-and-drop in eine Gruppe ziehen oder mit dem Häkchen links neben dem Benutzernamen wieder aus einer Gruppe herausnehmen.
   - ***root*** – Nutzer in dieser Gruppe haben Administrator-Berechtigung und dürfen alles: private Alben betrachten, Alben anlegen, Fotos hochladen, Einstellungen bearbeiten, Benutzer verwalten.
   - ***uploaders*** – Nutzer in dieser Gruppe dürfen Fotos hochladen, aber nichts an den Einstellungen ändern.
   - ***user*** – Nutzer in dieser Gruppe dürfen nur Fotos betrachten.

## 166 Samba-Server installieren

Ein Samba-Server stellt das von Microsoft für Windows-Freigaben und Arbeitsgruppen entwickelte SMB-Protokoll (**S**erver-**M**essage-**B**lock-Protokoll) auf einem Linux-PC oder Raspberry Pi zur Verfügung. Damit lassen sich ein Raspberry Pi 4 und 400 in ein Windows-Netzwerk integrieren.

1. Pakete installieren:
   ```
   sudo apt update
   sudo apt install samba samba-common-bin
   ```
2. Bei der Installation wird der Samba-Dienst automatisch in die Datei ***/etc/init.d*** eingetragen, damit er in Zukunft beim Start des Raspberry Pi direkt mit gestartet wird.
3. Samba-Benutzer anlegen. Dabei muss ein Passwort festgelegt werden, das später zur Anmeldung auf dem Windows-PCs benötigt wird.
   ```
   sudo smbpasswd -a pi
   ```
4. Verzeichnisse für die gemeinsam genutzten Daten freigeben:
   ```
   sudo nano /etc/samba/smb.conf
   ```
5. Den folgenden Textblock am Ende hinzufügen:
   ```
   [RaspberryPi]
   path = /home/pi
   writable = yes
   ```

- Der Titel in eckigen Klammern, hier `[RaspberryPi]`, gibt den Namen der Freigabe im Windows-Netzwerk an.
- Der Eintrag `path`, hier `/home/pi`, gibt das freigegebene Verzeichnis auf dem Raspberry Pi an.
- Der Parameter `writable` legt fest, dass Benutzer aus dem Netzwerk Daten auf dem Raspberry Pi schreiben dürfen.

6. Wird im Windows-Netzwerk eine andere Arbeitsgruppe als die Standard-***WORKGROUP*** verwendet, diese in der Zeile `workgroup` im Bereich `[global]` eintragen.
7. Samba-Server neu starten: `sudo /etc/init.d/samba restart`

Der Name der Arbeitsgruppe findet sich auf einem Windows-PC unter ***System/Info***: Tastenkombination [Win]+[Pause] drücken, im nächsten Fenster in der Mitte auf ***Domäne oder Arbeitsgruppe*** klicken.

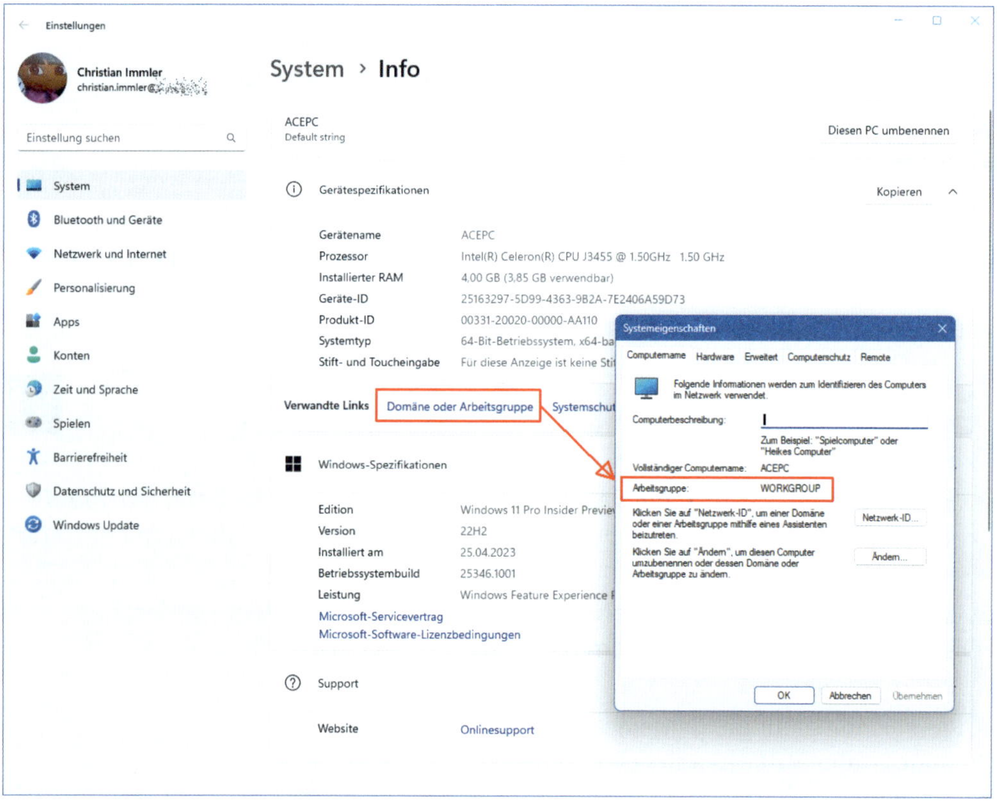

## 167 Samba-Server im Windows-Netzwerk nutzen

1. Der Windows-Explorer zeigt im Ordner ***Netzwerk*** geordnet nach Computernamen alle Freigaben an, die im Netzwerk gefunden werden. Hier kann man vom PC auf freigegebene Verzeichnisse auf dem Samba-Server genauso zugreifen wie auf lokale Ordner.

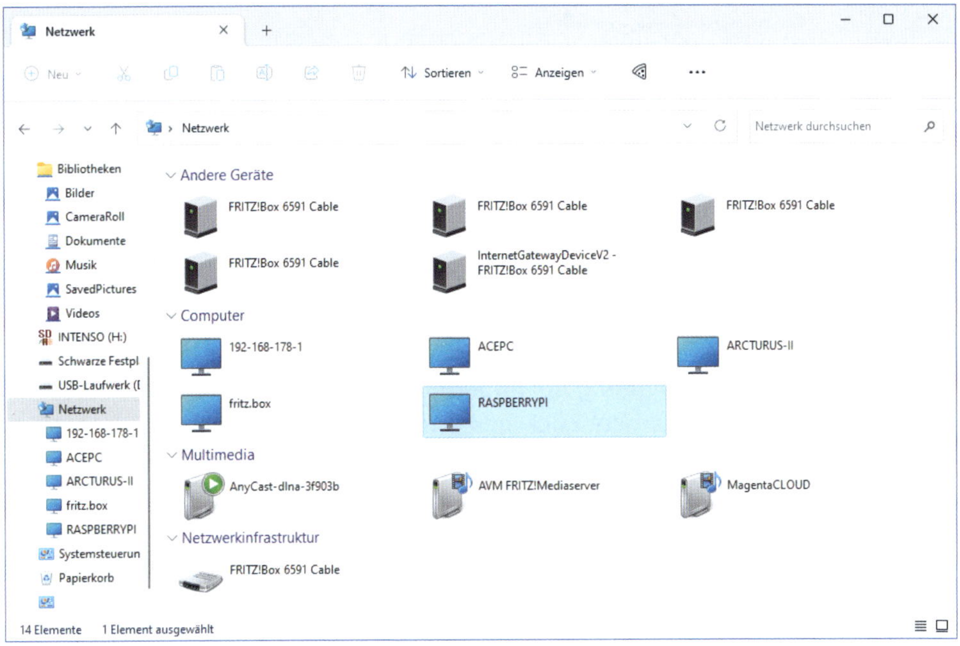


2. Geben Sie nach einem Doppelklick auf das Netzwerkgerät ***RASPBERRYPI*** den Benutzernamen ***pi*** und das zuvor festgelegte Passwort ein.

**Fehlermeldung beim Zugriff auf die Freigabe**

In manchen Fällen zeigt Windows eine Fehlermeldung bei dem Versuch, mit einem Doppelklick auf den Netzwerkcomputer ***RASPBERRYPI*** zuzugreifen. Schreiben Sie in diesem Fall ***\\RASPBERRYPI*** oben in die Adresszeile des Windows-Explorer.

3. Um sich die mühsame Navigation durch die verzweigten Äste zu ersparen, dem Samba-Server über den Kontextmenüpunkt ***Netzlaufwerk verbinden*** beim Rechtsklick auf die Freigabe ***pi*** einen Laufwerkbuchstaben zuweisen.
4. Das Dialogfeld ***Netzlaufwerk verbinden*** zeigt nur die Laufwerkbuchstaben, die noch nicht von vorhandenen Laufwerken belegt sind.

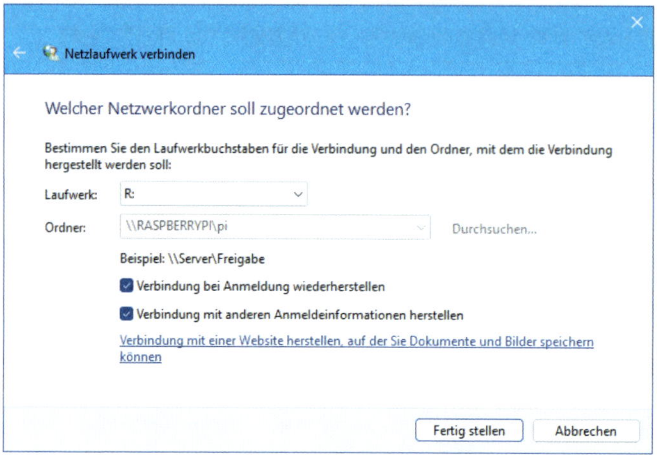


5. Das Kontrollkästchen ***Verbindung bei Anmeldung wiederherstellen*** aktivieren, damit der Laufwerkbuchstabe beim nächsten Windows-Start automatisch wieder zugewiesen wird.
6. Auf dem Samba-Server existiert der Windows-Benutzername nicht, daher das Kontrollkästchen ***Verbindung mit anderen Anmeldeinformationen herstellen*** einschalten und nach einem Klick auf ***Fertig stellen*** den Benutzernamen ***pi*** und das in der Samba-Konfiguration festgelegte Passwort eingeben. ***Anmeldedaten speichern*** einschalten, um das Passwort nicht jedes Mal eingeben zu müssen.
7. Das Samba-Netzlaufwerk wird im Explorer bei den Laufwerken unter ***Dieser PC*** angezeigt.

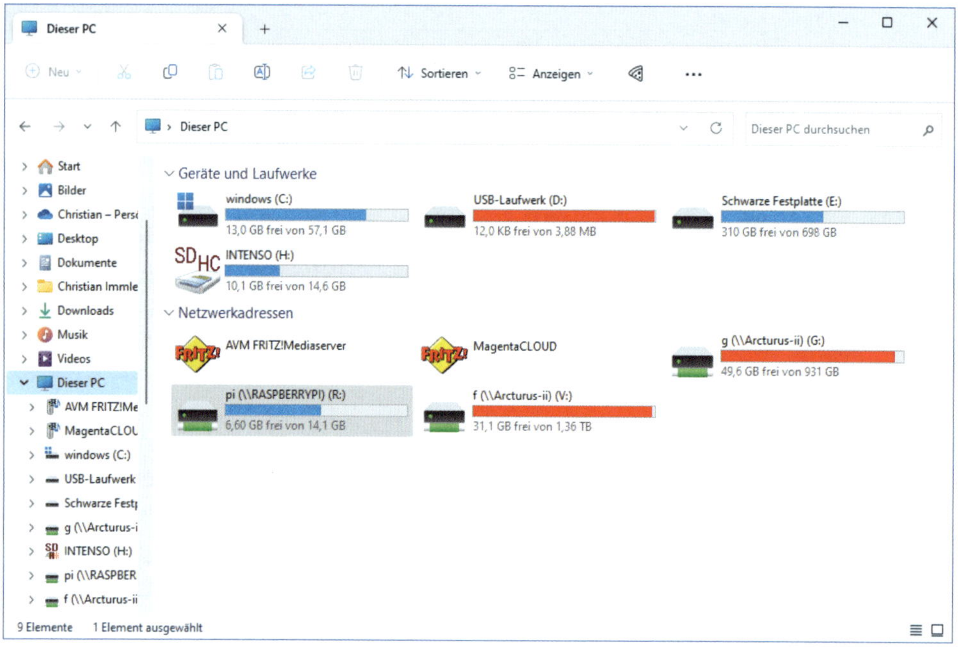

## 168 DLNA-Streamingserver MiniDLNA einrichten

Die **D**igital **L**iving **N**etwork **A**lliance (DLNA) war eine internationale Vereinigung von Computer- und Unterhaltungselektronik-Herstellern, deren Ziel es war, allgemeine Standards zur Übertragung von Multimediadaten in Heimnetzwerken zu entwickeln. Der Name DLNA wird heute gleichbedeutend mit dem DLNA-Netzwerkstandard verwendet, der von zahlreichen Fernsehgeräten, PCs, Smartphones und Tablets unterstützt wird.

**MiniDLNA** ist ein schlanker DLNA-Server, der so wenige Ressourcen benötigt, dass er auf dem Raspberry Pi läuft. Damit lassen sich Multimediadateien von USB-Sticks oder externen USB-Festplatten vom Raspberry Pi auf andere Geräte im Netzwerk streamen.

1. Pakete installieren:
   ```
   sudo apt-get update
   sudo apt-get install minidlna
   ```
2. Mediendateien über das lokale Netzwerk in die dafür vorgesehenen Verzeichnisse unter */home/pi* kopieren. Alternativ können auch am Raspberry Pi angeschlossene USB-Sticks oder Festplatten als Medienverzeichnisse verwendet werden.
3. Diese Verzeichnisse in der Konfigurationsdatei wie in der Abbildung eintragen:
   ```
   sudo nano /etc/minidlna.conf
   ```
4. Nach dem Speichern der Änderung den MiniDLNA-Server neu starten: `service minidlna restart`. Dabei mit dem Passwort ***raspberry*** autorisieren.

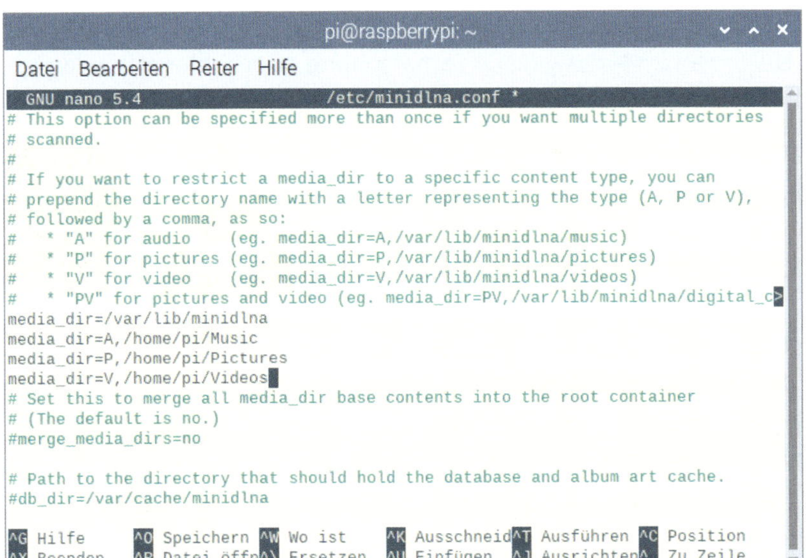

## 169 Medien auf Windows-PCs streamen

Der **Windows Media Player Legacy** zeigt auf Windows-PCs im Netzwerk im Seitenbalken links unter ***Andere Medienbibliotheken*** den MiniDLNA-Server an. Die Medien werden automatisch nach den bekannten Kriterien ***Interpret***, ***Album***, ***Genre*** usw. sortiert. Die neue Medienwiedergabe in Windows 11 unterstützt keine DLNA-Server im lokalen Netzwerk.

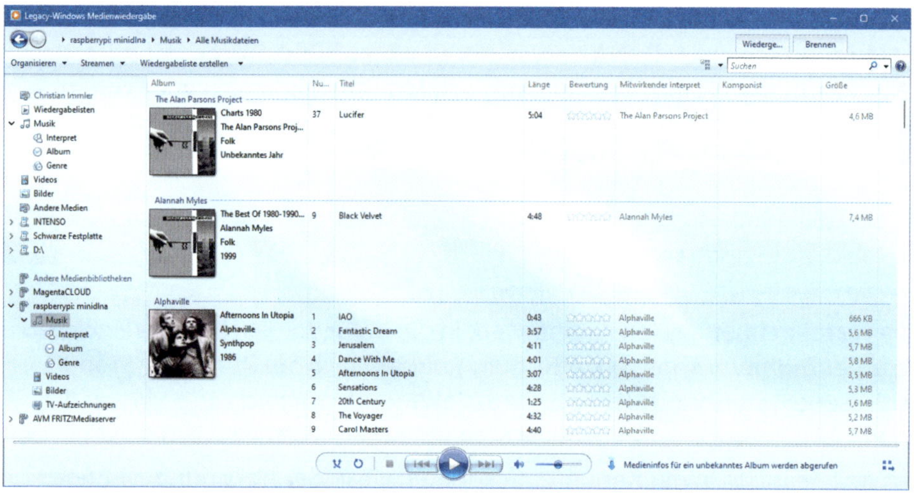


## 170 Medien auf Smartphones oder Tablets streamen

Die Android-App ***VLC*** (gibt es auch für iOS) ermöglicht das Abspielen von Medien von einem DLNA-Server im Netzwerk. Das Smartphone oder Tablet muss dazu per WLAN mit dem gleichen Netzwerk verbunden sein wie der Raspberry Pi.

1. Die App ***VLC für Android*** über den Google Play Store installieren.
2. Bei der Einrichtung alle angeforderten Berechtigungen zum Zugriff auf Dateien und Medien gewähren.
3. Im Bereich ***Lokales Netzwerk*** auf dem Startbildschirm der App den MiniDLNA-Server auf dem Raspberry Pi auswählen.
4. Im nächsten Schritt in der Medienbibliothek die gewünschten Musiktitel, Videos oder Fotos auswählen und abspielen.
5. ***VLC*** spielt Musik im Hintergrund weiter ab, auch wenn eine andere App verwendet wird.

## 171 MiniDLNA-Statusanzeige im Netzwerk

MiniDLNA liefert eine einfache Statusanzeige, die auf beliebigen Browsern im Netzwerk abgerufen werden kann.

1. IP-Adresse des Raspberry Pi mit Port ***8200*** im Browser auf einem PC im Netzwerk aufrufen: ***http://192.168.178.80:8200***
2. Unter ***Connected Clients*** werden alle DLNA-fähigen Geräte angezeigt, die den Server finden, auch wenn sie ihn nicht aktiv nutzen.

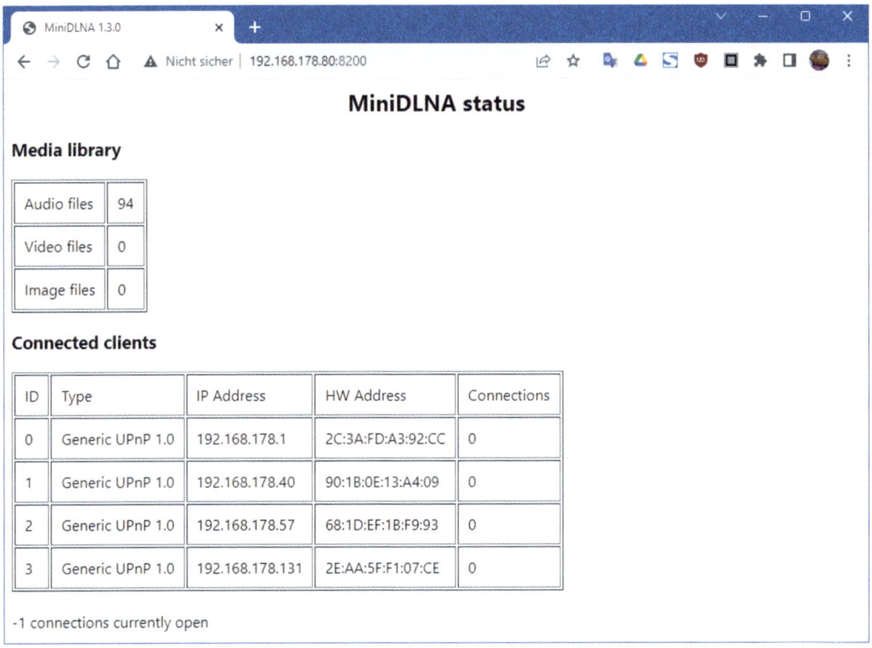


## 172 RaspController – Statusanzeige und Fernsteuerung auf dem Smartphone

Die App ***RaspController*** liest wichtige Statusdaten zu Standardfunktionen des Betriebssystems aus und stellt sie in übersichtlicher Form auf dem Smartphone dar. Dazu ist eine WLAN-Verbindung des Smartphones mit dem lokalen Netzwerk nötig.

In der App können verschiedene Raspberry Pis mit Zugangsdaten und IP-Adressen eingetragen werden, die sich dann alle unter einer gemeinsamen Oberfläche auslesen lassen. Auf dem Raspberry Pi muss dazu SSH aktiviert sein.

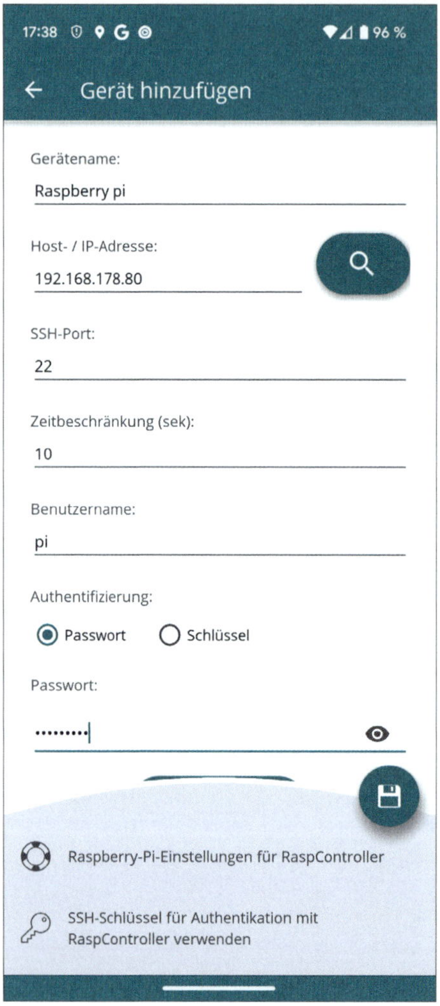


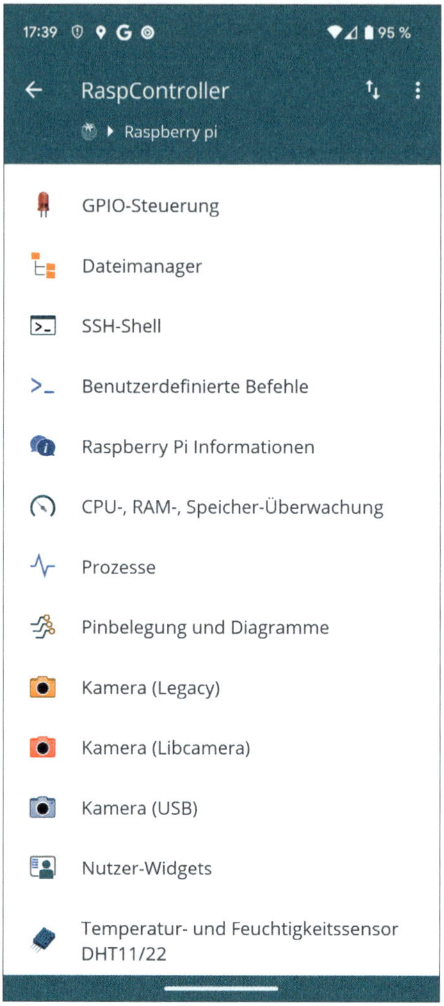


Zusätzlich zur Statusanzeige bietet *RaspController* einen Dateimanager, eine SSH-Shell sowie Zugriff auf GPIO-Ports und Kamera. Für einige Funktionen müssen zusätzliche Pakete auf dem Raspberry Pi installiert werden, was sich aber mit einem Klick direkt aus der App über SSH erledigen lässt.

## 173 Raspcontrol – Statusanzeige im Browser

Die Software **Raspcontrol** läuft auf einem Webserver und liefert aktuelle Statusdaten auf einer Weboberfläche. Diese lässt sich innerhalb des lokalen Netzwerks auf jedem PC im Browser aufrufen. Wurden im Router eine Portweiterleitung auf den Raspberry Pi sowie ein dynamischer DNS-Eintrag eingerichtet, sind die »Lebenszeichen« des Raspberry Pi sogar über das Internet zu sehen.

1. Auf dem Raspberry Pi muss ein Webserver laufen, siehe Anleitung 161.
2. Raspcontrol herunterladen und installieren:

```
sudo apt-get install git
sudo mkdir /etc/raspcontrol
cd /var/www
sudo git clone https://github.com/harmon25/raspcontrol.git
```

3. Konfigurationsdatei anlegen:
   `sudo nano /etc/raspcontrol/database.aptmnt`
   In dieser Datei Benutzer und Passwort festlegen, um die Statusanzeige des Raspberry Pi einsehen zu dürfen. Anstelle der Standarddaten kann auch ein beliebiger Benutzername definiert werden.

```
{
   "user":        "pi",
   "password":    "raspberry"
}
```

4. Alternativ Datei aus dem Download kopieren:
   `sudo cp ~/database.aptmnt /etc/raspcontrol`
5. Zugriffsrechte für Konfigurationsdatei festlegen:
   `sudo chown www-data:www-data /etc/raspcontrol/database.aptmnt`
   `sudo chmod 740 /etc/raspcontrol/database.aptmnt`
6. Bei Verwendung des Webservers Lighttpd Verzeichnis verschieben:
   `sudo mv /var/www/raspcontrol /var/www/html`
   Bei Verwendung des Apache-Webservers kann die Original-Verzeichnisstruktur bestehen bleiben.
7. Raspcontrol im Browser auf dem PC öffnen, dabei die IP-Adresse durch die des Raspberry Pi ersetzen: ***http://192.168.178.37/raspcontrol***
   Mit den in der Konfiguration festgelegten Zugangsdaten anmelden.

## 174 Pi-hole blockiert Werbung im Netzwerk

Werbung nervt, kostet Bandbreite und kann sogar gefährlich sein. **Pi-hole** ist – weil keine Konfiguration auf den Geräten notwendig ist – ein benutzerfreundlicher Werbeblocker im Netzwerk, der den gesamten Netzwerkdatenverkehr filtert und erst gar keine Werbung auf die einzelnen PCs lässt.

Damit lassen sich auch Spielkonsolen, Smartphones, Tablets und Smart-TVs schützen, auf denen die Installation von Werbeblockern nicht möglich ist. Pi-hole läuft auf einem Raspberry Pi, der im lokalen Netzwerk eingebunden ist.

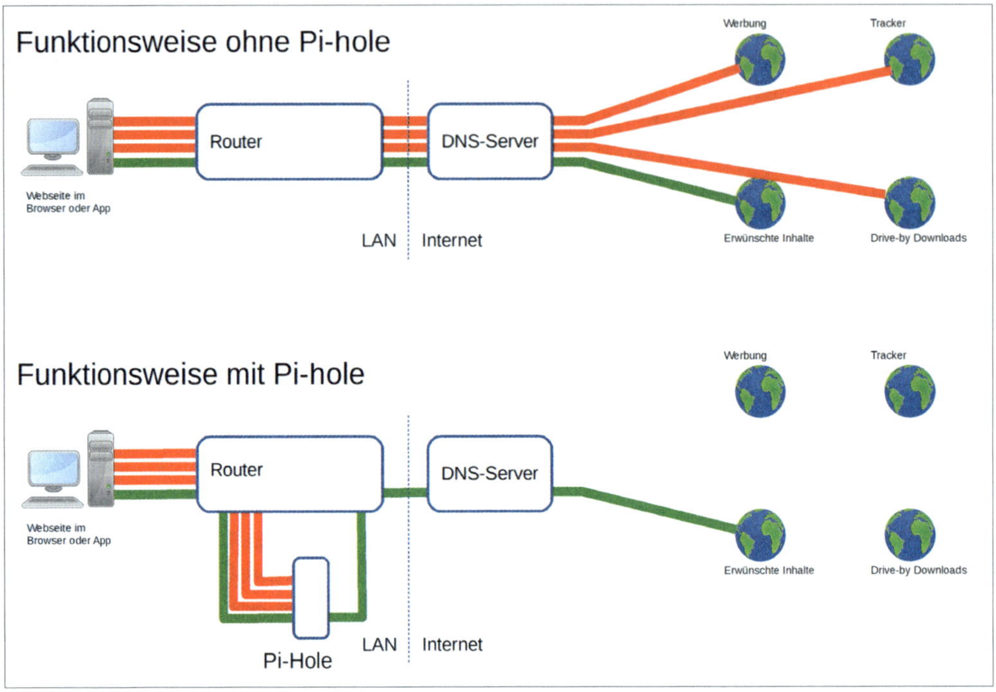


1. Pi-hole herunterladen und installieren:
   `sudo curl -sSL https://install.pi-hole.net | bash`
2. Nach dem Download der Pakete die Netzwerkschnittstelle ***eth0*** wählen. Aus Performancegründen immer Ethernet-Kabel und kein WLAN nutzen.

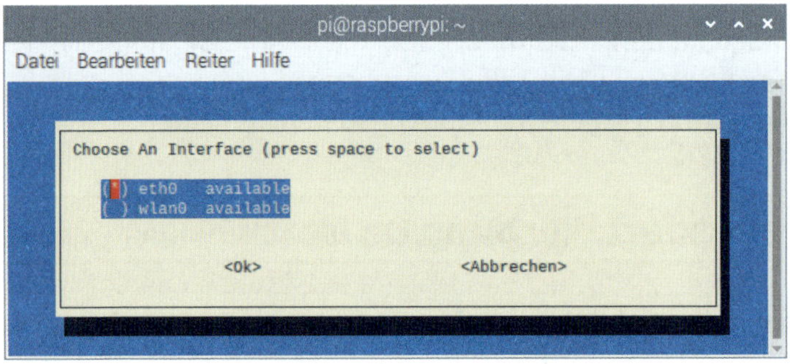


3. Pi-hole benötigt einen DNS-Anbieter, an den die gefilterten DNS-Abfragen weitergegeben werden. Google und OpenDNS sind die leistungsfähigsten derartigen Anbieter. Über die Auswahl ***Custom*** kann auch der gewohnte DNS-Server des eigenen Internetanbieters oder ein ganz anderer eingetragen werden. OpenDNS filtert automatisch als gefährlich bekannte Webseiten wie Phishing- und Malware-Seiten. Nach einer kostenlosen Anmeldung kann man auch auf einen DNS-Server mit konfigurierbarem Jugendschutzfilter zugreifen.

4. Anschließend die zu verwendenden Filterlisten auswählen. Pi-hole unterstützt diverse bekannte Listen mit bekannten Malware-Domains, Werbeanbietern und Trackern. Standardmäßig sind alle Listen eingeschaltet, sodass fast alle »bösen« Seiten abgefangen werden.

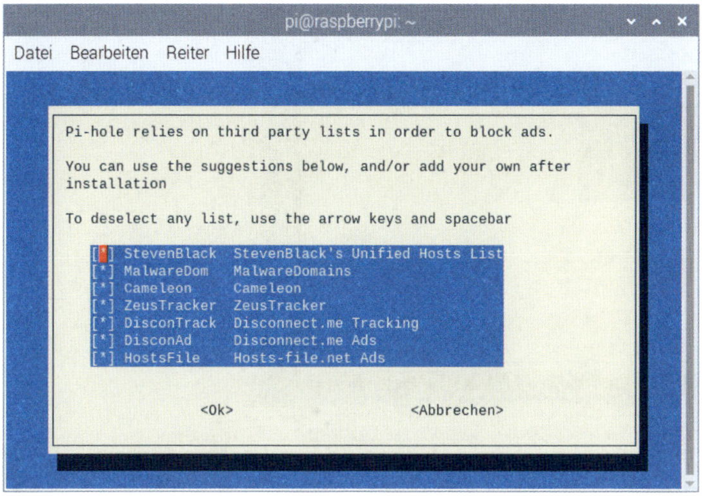


5. Protokolle wählen, die Pi-hole nutzen soll: ***IPv4*** oder ***IPv6***. In den meisten Fällen ist es sinnvoll, beide Protokolle eingeschaltet zu lassen.
6. Der Raspberry Pi mit Pi-hole braucht eine statische IP-Adresse im Netzwerk, damit er immer erreichbar ist. Pi-hole kann automatisch die aktuelle IP-Adresse des Raspberry Pi als statisch vergeben. Allerdings besteht in diesem Fall die Gefahr, dass der DHCP-Server im Router die gleiche IP-Adresse auch noch an ein anderes Gerät vergibt, was zu erheblichen Problemen führt. Besser ist es, im Router festzulegen, Pi-hole immer die gleiche Adresse zuzuweisen.
7. Admin-Interface und Lighttpd-Webserver installieren, falls das noch nicht geschehen ist.

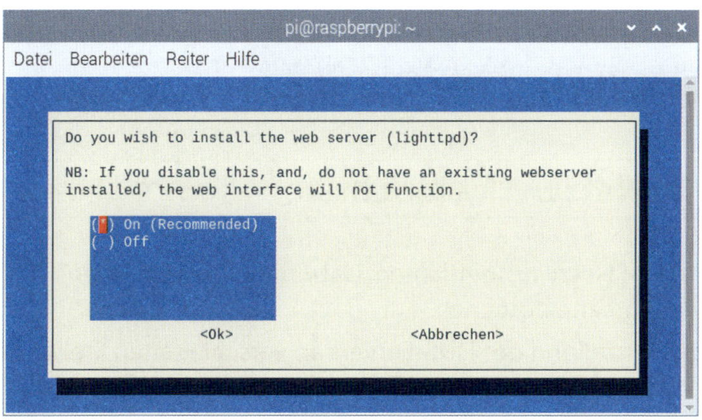

8. Logging einschalten und Privacy Mode auf 0 stehen lassen, um im Protokoll zu sehen, was alles blockiert wurde.

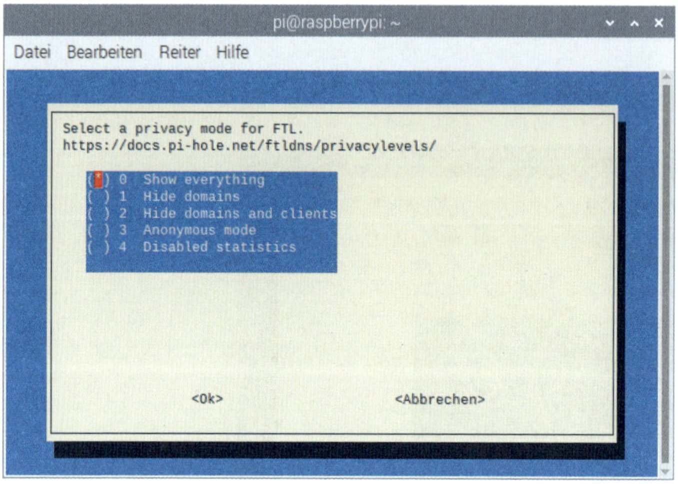


9. Auf der letzten Seite der Konfiguration wird ein Admin-Passwort angezeigt. Dieses unbedingt merken oder speichern.

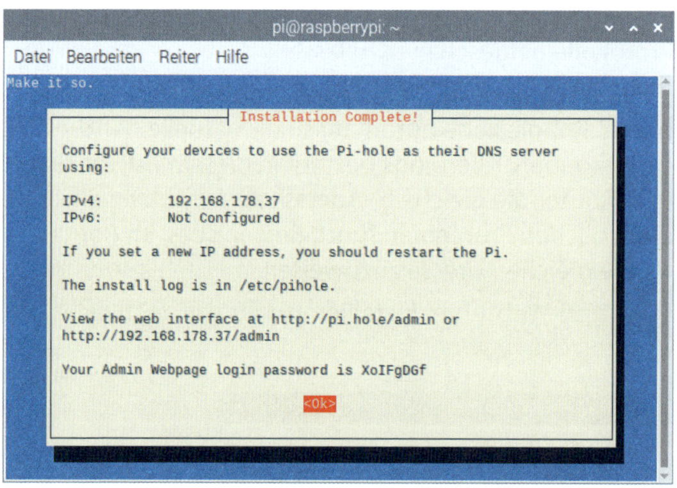


## 175 Pi-hole im Netzwerk einrichten

1. Pi-hole als DNS-Server im Netzwerk einrichten. Dazu mit einem Browser die Router-Konfigurationsseite besuchen.
2. Je nach Router ist die Einstellung des DNS-Servers an verschiedenen Stellen auf der Konfigurationsseite zu finden, meist im Bereich der Internetzugangsdaten.

3. Bei der FRITZ!Box ***Internet/Zugangsdaten*** wählen und auf die Registerkarte ***DNS-Server*** schalten. Wird diese nicht angezeigt, im Menü oben rechts die erweiterte Ansicht einschalten.
4. Statt des standardmäßig zugewiesenen DNS-Servers die IP-Adresse von Pi-hole eintragen.
5. Auf der FRITZ!Box muss eine solche systemkritische Änderung der Konfiguration über einen Zahlencode auf einem angeschlossenen Telefon oder durch Drücken einer Taste auf der Box bestätigt werden.

Danach leitet der Router alle DNS-Anfragen von Geräten im lokalen Netzwerk an den Pi-hole weiter, wo sie gefiltert werden, um nur die erwünschten Anfragen an den DNS-Server im Internet weiterzureichen. Auf den einzelnen Geräten im Netz ist keine Konfiguration erforderlich.

Ab sofort surfen alle Geräte im Netzwerk werbefrei. Das wirkt sich nicht nur auf Browser, sondern auch auf Apps aus. Durch die dadurch bedingte Verringerung des Datenvolumens werden Webseiten – besonders bei langsamen Internetverbindungen – deutlich schneller aufgebaut.

## 176 Pi-hole administrieren

Pi-hole liefert eine webbasierte Administrationsoberfläche mit.

1. IP-Adresse von Pi-hole im LAN in einem Browser eingeben und dahinter ***/admin***. Wenn Pi-hole als DNS-Server eingetragen ist, funktioniert auch ***http://pi.hole/admin***.
2. Auf der Seite mit dem vorgegebenen Standardnutzernamen und dem Passwort, das am Ende der Pi-hole-Installation angegeben wurde, einloggen.
3. Über die ***Whitelist*** auf der Administrationskonsole lassen sich automatisch blockierte Domains freischalten.
4. Umgekehrt können auch Domains, die bisher nicht erfasst wurden, der ***Blacklist*** hinzugefügt werden, damit diese in Zukunft blockiert werden.

## 177 Python als Taschenrechner

Die auf dem Raspberry Pi vorinstallierte Programmiersprache Python, die auch für das Pi im Namen verantwortlich ist, lässt sich auch interaktiv verwenden.

1. **Thonny** im Menü ***Entwicklung*** starten.
2. Berechnungsformel im Fenster ***Shell*** unten eingeben. Python nutzt automatisch die Punkt-vor-Strich-Rechnung.

## 178 Python-Programme nutzen

**Thonny** ist eine komplette Python-Shell und Entwicklungsumgebung. Für den Start in die Programmierung sind keine zusätzlichen Komponenten nötig.

1. Python-Programm mit dem Symbol ***Open*** öffnen. Python-Programme werden direkt im Quellcode verarbeitet und haben die Endung ***.py***.
2. Das Symbol ***New*** öffnet ein neues Eingabefenster, sodass Sie direkt ein eigenes Python-Programm schreiben können.
3. Das Symbol ***Run*** oder F5 startet das Programm. Eventuelle Fehler werden in der Python-Shell angezeigt.

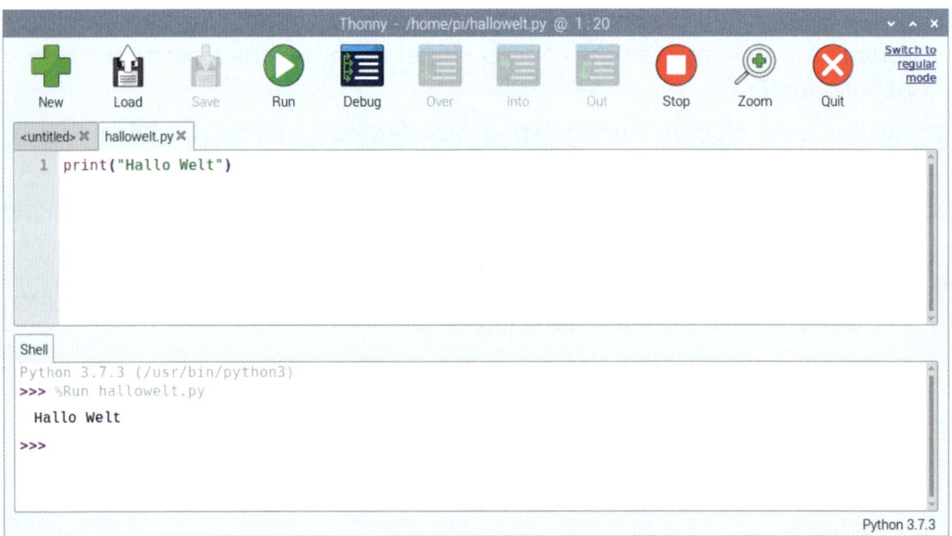

## 179 Python-Programme über die Kommandozeile starten

Um ein Python-Programm zu nutzen, muss nicht unbedingt Thonny aufgerufen werden.

1. `python3 programmname.py` startet das Programm mit dem Python-3.x-Interpreter im Terminalfenster.
2. Python-Programme, die über die Kommandozeile gestartet werden, sollten am Anfang immer folgende Zeile enthalten:

```
#!/usr/bin/python
```

3. Programme, die andere Zeichen als nur den einfachen ASCII-Standard enthalten, beispielsweise deutsche Umlaute, sollten aus Kompatibilitätsgründen am Anfang noch folgende Zeile enthalten:

```
# -*- coding: utf-8 -*-
```

## 180 Kompletten Funktionsumfang der Thonny Python IDE freischalten

Die Thonny Python IDE startet beim ersten Aufruf mit einer sehr simplen Oberfläche und auf Englisch.

1. Oben rechts auf den Link ***Switch to regular mode*** klicken, das Programm beenden und neu starten.
2. Im Menü ***Tools/Options*** wählen.
3. Auf der Registerkarte ***General*** die Sprache ***Deutsch*** wählen. Im Listenfeld ***UI Mode*** kann jederzeit wieder auf die simple Oberfläche zurückgeschaltet werden, was aber nicht zu empfehlen ist.
4. Dialogfeld mit ***OK*** verlassen und Thonny neu starten.

## 181 Klassische Python-IDE nachinstallieren

Die klassische Python-IDE **IDLE** ist nicht mehr im Standardlieferumfang von Raspberry Pi OS enthalten. Sie kann aber aus Kompatibilitätsgründen noch nachinstalliert werden.

1. ***idle3*** über die Softwareverwaltung ***Add/Remove Software*** installieren.

2. *IDLE* erscheint im Menü unter *Entwicklung*.

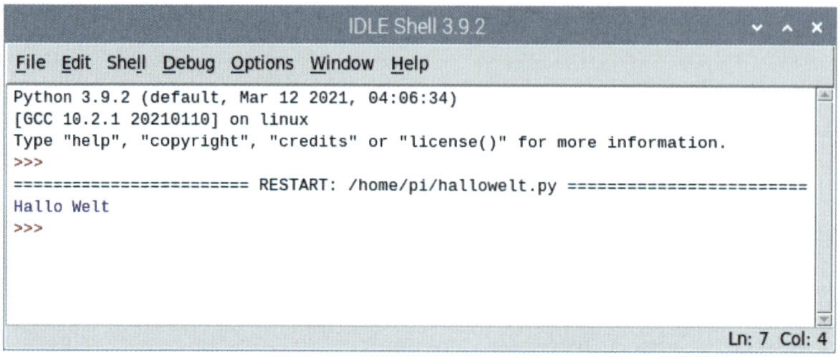


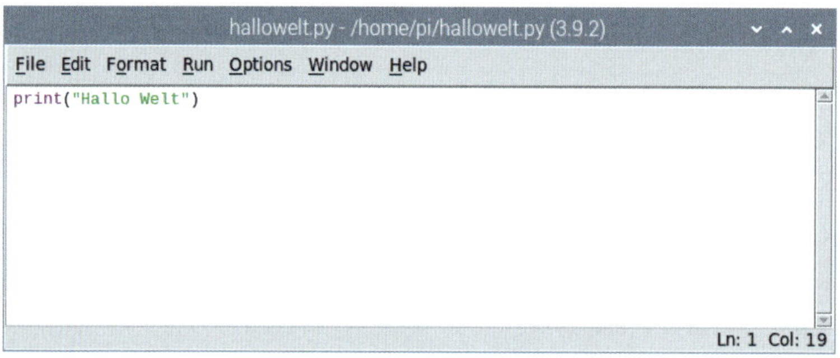


## 182 Python – Ausgabe auf dem Bildschirm

Der Befehl *print* aus Python 2.x wurde in Python 3.x durch die Funktion *print()* ersetzt. Hier zeigt sich der deutlichste Syntax-Unterschied zwischen beiden Versionen.

```
print("Hallo Welt")

name = "Christian"
print(name)

print("Hallo " + name + " wie geht es dir?")
```

**Python-Flashcards**

Die wichtigsten Syntaxelemente der Sprache Python werden auf den folgenden Seiten in Form kleiner »Spickzettel« kurz beschrieben. Diese basieren auf den Python-Flashcards von David Whale. Was es damit genau auf sich hat, ist bei **bit.ly/pythonflashcards3** zu finden. Diese Flashcards erklären nicht die technischen Hintergründe, sondern beschreiben nur anhand ganz kurzer Beispiele die Syntax, also wie etwas gemacht wird.

## 183 Python – Variablen

Python unterscheidet bei Variablen zwei wichtige Typen: ***Number*** und ***String***.

Number-Variablen enthalten Zahlenwerte, mit denen das Programm rechnen kann.

```
sekInMin = 60
minInStd = 60
stdInTag = 24
sekInTag = sekInMin * minInStd * stdInTag
print(sekInTag)
```

String-Variablen enthalten beliebige Zeichenketten und können mit dem +-Operator miteinander verknüpft werden.

```
vorname = "Christian"
nachname = "Immler"
name = vorname + " " + nachname
gruss = "Hallo "
gruss += name
print(gruss)
```

## 184 Python – Eingabe durch den Benutzer

Die Eingabefunktion ***input()*** ermöglicht Benutzereingaben. Diese werden in String-Variablen gespeichert. Um Zahlen einzugeben, müssen die String-Variablen in Zahlenwerte umgewandelt werden. Nach dem Fragezeichen in den Fragen steht immer noch ein Leerzeichen, damit die Eingabe nicht unmittelbar auf das Fragezeichen folgt, sondern – wie in einem deutschen Satz – durch ein Leerzeichen getrennt.

```
name = input("wie ist dein Name? ")
print("Hallo " + name)

alter = int(input("Wie alt bist du? "))
print("nächstes Jahr bist du " + str(alter+1))
```

## 185 Python – Bedingungen mit if

Das Wort ***if*** (englisch für »wenn«) steht für eine Bedingung. Ist sie erfüllt, wird der folgende eingerückte Programmteil ausgeführt.

```
alter=10
if alter > 16:
   print("Du bist fertig mit der Schule")
a=1
```

```
if a==1:
   print("gleich")
if a!=1:
   print("nicht gleich")
if a<1:
   print("kleiner")
if a>1:
   print("größer")
if a<=1:
   print("kleiner oder gleich")
if a>=1:
   print("größer oder gleich")
```

**Einrückungen sind in Python wichtig**

In den meisten Programmiersprachen werden Programmschleifen oder Entscheidungen eingerückt, um den Programmcode übersichtlicher zu gestalten. In Python dienen diese Einrückungen nicht nur der Übersichtlichkeit, sondern sind für die Programmlogik zwingend erforderlich. Dafür braucht man in dieser Sprache keine speziellen Satzzeichen, um Schleifen oder Entscheidungen zu beenden.

Hinter dem Programmteil, der ausgeführt wird, wenn die Bedingung erfüllt ist, kann ein weiterer Block mit dem Schlüsselwort ***else*** stehen. Der darauffolgende Programmteil wird ausgeführt, wenn die Bedingung nicht erfüllt ist.

```
alter=10
if alter>17:
   print("Du darfst Auto fahren")
else:
   print("Du bist nicht alt genug")
```

Gibt es mehr Alternativen als nur richtig und falsch, lassen sich mit dem Wort ***elif*** weitere Bedingungen einfügen. Diese werden nur abgefragt, wenn keine der vorherigen Bedingungen wahr ist. Ist keine der Bedingungen wahr, wird der letzte Programmblock hinter ***else*** ausgeführt.

```
alter=10
if alter<4:
   print("Du bist in der Kinderkrippe")
elif alter<6:
   print("Du bist im Kindergarten")
elif alter<10:
   print("Du bist in der Grundschule")
elif alter<19:
   print("Du bist im Gymnasium")
else:
   print("Du hast die Schule verlassen")
```

## 186 Python – Bedingungen mit and und or verknüpfen

Mehrere Bedingungen lassen sich miteinander verknüpfen. Bei einer Verknüpfung mit ***and*** muss jede einzelne Bedingung erfüllt sein, bei einer Verknüpfung mit ***or*** mindestens eine.

```
a=1
b=2
if a>0 and b>0:
   print("Beide sind nicht null")

if a>0 or b>0:
   print("Mindestens eine ist nicht null")
```

## 187 Python – Schleifen mit for

Schleifen mit ***for*** arbeiten eine bestimmte Anzahl von Durchläufen ab. Dabei kann auch ein Wertebereich oder eine Zeichenfolge angegeben werden. Die Schleife wird dann für jedes Zeichen der Zeichenfolge einmal ausgeführt.

```
total=20
for n in range(total):
   print(n)

for n in range(1,20):
   print(n)

name="Fred"
for ch in name:
   print(ch)
```

## 188 Python – Schleifen mit while

Schleifen mit ***while*** werden so lange ausgeführt, wie die Bedingung erfüllt ist.

```
# Bohnen auf einem Schachbrett
# lege 1 Bohne auf das erste Feld
# lege 2 Bohnen auf das zweite Feld
# lege 4 Bohnen auf das dritte Feld
# wie lange, bis es 1000 Bohnen sind?
felder=0
bohnen=1
total=0
```

```
while total<1000:
   total += bohnen
   bohnen *= 2
   felder += 1
print("es dauert " + str(felder))
```

Die Zeilen, die mit einem # beginnen, sind Kommentare zur Verständlichkeit des Programms. Diese Zeilen werden vom Python-Interpreter nicht beachtet.

## 189 Python – Funktionen

Soll ein bestimmter Programmteil mehrfach und von verschiedenen Stellen im Programm aufgerufen werden, definiert man eine Funktion, anstatt den Programmtext immer wieder zu kopieren.

```
def meinname():
   print("Mein Name ist Christian")

meinname()
```

## 190 Python – Funktionen mit Parametern

Definiert man mit einer Funktion einen oder mehrere Parameter, liefert die Funktion je nach den übergebenen Parametern verschiedene Ergebnisse.

```
def zeigename(name):
   print("Mein Name ist " + name)

def info(name, alter):
   print("Mein Name ist " + name)
   print("Mein Alter ist " + str(alter))

zeigename("Christian")
zeigename("Lina")

info("Christian", 20)
info("Lina", 6)
```

## 191 Python – Funktionen mit Rückgabewert

Eine Funktion kann einen Wert zurückgeben, der mit ***return*** definiert wird. Der aufrufende Programmteil kann anschließend mit dem Rückgabewert der Funktion weiterrechnen.

```
def quadrat(n):
   return n*n

print(quadrat(5))
print(quadrat(10))

a=100
print(quadrat(a))
print(quadrat(a+10))

b=quadrat(a)
print(b)
```

## 192 Boolesche Wahr- und Falsch-Werte

Kann ein Wert nur den Zustand »wahr« (*True*) oder »falsch« (*False*) annehmen, kann dies als boolescher Wert gespeichert und ganz einfach abgefragt werden. Es ist kein Umweg über Zahlen, wie zum Beispiel 1 oder 0 nötig.

```
noch mal = True
while noch mal:
    print("Hallo")

    antwort = input("Noch mal spielen?")
    if antwort != "Ja" and antwort != "ja":
        noch mal = False

    print("denke...")
    if noch mal:
        print("Noch eine Runde")
```

## 193 Einfaches Programmierbeispiel: 99 Bottles of Beer

Immer nur »Hallo Welt« bei der Erfindung einer neuen Programmiersprache ist langweilig geworden. ***99 Bottles of Beer*** heißt die neue Herausforderung für Entwickler von Programmiersprachen.

Hier geht es darum, ein bekanntes englisches Trinklied, dessen Strophen sich weitgehend wiederholen, mithilfe eines Programms automatisiert auszugeben.

Interessant sind erst die letzten drei Strophen, wenn zunächst aus dem Plural ***bottles*** der Singular ***bottle*** und danach ***no more*** wird.

```
99 bottles of beer on the wall, 99 bottles of beer.
Take one down and pass it around, 98 bottles of beer on the wall.

98 bottles of beer on the wall, 98 bottles of beer.
Take one down and pass it around, 97 bottles of beer on the wall.

97 bottles of beer on the wall, 97 bottles of beer.
Take one down and pass it around, 96 bottles of beer on the wall.

...

3 bottles of beer on the wall, 3 bottles of beer.
Take one down and pass it around, 2 bottles of beer on the wall.

2 bottles of beer on the wall, 2 bottles of beer.
Take one down and pass it around, 1 bottle of beer on the wall.

1 bottle of beer on the wall, 1 bottle of beer.
Take one down and pass it around, no more on the wall.

No more bottles of beer on the wall, no more bottles of beer.
Go to the store and buy some more, 99 bottles of beer on the wall.
```

Die Webseite **www.99-bottles-of-beer.net** hat Programme in etwa 1.500 Programmiersprachen und Varianten gesammelt, die alle diesen Liedtext ausgeben. In Thonny mit dem Symbol ***Öffnen*** das Programm ***99-bottles-of-beer.py*** öffnen:

```
#!/usr/bin/python
for zahl in range(99, 0, -1):
  if zahl > 1:
    print(zahl, "bottles of beer on the wall,", zahl, "bottles of
beer.")
    if zahl > 2:
      bottles = str(zahl - 1) + " bottles of"
    else:
      bottles = "1 bottle of"
  else:
    print("1 bottle of beer on the wall, 1 bottle of beer.")
    bottles = "no more"
  print("Take one down, pass it around,", bottles, "beer on the
wall.\n")
print("No more bottles of beer on the wall, no more bottles of beer.")
print("Go to the store and buy some more. 99 bottles of beer on the
wall.")
```

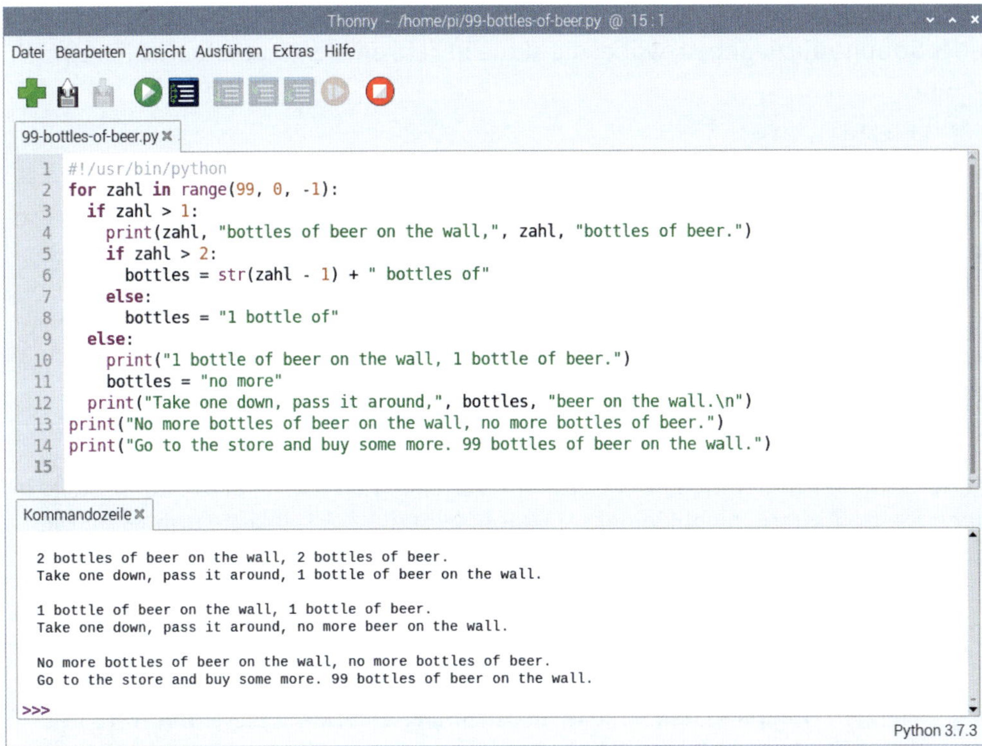


## So funktioniert es:

```
#!/usr/bin/python
```

Python-Programme, die über die Kommandozeile gestartet werden, müssen am Anfang immer obige Zeile enthalten. Bei Programmen, die nur über die Python-Shell gestartet werden, ist das nicht nötig. Aus Gründen der Kompatibilität sollte diese Zeile immer enthalten sein.

```
for zahl in range(99, 0, -1):
```

Die Hauptschleife des Programms ist eine ***for***-Schleife, die 99-mal abläuft. Jede ***for***-Schleife hat drei Parameter:

- Startwert des Schleifenzählers.
- Erster Wert, der nicht mehr erreicht wird.
- Wert, um den der Schleifenzähler in jedem Schleifendurchlauf verändert wird.

```
  if zahl > 1:
    print(zahl, "bottles of beer on the wall,", zahl, "bottles of beer.")
```

Ist der Schleifenzähler größer als 1, also mindestens 2, wird die typische erste Zeile jeder Strophe ausgegeben, wobei die aktuelle Zahl an Bieren zweimal im Text vorkommt.

```
if zahl > 2:
  bottles = str(zahl - 1) + " bottles of"
```

In diesem Fall wird jetzt noch geprüft, ob der Schleifenzähler auch größer als 2, also mindestens 3 ist. In dem Fall wird die Zahl um 1 verringert und daraus ein Text erstellt, der später in die zweite Textzeile der Strophe eingebaut wird. Diese Zeichenfolge beginnt mit einer Zahl und endet auf *" **bottles of**"*. Sie wird in der Zeichenkettenvariablen ***bottles*** gespeichert.

```
else:
  bottles = "1 bottle of"
```

Ist der Schleifenzähler nicht mehr größer als 2, also genau 2, da er an dieser Stelle in der äußeren Abfrage nicht kleiner sein kann, wird die Zeichenkette ***bottles*** für die zweite Zeile auf *"**1 bottle of**"* gesetzt.

```
else:
  print("1 bottle of beer on the wall, 1 bottle of beer.")
  bottles = "no more"
```

Hat im letzten Durchlauf der Schleife die Anzahl verbliebener Biere den Wert 1 erreicht, werden die Anweisungen hinter ***else:*** ausgeführt. Die erste Textzeile lautet jetzt anders, da das Wort ***bottles*** durch ***bottle*** ersetzt werden muss. Die Zeichenkette ***bottles*** für die zweite Zeile wird auf *"**no more**"* gesetzt.

```
  print("Take one down, pass it around,", bottles, "beer on the
wall.\n")
```

In beiden Fällen wird jetzt die zweite Zeile der Strophe ausgegeben. Sie enthält, eingebettet in einen Standardtext, die Variable ***bottles*** mit der Zahl der übrigen Biere. Die Zeichenfolge *"**\n**"* ganz am Ende fügt den zusätzlichen Zeilenumbruch für die Leerzeile zwischen zwei Strophen hinzu.

```
print("No more bottles of beer on the wall, no more bottles of beer.")
print("Go to the store and buy some more. 99 bottles of beer on the
wall.")
```

Nach dem Ende der Schleife, wenn die Anzahl verbliebener Biere den Wert 0 erreicht hat, wird die letzte Strophe ausgegeben. Die beiden Anweisungen sind hier wieder komplett ausgerückt, da sie nicht mehr innerhalb der Schleife ausgeführt werden sollen.

## 194 Farbige Texte im Terminalfenster

Wichtige Informationen sollten in Programmausgaben farbig hervorgehoben werden, damit sie auch wirklich auffallen. Sogenannte Escape-Sequenzen, spezielle Zeichenkombinationen, die die Textausgabe verändern, ermöglichen farbige Texte in Terminalfenstern wie auch im Ausgabefeld der Thonny Python IDE.

Escape-Sequenzen beginnen immer mit dem Escape-Zeichen, das über die Zeichenfolge ***\033[*** bezeichnet wird. Sie enden stets mit dem Buchstaben ***m***. Dazwischen können mehrere Zahlen stehen, die die Textauszeichnungen festlegen. Dabei stehen acht verschiedene Grundfarben aus den Anfängen der Computertechnik sowie ein paar Textstile, wie fett, blinkend etc., zur Verfügung.

| Farbe | Escape-Sequenz für die Textfarbe | Escape-Sequenz für die Hintergrundfarbe |
|---|---|---|
| Schwarz | 30 | 40 |
| Rot | 31 | 41 |
| Grün | 32 | 42 |
| Gelb | 33 | 43 |
| Blau | 34 | 44 |
| Magenta | 35 | 45 |
| Cyan | 36 | 46 |
| Weiß | 37 | 47 |

*Escape-Sequenzen für Textfarben*

| Textstil | Escape-Sequenz | Textstil | Escape-Sequenz |
|---|---|---|---|
| Normal | 0 | Unterstrichen | 4 |
| Fett | 1 | Blinkend | 5 |
| Schwach | 2 | Invers | 7 |
| Kursiv | 3 | | |

*Escape-Sequenzen für Textstile (nicht alle werden vom Raspberry Pi unterstützt)*

Zur besseren Übersicht definiert man Variablen, die dann verwendet werden, am Programmanfang (***farben.py***).

```
#!/usr/bin/python
n = "\033[0m"
b = "\033[1;34m"
r = "\033[1;31m"

print("Ein " + b + "blaues" + n + " und ein " + r + "rotes" + n + " Wort")
```

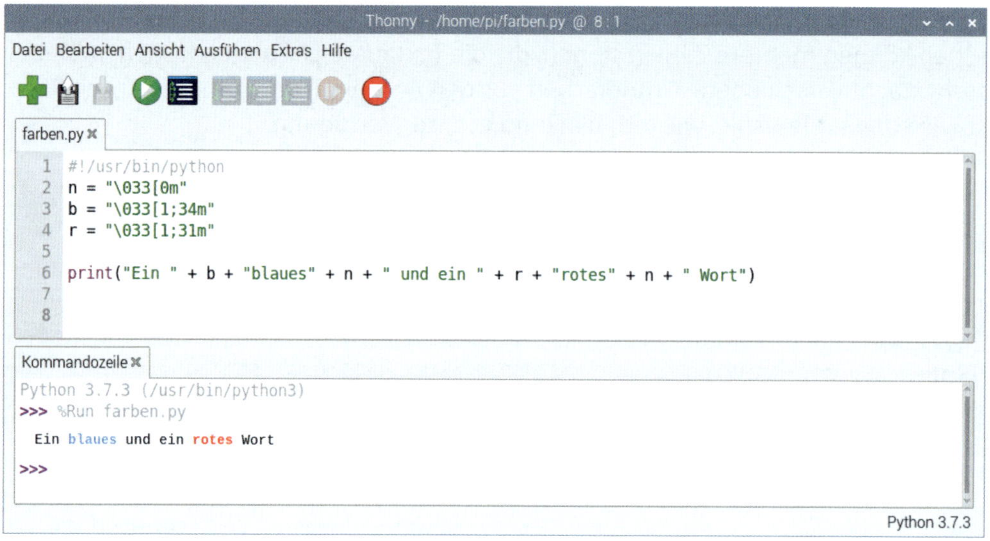


## 195 Uhrzeiten in Python verarbeiten

Die Python-Bibliothek ***time*** liefert Funktionen zum Rechnen mit Datums- und Uhrzeitangaben. Die Funktion ***time.localtime()*** liefert das aktuelle Datum und die Uhrzeit abhängig von der eingestellten Zeitzone.

```
zeit = time.localtime()
```

Das Ergebnis ist eine Datenstruktur, die aus verschiedenen Einzelwerten besteht.

```
jahr       = zeit.tm_year
monat      = zeit.tm_mon
tag        = zeit.tm_mday
stunde     = zeit.tm_hour
minute     = zeit.tm_min
sekunde    = zeit.tm_sec
wochentag  = zeit.tm_wday
jahrestag  = zeit.tm_yday
sommerzeit = zeit.tm_isdst
```

- Der Wochentag wird als Ziffer zwischen ***0*** (Montag) und ***6*** (Sonntag) angegeben.
- Der Jahrestag bezeichnet die Nummer des Tages im laufenden Jahr zwischen ***1*** und ***365*** bzw. ***366*** in Schaltjahren.
- Der Wert ***tm_isdst*** gibt an, ob in der aktuell eingestellten Zeitzone gerade die Sommerzeit gilt.

Die Funktion ***time.asctime()*** liefert einen Zeitstring, der Datum und Uhrzeit einschließlich Wochentag im englischen Klartext enthält. Das Programm ***zeit.py*** zeigt die aktuellen Daten an.

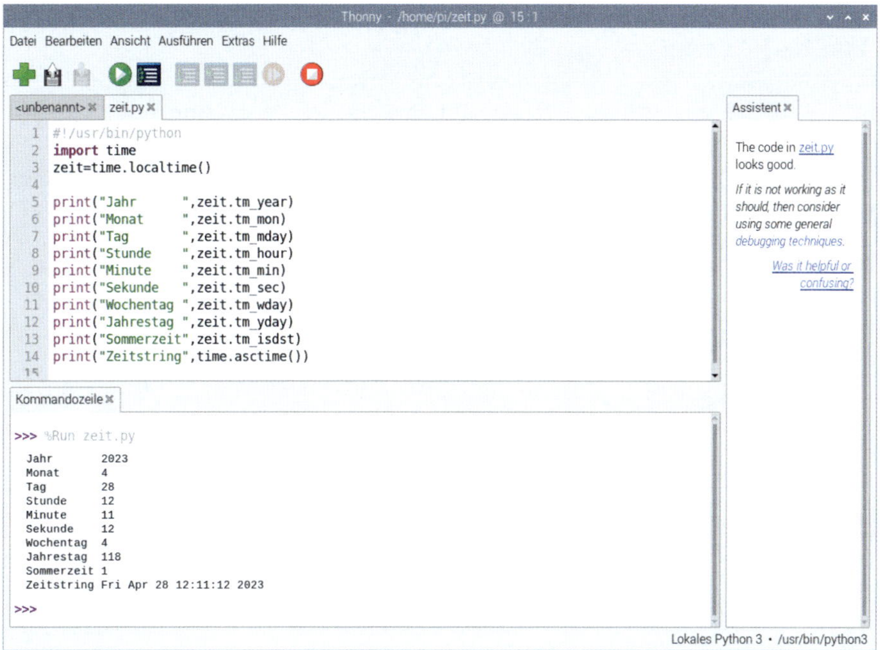


## 196 Analoguhr mit Pygame programmieren

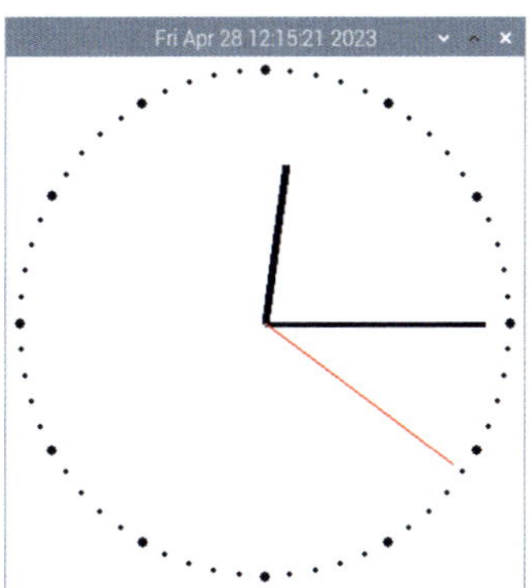


Die Bibliothek ***pygame*** liefert vordefinierte Funktionen und Objekte zur Grafikdarstellung und Spieleprogrammierung. Damit braucht man nicht mehr alles von Grund auf neu zu erfinden.

Das Programm ***uhr01.py*** stellt die abgebildete Analoguhr auf dem Bildschirm dar. Um den Mittelpunkt des runden Zifferblatts laufen drei Uhrzeiger, die die Stunde, die Minute und die Sekunde anzeigen. Oben im Fenstertitel läuft zudem noch eine digitale Zeitanzeige mit.

```
#!/usr/bin/python
import pygame, time
from pygame.locals import *
from math import sin, cos, radians
pygame.init()

ROT = (255, 0, 0)
WEISS = (255, 255, 255)
SCHWARZ = (0, 0, 0)

FELD = pygame.display.set_mode((400, 400))
FELD.fill(WEISS)
MX = 200
MY = 200
MP = ((MX, MY))

def punkt(A, W):
    w1 = radians(W * 6 - 90)
    x1 = int(MX + A * cos(w1))
    y1 = int(MY + A * sin(w1))
    return((x1, y1))

for i in range(60):
    pygame.draw.circle(FELD, SCHWARZ, punkt(190, i), 2)

for i in range(12):
    pygame.draw.circle(FELD, SCHWARZ, punkt(190, i * 5), 4)

mainloop = True
s1 = 0

while mainloop:
    zeit = time.localtime()
    s = zeit.tm_sec
    m = zeit.tm_min
    h = zeit.tm_hour
    if h > 12:
        h = h - 12
    hm = (h + m / 60.0) * 5
    if s1 <> s:
        pygame.draw.circle(FELD, WEISS, MP, 182)
        pygame.draw.line(FELD, SCHWARZ, MP, punkt(120, hm), 6)
        pygame.draw.line(FELD, SCHWARZ, MP, punkt(170, m), 4)
        pygame.draw.line(FELD, ROT, MP, punkt(180, s), 2)
        s1 = s
        pygame.display.set_caption(time.asctime())
```

```
        pygame.display.update()
        for event in pygame.event.get():
            if event.type == QUIT or (event.type == KEYUP and
event.key == K_ESCAPE):
                mainloop = False

pygame.quit()
```

**So funktioniert es:**

Am Anfang werden die Bibliotheken ***time*** für die Zeitsteuerung und ***pygame*** für die Grafikdarstellung sowie einfache trigonometrische Winkelfunktionen aus der ***math***-Bibliothek importiert:

```
import pygame, time
from pygame.locals import *
from math import sin, cos, radians
```

Bevor Pygame in einem Programm verwendet werden kann, muss es initialisiert werden:

```
pygame.init()
```

Die drei in der Grafik verwendeten Farben werden in drei Variablen gespeichert.

```
ROT = (255, 0, 0)
WEISS = (255, 255, 255)
SCHWARZ = (0, 0, 0)
```

Ein 400 x 400 Pixel großes Fenster wird geöffnet und komplett mit Weiß gefüllt.

```
FELD = pygame.display.set_mode((400, 400))
FELD.fill(WEISS)
```

Drei Variablen legen die Koordinaten des Mittelpunkts fest, auf den bezogen alle weiteren grafischen Elemente, das Zifferblatt und der Uhrzeiger ausgerichtet werden. Die Variablen ***MX*** und ***MY*** enthalten die x- und y-Koordinaten des Mittelpunkts, die Variable ***MP*** den Mittelpunkt als Punkt, wie er für grafische Funktionen verwendet wird.

```
MX = 200
MY = 200
MP = ((MX, MY))
```

Als Nächstes folgt die Definition einer wichtigen Funktion, die anhand des Abstands zum Mittelpunkt und eines Winkels Punkte im Koordinatensystem berechnet. Diese Funktion wird für die Darstellung sowohl des Zifferblatts als auch der Uhrzeiger mehrfach im Programm aufgerufen.

```
def punkt(A, W):
    w1 = radians(W * 6 - 90)
    x1 = int(MX + A * cos(w1))
    y1 = int(MY + A * sin(w1))
    return((x1, y1))
```

Die Funktion verwendet zwei Parameter: ***A*** ist der Abstand des gewünschten Punkts vom Mittelpunkt, ***W*** der Winkel bezogen auf den Mittelpunkt. Um die Darstellung im Fall der Uhr zu vereinfachen, nehmen wir den Winkel im Uhrzeigersinn bezogen auf die senkrechte 12-Uhr-Richtung an. Der Winkel wird auch nicht in Grad, sondern in Minuten, 1/60 eines Vollkreises, an die Funktion übergeben. Solche Annahmen sparen viele Zwischenberechnungen.

**Winkelberechnung im Bogenmaß**

Python rechnet wie die meisten Programmiersprachen Winkeleinheiten in Bogenmaß und nicht in Grad. Die Funktion ***radian()*** aus der ***math***-Bibliothek rechnet Grad in Bogenmaß um. Dazu wird die im Programm verwendete Winkelangabe in Minuten mit 6 multipliziert, um auf Grad zu kommen, und anschließend wird 90 Grad subtrahiert, damit die 0-Richtung senkrecht nach oben zeigt, wie die Minute 0 jeder Stunde. Dieser Winkel umgerechnet in Bogenmaß wird für weitere Berechnungen innerhalb der Funktion in der Variablen ***w1*** gespeichert.

Die Anzeige einer Analoguhr basiert auf den Winkelfunktionen Sinus und Cosinus. Damit werden aus dem Winkel eines Punkts im Bogenmaß gegenüber dem Mittelpunkt (***w1***) dessen Koordinaten im rechtwinkligen Koordinatensystem (***x1*** und ***y1***) ermittelt. Die Koordinaten des Mittelpunkts werden aus den Variablen ***MX*** und ***MY*** übernommen, die außerhalb der Funktion definiert wurden und global gelten. Der Abstand des Punkts vom Mittelpunkt wird über den Parameter ***A*** der Funktion übergeben. Die Funktion ***int()*** ermittelt aus dem Ergebnis den Integer-Wert (Ganzzahl), da Pixelkoordinaten nur als Integer angegeben werden können.

Der Rückgabewert der Funktion ist ein geometrischer Punkt mit den errechneten Koordinaten ***x1*** und ***y1***, der wie alle Punkte in doppelte Klammern gesetzt wird.

Nach der Definition dieser Funktion wird das Zifferblatt gezeichnet. Eine Schleife zeichnet nacheinander die ***60*** Minutenpunkte auf einem Kreis. Alle Punkte werden mit der Funktion ***punkt()*** ermittelt. Sie haben den gleichen Abstand vom Mittelpunkt, der mit ***190*** Pixeln in den vier Quadranten noch genau 10 Pixel vom Fensterrand entfernt ist. Die Punkte haben einen Radius von ***2*** Pixeln.

```
for i in range(60):
    pygame.draw.circle(FELD, SCHWARZ, punkt(190, i), 2)
```

Eine zweite Schleife zeichnet ***12*** größere Kreise, die die Stunden auf dem Zifferblatt markieren. Diese haben einen Radius von ***4*** Pixeln, werden einfach über die vorhandenen Kreise gezeichnet und überdecken diese vollständig. Die Stundensymbole folgen im Winkelabstand von fünf Minuteneinheiten aufeinander, was man durch die Multiplikation mit ***5*** in der Winkelangabe, die an die Funktion übergeben wird, erreicht.

```
for i in range(12):
    pygame.draw.circle(FELD, SCHWARZ, punkt(190, i * 5), 4)
```

Bevor die Hauptschleife des Programms startet, werden noch zwei Hilfsvariablen definiert, die im folgenden Verlauf benötigt werden. ***mainloop*** gibt an, ob die Schleife weiterlaufen soll oder der Benutzer das Programm beenden möchte. ***s1*** speichert die zuletzt angezeigte Sekunde.

```
mainloop = True
s1 = 0
```

Jetzt startet die Hauptschleife des Programms, die in jedem Durchlauf, unabhängig davon, wie lange er dauert, die aktuelle Zeit in das Objekt ***zeit*** schreibt. Dazu wird die Funktion ***time.localtime()*** aus der ***time***-Bibliothek verwendet.

```
while mainloop:
    zeit = time.localtime()
```

Die drei für die Uhrzeiger relevanten Werte – Sekunden, Minuten und Stunden – werden aus der Struktur in die drei Variablen ***s***, ***m*** und ***h*** geschrieben.

```
    s = zeit.tm_sec
    m = zeit.tm_min
    h = zeit.tm_hour
```

Analoguhren zeigen nur zwölf Stunden an. Die Funktion ***time.localtime()*** liefert alle Zeitangaben im 24-Stunden-Format. Bei Zeitangaben am Nachmittag werden ***12*** Stunden subtrahiert.

```
    if h > 12:
        h = h - 12
```

Die Variable ***hm*** speichert den Winkel des Stundenzeigers in Minuteneinheiten, wie sie im gesamten Programm verwendet werden. Dazu wird zur aktuellen Stunde 1/60 des Minutenwerts addiert. In jeder Minute bewegt sich der Stundenzeiger um 1/60 einer Stunde weiter. Der errechnete Wert wird mit ***5*** multipliziert, da der Stundenzeiger in einer Stunde fünf Minuteneinheiten auf dem Zifferblatt vorrückt.

```
    hm = (h + m / 60.0) * 5
```

**Zeitdarstellung bei Analoguhren**

Je nach verwendeter Mechanik gibt es zwei unterschiedliche Anzeigen bei Analoguhren. Bei echten analog laufenden Uhren führt der Minutenzeiger eine gleichförmige Kreisbewegung aus, bei digital gesteuerten Uhren, etwa Bahnhofsuhren, springt er zur vollen Minute um eine ganze Minute weiter. Letzteres Verfahren hat den Vorteil, dass die Uhrzeit besser auf einen Blick minutengenau abgelesen werden kann. Bruchteile von Minuten sind im Alltag normalerweise nicht wichtig. Der Stundenzeiger muss aber trotzdem eine gleichförmige Kreisbewegung ausführen. Hier wäre es sehr befremdlich und unübersichtlich, würde er jede volle Stunde um 30 Grad (eine volle Stunde) weiterspringen.

Die Dauer eines Schleifendurchlaufs im Programm ist nicht bekannt. Für die Analoguhr bedeutet dies, dass die Grafik nicht bei jedem Schleifendurchlauf aktualisiert werden muss, sondern nur, wenn die aktuelle Sekunde eine andere ist als die zuletzt gezeichnete. Dazu wird später im Programm die gezeichnete Sekunde in der Variablen ***s1*** gespeichert, die aktuelle Sekunde steht immer in der Variablen ***s***.

```
if s1 <> s:
```

Wenn sich die Sekunde gegenüber der zuletzt gezeichneten verändert hat, wird mit den nun folgenden Anweisungen die Grafik der Uhr aktualisiert. Hat sie sich nicht verändert, braucht die Grafik nicht aktualisiert zu werden, und die Schleife startet von Neuem mit einer weiteren Abfrage der aktuellen Systemzeit.

Als Erstes wird eine weiße Kreisfläche gezeichnet, die die Uhrzeiger restlos überdeckt. Der Radius ist mit 182 Pixeln etwas größer als der längste Zeiger, damit keine Reste davon stehen bleiben. Einen vollflächigen Kreis zu zeichnen, ist deutlich einfacher, als den zuletzt gezeichneten Zeiger wieder pixelgenau zu übermalen.

```
pygame.draw.circle(FELD, WEISS, MP, 182)
```

Die Funktion ***pygame.draw.line()*** zeichnet den Stundenzeiger als Linie mit einer Breite von ***6*** Pixeln vom Mittelpunkt aus ***120*** Pixel lang im Winkel, der durch die Variable ***hm*** angegeben wird. Die gleiche Funktion zeichnet auch die anderen beiden Zeiger der Uhr.

```
pygame.draw.line(FELD, SCHWARZ, MP, punkt(120, hm), 6)
pygame.draw.line(FELD, SCHWARZ, MP, punkt(170, m), 4)
pygame.draw.line(FELD, ROT, MP, punkt(180, s), 2)
```

Jetzt wird die gerade dargestellte Sekunde in der Variablen ***s1*** gespeichert, um diesen Wert in den nächsten Schleifendurchläufen mit der aktuellen Sekunde zu vergleichen.

```
s1 = s
```

Die Funktion *pygame.display.set_caption()* schreibt die aktuelle Uhrzeit in digitaler Form in den Fenstertitel. Dazu wird die Funktion *time.asctime()* aus der *time*-Bibliothek verwendet, die die Zeitangabe als fertig formatierte Zeichenkette liefert.

```
        pygame.display.set_caption(time.asctime())
```

Bisher wurden alle Grafikelemente nur virtuell gezeichnet. Erst *pygame.display.update()* baut die Grafikanzeige wirklich neu auf. Die Aktualisierung erfolgt gleichzeitig. Daher ist beim Zeichnen der einzelnen Zeiger nacheinander auch keinerlei Flackern zu sehen.

```
        pygame.display.update()
```

Immer noch innerhalb der *if*-Abfrage, also auch nur einmal in der Sekunde, erfolgt die relativ leistungshungrige Abfrage eventueller Systemereignisse, mit der festgestellt wird, ob der Nutzer innerhalb der letzten Sekunde das Uhrenfenster schließen wollte oder die Esc-Taste gedrückt hat. Ist das der Fall, wird die Variable *mainloop* auf *False* gesetzt, und damit wird die Schleife kein weiteres Mal gestartet.

```
        for event in pygame.event.get():
            if event.type == QUIT or (event.type == KEYUP and event.
key == K_ESCAPE):
                mainloop = False
```

Die letzte Zeile beendet zunächst das Pygame-Modul. Dies schließt auch das grafische Fenster und danach das ganze Programm.

```
pygame.quit()
```

## 197 Zusätzliche Python-Pakete nachinstallieren

Der **Python Package Index PyPi** (pypi.python.org) bietet Entwicklern die Möglichkeit, eigene Funktionspakete für Python anzubieten.

Python-Pakete werden nicht in der Thonny Python IDE installiert, sondern im Terminalfenster:

```
pip3 install Paketname
```

## 198 Programmieren in Scratch 3

**Scratch** ist eine grafische Programmiersprache, bei der Programme aus Blöcken zusammengesetzt werden, anstatt den Programmcode selbst zu schreiben. In einem ersten ganz einfachen Skript soll die Katze, die Scratch-Symbolfigur, einmal im Kreis laufen und dabei ihre Farbe verändern.

1. Scratch 3 über das Menü ***Entwicklung*** starten.

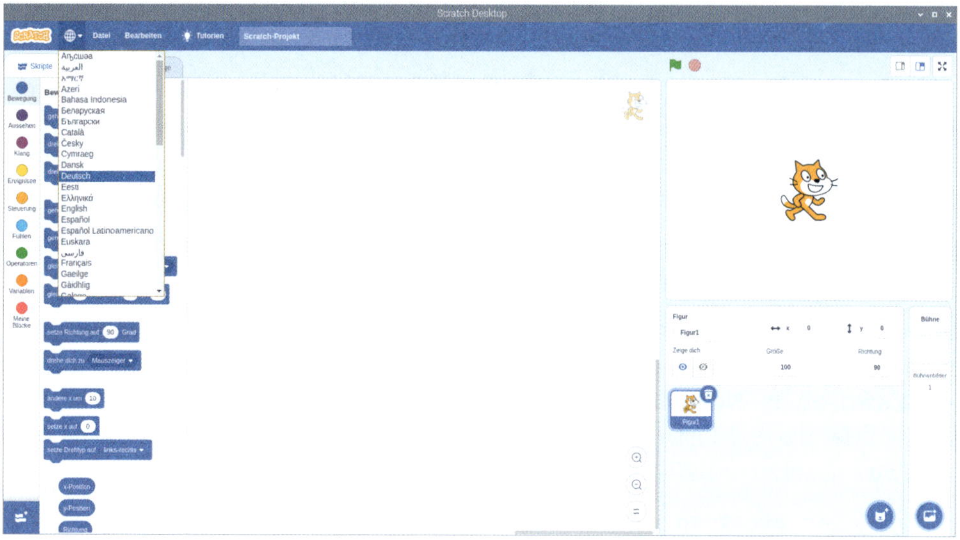

2. Scratch 3 auf Deutsch umschalten, falls nicht automatisch erkannt: oben links auf die Weltkugel klicken und die gewünschte Sprache auswählen.
3. Im Figurenfenster unten rechts auf die Katze ***Figur1*** klicken, wenn sie nicht bereits hervorgehoben ist. Alle Befehle im Skriptfenster beziehen sich dann auf diese Figur.
4. In der Blockpalette links außen auf das gelbe Symbol ***Ereignisse*** klicken. Damit werden die Blöcke angezeigt, die auf Ereignisse reagieren.

5. Den abgebildeten Block ***Wenn grünes Fähnchen angeklickt wird*** aus der Blockpalette in das Skriptfenster ziehen. Der Block bewirkt, dass die folgenden Skriptblöcke ausgeführt werden, wenn der Benutzer auf das grüne Fähnchen rechts oben klickt.

6. In der Blockpalette links außen auf das orangefarbene Symbol ***Steuerung*** klicken.

7. Die Bewegung wird aus einzelnen Gehen- und Drehen-Schritten zusammengesetzt. Diese werden so oft wiederholt, bis die Katze einen kompletten Kreis gegangen ist. Für die Wiederholungsschleife den abgebildeten Block ***wiederhole ... mal*** in das Skriptfenster ziehen und unten an den dort bereits vorhandenen Block andocken.

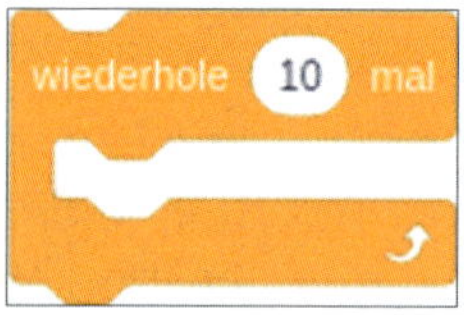

8. In jedem Bewegungsschritt soll sich die Katze um 15 Grad drehen. Dabei dreht sie sich in 24 Schritten genau einmal. Dazu im weißen Zahlenfeld des ***Wiederhole***-Blocks ***24*** eintragen.

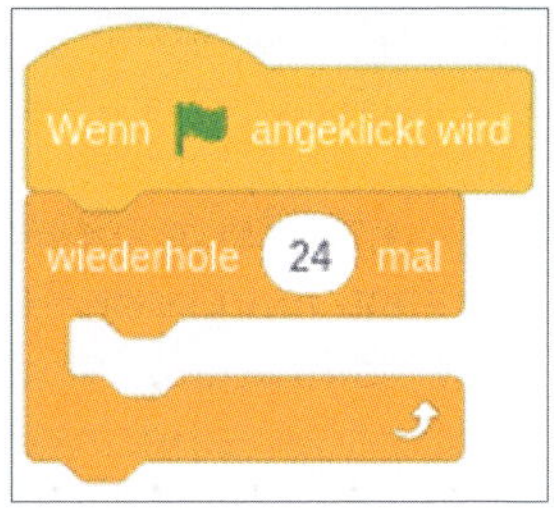


9. In der Blockpalette auf das blaue Symbol ***Bewegung*** klicken.

10. Den abgebildeten Block ***gehe … er Schritt*** in das Skriptfenster ziehen und innerhalb der Schleife andocken. Schrittweite auf ***20*** ändern.

11. Den Block für die Drehbewegung gegen den Uhrzeigersinn in das Skriptfenster innerhalb der Schleife unter die ***gehe***-Bewegung ziehen.

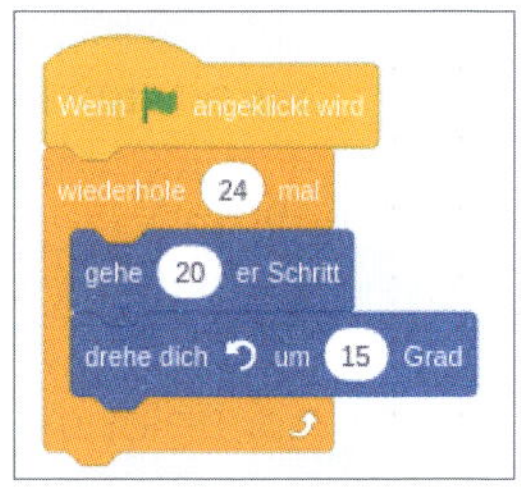


12. In der Blockpalette auf das violette Symbol ***Aussehen*** klicken.

13. Den abgebildeten Block ***ändere Effekt Farbe um …*** in das Skriptfenster ziehen und innerhalb der Schleife unterhalb der Bewegungen andocken.

14. Oberhalb der Scratch-Bühne auf das grüne Fähnchen klicken. Die Katze läuft im Kreis und ändert dabei zyklisch ihre Farbe. Am Ende der 24 Wiederholungen steht die Katze wieder an ihrer ursprünglichen Position und hat auch wieder ihre ursprüngliche Farbe.

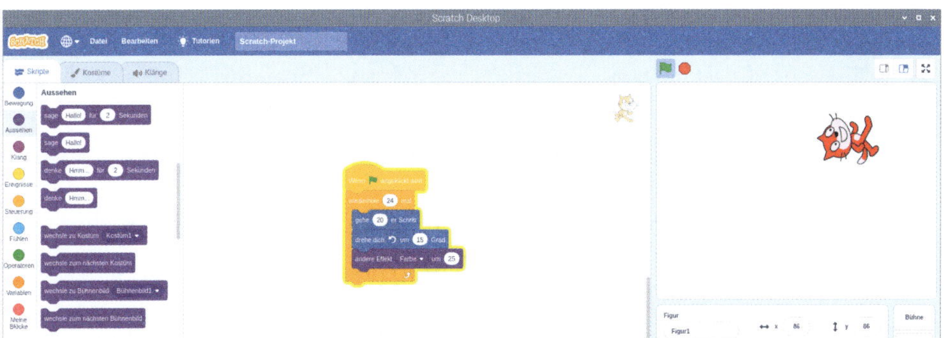

## 199 Kultspiel Flappy Bird in Scratch 3 nachbauen

**Flappy Bird** war vor einigen Jahren das Kultspiel. Leider hat der Entwickler das Spiel am 09. Februar 2014 kommentarlos aus allen App Stores entfernt. Seitdem haben zahlreiche Entwickler das Spiel für verschiedenste Computer-Plattformen, Smartphones und Spielkonsolen nachgebaut.

**Die Spielregeln**

Der kleine Vogel Flappy Bird muss zwischen Rohren hindurchfliegen, die ihm zufällig entgegenkommen. Dabei steigt er mithilfe einer Taste in den Himmel auf und segelt dann wieder langsam herunter. Jedes Mal, wenn er zwischen zwei Rohren hindurchfliegt, gibt es einen Punkt. Stößt er jedoch gegen ein Rohr oder berührt den Erdboden, ist das Spiel zu Ende.

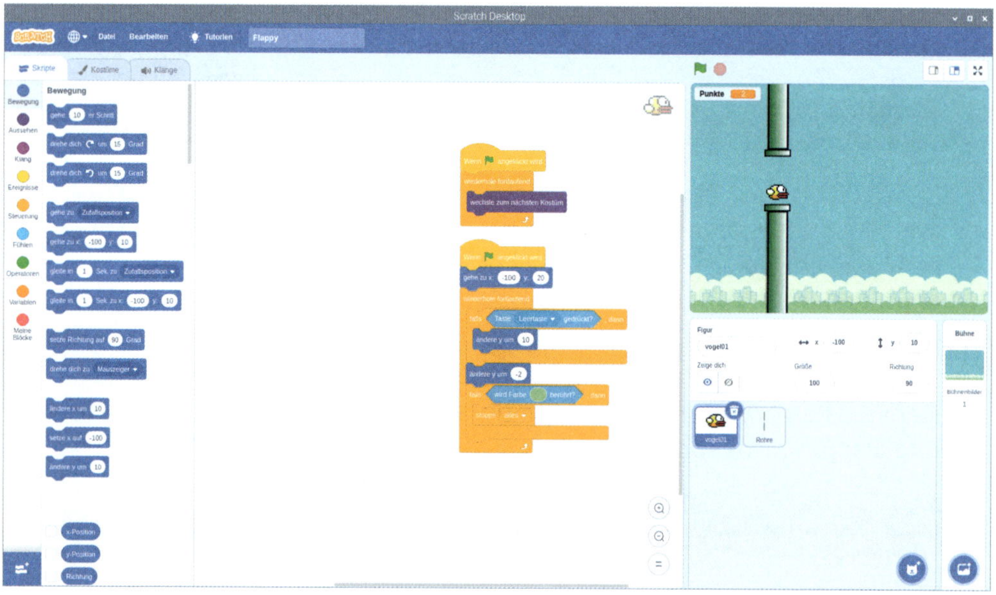

1. Mit ***Datei/Neu*** ein neues Programm anlegen, mit der Maus rechts unten auf das Symbol ***Bühnenbild*** fahren und in der eingeblendeten Symbolleiste auf das Symbol ***Bühnenbild hochladen*** klicken. Das Hintergrundbild ***flappy-bird-buehne.tif***, das dem Hintergrund des Originalspiels sehr ähnlich sieht, aus den Downloads laden.
2. Mit der Maus rechts unten in der Figurenpalette auf das Symbol ***Figur*** fahren und in der eingeblendeten Symbolleiste auf das Symbol ***Figur hochladen*** klicken. Den Vogel ***vogel01.tif*** aus den Downloads laden. Anschließend die Katze in der Figurenliste mit einem Rechtsklick löschen.

3. Scratch-Figuren können über sogenannte Kostüme jederzeit ihr Aussehen verändern. Damit der Vogel beim Fliegen mit den Flügeln schlagen kann, bekommt er noch ein zweites Kostüm. Vogel in der Figurenliste auswählen und ganz oben links auf die Registerkarte ***Kostüme*** umschalten. Mit der rechten Maustaste auf das Kostüm klicken und im Menü ***Duplizieren*** wählen.
4. Mit dem ***Auswählen***-Werkzeug im duplizierten Kostüm den Flügel auswählen und um zwei Rastereinheiten nach unten schieben. Danach mit dem ***Pinsel***-Werkzeug die fehlenden Grafikteile nachmalen.

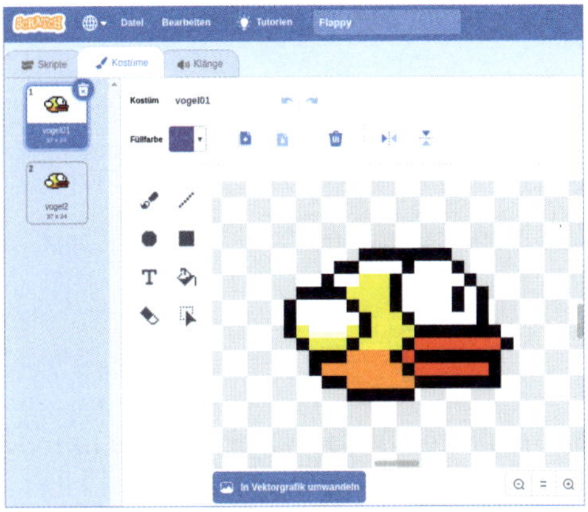


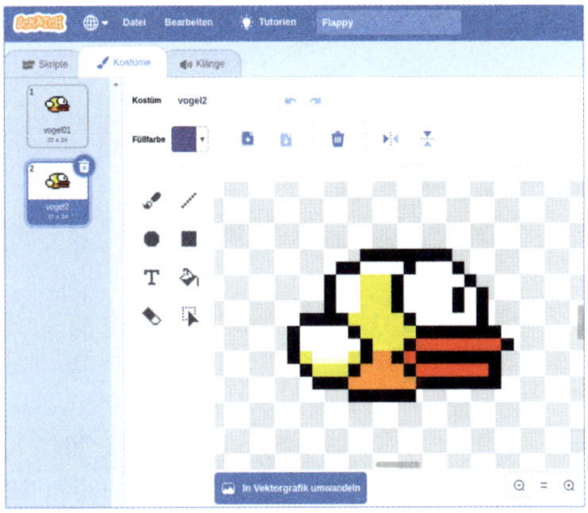


5. Eine kleine Endlosschleife wird beim Klick auf das grüne Fähnchen gestartet und wechselt ständig das Kostüm des Vogels. Dadurch sieht es aus, als würde er schnell mit den Flügeln flattern.

6. Mit einem Druck auf die Leer-Taste soll der Vogel ein Stück aufsteigen und dann wieder langsam absinken. Allerdings darf er nicht auf der Wiese landen, sonst ist das Spiel vorbei. Ein zweites Programm für den Vogel, das ebenfalls mit einem Klick auf das grüne Fähnchen startet, bringt ihn als Erstes in seine Startposition.
7. Danach beginnt eine Endlosschleife ***wiederhole fortlaufend***, die die drei möglichen Spielsituationen verarbeitet: Aufsteigen, Absinken und Spielende bei Berührung der Wiese. Eine ***falls ... dann***-Abfrage prüft, ob die Leer-Taste gedrückt wurde. Wenn ja, bewegt sich der Vogel um zehn Einheiten nach oben. In jedem Schleifendurchlauf sinkt er ohne irgendeine Bedingung um zwei Einheiten ab.

8. Eine weitere ***falls ... dann***-Abfrage prüft, ob der Vogel die Wiese berührt. Hier wird ein ***wird Farbe ... berührt***-Block verwendet. Im Farbfeld die grüne Farbe der Wiese auswählen. Wenn diese Farbe berührt wird, hält das Spiel über einen ***stoppe alles***-Block an.

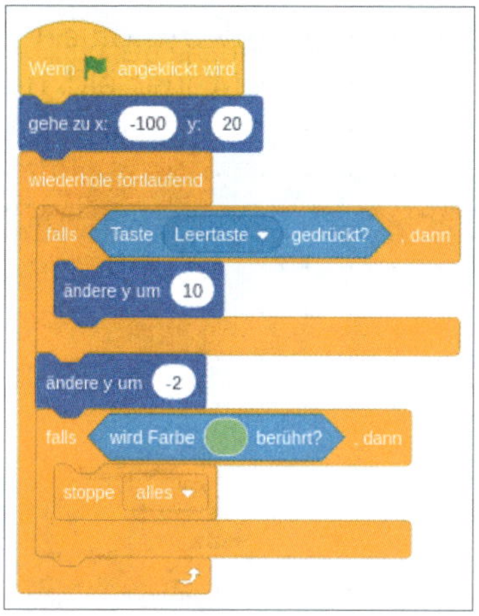


9. Mit der Maus rechts unten in der Figurenpalette auf das Symbol ***Figur*** fahren, in der eingeblendeten Symbolleiste auf das Symbol ***Malen*** klicken und dieser Figur in der Figurenpalette den Namen ***Rohre*** geben.
10. Im Vektormodus zwei Rechtecke zeichnen, ein schmales hohes und ein kleines flaches, das die Rohrmuffe am Ende darstellt. Auf der Bühne ist die Größe der Figur zu erkennen. Das Rohrende soll etwa so breit wie der Vogel sein.

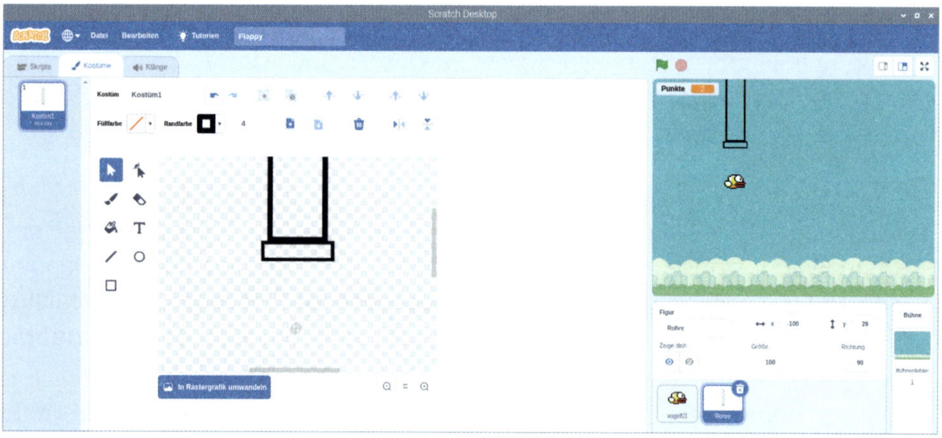

11. Nacheinander die beiden Rechtecke mit den Symbolen ***Kopieren*** und ***Einfügen*** duplizieren und daraus weiter unten ein gleiches Rohr bauen. Die Rohre so schieben, dass der Objektmittelpunkt – das kleine graue Kreuz – in der Mitte zwischen den beiden Rohrenden liegt.

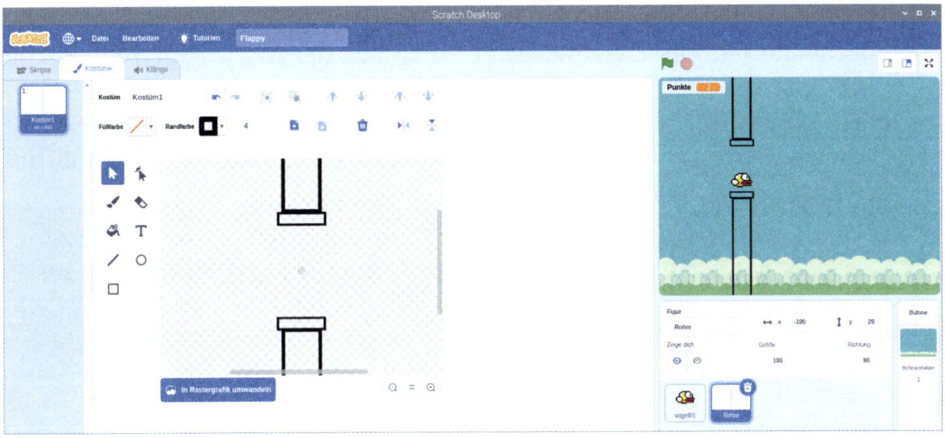


12. Unten rechts im Malprogramm auf 100 % zurückzoomen. Mit dem Pfeilsymbol den Griff in der Mitte des oberen Endes des oberen Rohres anklicken und dieses damit noch weiter nach oben in die Länge ziehen. Das Gleiche wird auch mit dem unteren Ende des unteren Rohres gemacht. Beide Rohre zusammen müssen deutlich länger sein, als die Bühne hoch ist, damit der Zwischenraum, durch den der Vogel fliegt, auf unterschiedlichen Höhen sein kann.
13. Im Originalspiel haben die Rohre einen grünen Farbverlauf. Das erste Rechteck auswählen. Auf das Symbol ***Füllfarbe*** klicken, oben den senkrechten Farbverlauf bei den Füllmustern auswählen. Für die linke Farbe ein dunkles Grün und für die rechte Farbe Weiß einstellen. Auf die gleiche Weise auch die anderen drei Rechtecke, die die Rohre bilden, füllen.

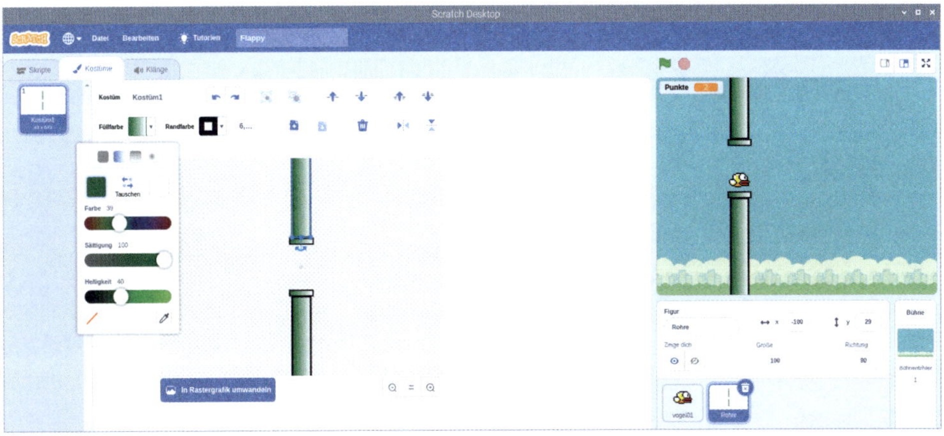


14. Im Spiel bewegt sich der Vogel nur in senkrechter Richtung, die Rohre dagegen waagerecht von rechts nach links, sodass es aussieht, als würde der Vogel von links nach rechts fliegen. Die Figur ***Rohre*** in der Figurenpalette auswählen und auf der Registerkarte ***Skripte*** ein neues Programm bauen, das beim Klick auf das grüne Fähnchen eine Endlosschleife startet.

15. Am Anfang starten die Rohre ganz rechts außen am Bühnenrand bei der x-Koordinate ***240***. Der Zwischenraum, durch den der Vogel fliegt, kann auf unterschiedlichen Höhen liegen. Deshalb wird die y-Koordinate des Startpunkts durch eine Zufallszahl zwischen ***-100*** und ***100*** festgelegt. Die Koordinaten einer Figur werden immer am Objektmittelpunkt gezählt. Dazu ist es wichtig, dass dieser genau in der Mitte zwischen den beiden Rohren liegt.
16. Dann startet eine weitere Schleife, die die Rohre in 100 einzelnen Schritten je fünf Einheiten nach links bewegt. Am Ende kommen die Rohre am linken Bildschirmrand an. Danach startet die Bewegung wieder rechts außen, was wie ein neues Rohr aussieht.
17. Um das Spiel perfekt zu machen, braucht es noch eine Kollisionserkennung, die prüft, ob Vogel und Rohre sich gegenseitig berühren, sowie einen Punktezähler, der jeden erfolgreichen Durchflug durch die Rohre zählt. Auf der Blockpalette ***Variablen*** mit einem Klick auf ***Neue Variable*** eine neue Variable ***Punkte*** anlegen. Diese wird am Anfang des Spiels auf ***0*** gesetzt. Das Häkchen links daneben schaltet die Variable auf der Bühne sichtbar, damit man die Punkte jederzeit sehen kann.

18. Nach jedem Bewegungsschritt der Rohre muss das Programm prüfen, ob Vogel und Rohre sich berühren. Wenn ja, soll das Programm sofort enden.
19. Ob der Vogel durch die Rohre fliegt oder eigentlich die Rohre am Vogel vorbeifliegen, lässt sich über die x-Koordinate ermitteln. Wenn die x-Koordinate des Objektmittelpunkts der Rohre, der genau zwischen den Rohrenden liegt, und die x-Koordinate des Objektmittelpunkts des Vogels gleich sind, fliegt er gerade hindurch. Das wird nach jedem Bewegungsschritt der Rohre ebenfalls überprüft. Beim Durchflug gibt es einen Punkt.

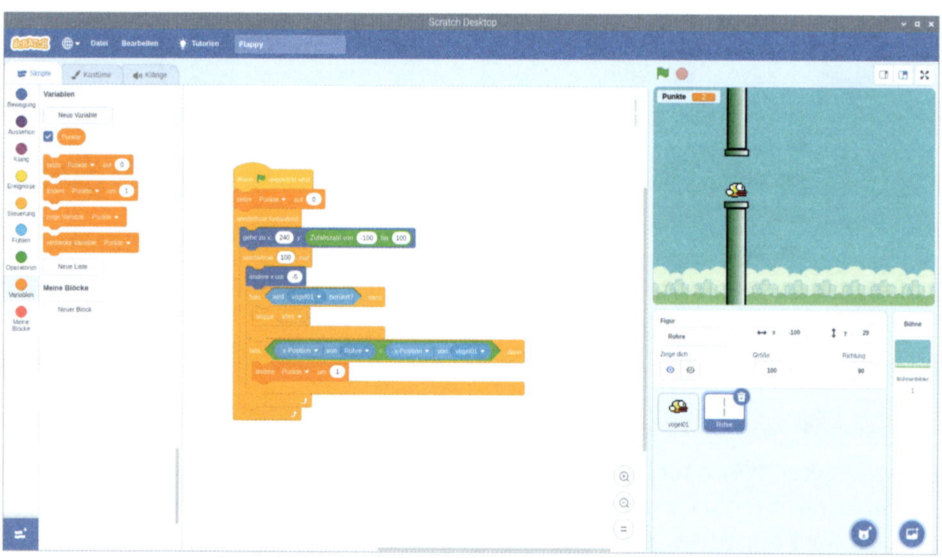

## 200 Elektronik über GPIO anschließen

Der Raspberry Pi kann nicht nur wie jeder andere Computer über Tastatur und Maus gesteuert werden und seine Ausgaben auf dem Bildschirm zeigen – die als GPIO (**G**eneral **P**urpose **I**nput/**O**utput) bezeichnete Stiftleiste auf der Rückseite bietet auch die Möglichkeit, direkt Hardware anzuschließen, um zum Beispiel über Taster Eingaben zu machen oder programmgesteuert LEDs leuchten zu lassen.

Die Raspberry-Pi-Modelle A und B hatten eine GPIO-Stiftleiste mit 26 Anschlüssen, seit dem Raspberry-Pi-Modell B+ haben alle Modelle 40 GPIO-Pins. Dabei entsprechen die ersten 26 genau denen der früheren Raspberry-Pi-Modelle, sodass bestehende Erweiterungsplatinen weiterhin genutzt werden können.

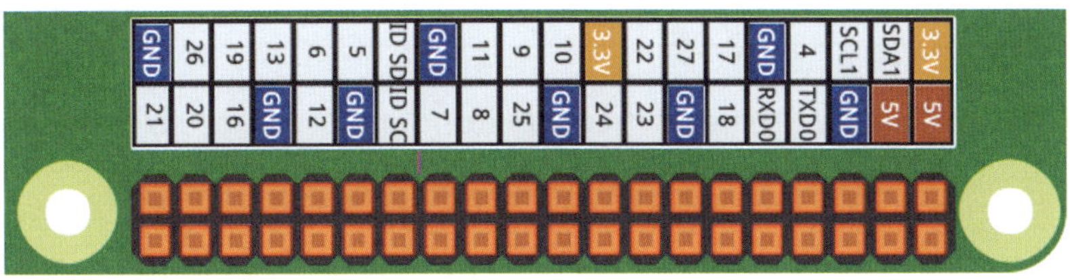


Beim Raspberry Pi 4 befindet sich die GPIO-Leiste auffällig direkt auf der Platine, beim Raspberry Pi 400 ist sie auf der Rückseite in einer Gehäuseöffnung zugänglich.

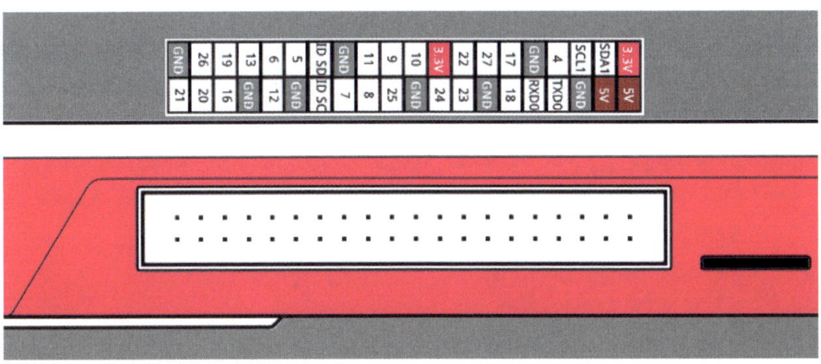


Der Kommandozeilenbefehl ***pinout*** zeigt die Belegung der GPIO-Schnittstelle, abhängig vom verwendeten Raspberry-Pi-Modell, im Textmodus im Kommandozeilenfenster.

**Vorsichtsmaßnahmen**

Auf keinen Fall irgendwelche GPIO-Pins miteinander verbinden und abwarten, was passiert. Nicht alle GPIO-Pins lassen sich frei programmieren. Einige sind für die Stromversorgung und andere Zwecke fest eingerichtet.

Einige GPIO-Pins sind direkt mit Anschlüssen des Prozessors verbunden, ein Kurzschluss kann den Raspberry Pi komplett zerstören. Verbindet man über einen Schalter oder eine LED zwei Pins miteinander, muss immer ein Schutzwiderstand dazwischengeschaltet werden.

Für Logiksignale immer Pin 1 verwenden, der +3,3 V liefert und bis 50 mA belastet werden kann. Pin 6 ist die Masseleitung für Logiksignale. Pin 2 liefert +5 V zur Stromversorgung externer Hardware. Hier kann so viel Strom entnommen werden, wie das USB-Netzteil des Raspberry Pi liefert. Dieser Pin darf aber nicht mit einem GPIO-Eingang verbunden werden.

## 201 Elektronische Schaltungen ohne Löten aufbauen

Für den schnellen Aufbau elektronischer Schaltungen ohne Löten eignen sich Steckplatinen, sogenannte Breadboards, besonders gut. Hier können elektronische Bauteile direkt in ein Lochraster mit Standardabständen eingesteckt werden, ohne dass man löten muss. Bei diesen Platinen sind die äußeren Längsreihen der Kontakte alle miteinander verbunden. Diese Kontaktreihen werden als Plus- und Minuspol zur Stromversorgung der Schaltung genutzt. Die anderen Kontaktreihen sind jeweils quer miteinander verbunden, wobei in der Mitte der Platine eine Lücke ist. So können dort in der Mitte ICs oder andere Bauelemente eingesteckt und nach außen hin verdrahtet werden.

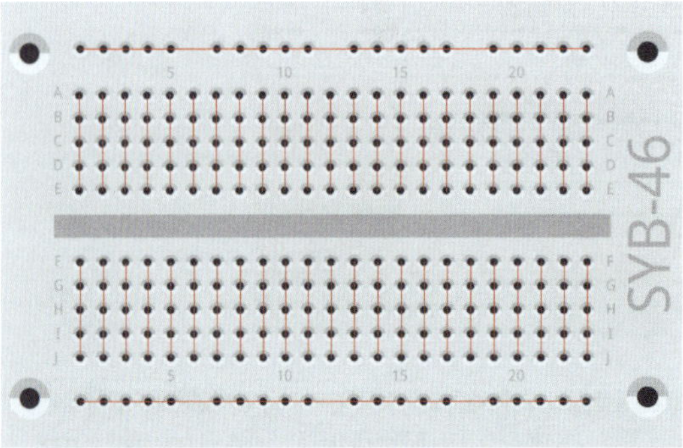


**Löten – einfach und richtig**

Wer sich mit Hardwarebasteleien rund um den Raspberry Pi beschäftigt, wird ab und an auch mal etwas löten müssen. Für den Profi ist das kein Problem, für den Anfänger eigentlich auch nicht, wenn er ein paar wichtige Tipps beachtet. **Löten ist einfach** ist ein unterhaltsamer Comic mit Basiswissen für Hobbylöter und befindet sich im Download zu diesem Buch.

## 202 GPIO-Port über Flachbandkabel herausführen

Die GPIO-Anschlussleiste ist am Raspberry Pi 400 etwas schwerer zu erreichen als bei anderen Modellen. Außerdem verzählt man sich beim Einstecken einzelner Verbindungskabel nur allzu leicht bei den Pins.

T-förmige Adapterplatinen, die mittig auf das Steckbrett gesteckt werden, erleichtern den Anschluss. Über ein Flachbandkabel, wie sie früher zum Anschluss interner Festplatten in PCs verwendet wurden (und daher gelegentlich noch PC-Gehäusen beiliegen), verbindet man diese Adapterplatine mit der GPIO-Leiste am Raspberry Pi 400. Auf diese Weise steht die komplette GPIO-Leiste auf dem Steckbrett zur Verfügung.

## 203 LEDs an die GPIO-Ports anschließen

An die GPIO-Ports können für Lichtsignale oder Lichteffekte LEDs angeschlossen werden. Zwischen dem verwendeten GPIO-Pin und der Anode der LED muss ein 220-Ohm-Vorwiderstand eingebaut werden. Die Kathode der LED verbindet man mit der Masseleitung an Pin 6. LEDs mit eingebautem Vorwiderstand benötigen keine zusätzlichen Vorwiderstände.

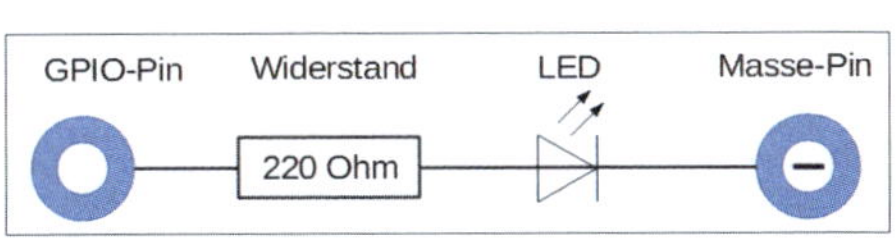

**Leicht zu merken: Kathode – kurz – Kante**

Die beiden Anschlussdrähte einer LED sind unterschiedlich lang. Der längere von beiden ist der Pluspol, die Anode, der kürzere der Minuspol, die Kathode. Einfach zu merken: Das Pluszeichen hat einen Strich mehr als das Minuszeichen und macht damit den Draht quasi optisch etwas länger. Außerdem sind die meisten LEDs auf der Minusseite abgeflacht, wie eben das Minuszeichen.

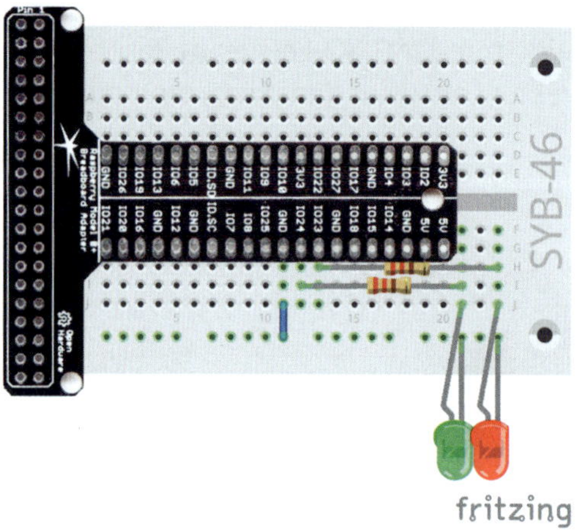


Das Programm ***led02.py*** lässt zwei LEDs abwechselnd blinken.

```
#!/usr/bin/python
import RPi.GPIO as GPIO
import time

LED1 = 18
LED2 = 23

GPIO.setmode(GPIO.BCM)
GPIO.setup(LED1, GPIO.OUT, initial=0)
GPIO.setup(LED2, GPIO.OUT, initial=0)

for i in range(10):
  GPIO.output(LED1, 1)
  GPIO.output(LED2, 0)
  time.sleep(0.5)
  GPIO.output(LED2, 1)
  GPIO.output(LED1, 0)
  time.sleep(0.5)

GPIO.cleanup()
```

1. Am Anfang jedes Python-Programms mit GPIO-Steuerung muss die GPIO-Bibliothek importiert werden.
```
import RPi.GPIO as GPIO
```
2. Die Bibliothek ***time*** beinhaltet verschiedene Zeitfunktionen und wird hier verwendet, um die LEDs jeweils eine halbe Sekunde lang leuchten zu lassen.
```
import time
```
3. Für die Anschlüsse der beiden LEDs werden Variablen definiert. So wird das Programm übersichtlicher und lässt sich leichter auf andere Anschluss-Pins umbauen.
```
LED1 = 18
LED2 = 23
```
4. Die Bibliothek ***RPi.GPIO*** unterstützt zwei Methoden zur Bezeichnung der Ports. Im Modus ***BCM*** werden die bekannten GPIO-Portnummern verwendet, die auch auf Kommandozeilenebene oder in Shell-Skripten verwendet werden. Im Modus ***BOARD*** entsprechen die Bezeichnungen den Pin-Nummern auf der Raspberry-Pi-Platine. Üblicherweise wird ***BCM*** verwendet.
```
GPIO.setmode(GPIO.BCM)
```
5. Die Funktion ***GPIO.setup*** initialisiert einen GPIO-Port als Ausgang oder als Eingang. Der erste Parameter bezeichnet den Port je nach vorgegebenem Modus ***BCM*** oder ***BOARD*** mit seiner GPIO- oder Pin-Nummer. Der zweite Parameter kann entweder ***GPIO.OUT*** für einen Ausgang oder ***GPIO.IN*** für einen Eingang sein. Der Parameter ***initial*** gibt an, ob der Port am Anfang auf ***1*** (eingeschaltet) oder ***0*** (ausgeschaltet) stehen soll.
```
GPIO.setup(LED1, GPIO.OUT, initial=0)
GPIO.setup(LED2, GPIO.OUT, initial=0)
```
6. Eine Schleife läuft zehnmal durch, die LEDs sollen jeweils zehnmal blinken.
```
for i in range(10):
```
7. Die Funktion ***GPIO.output*** setzt den Status eines GPIO-Ports. Diese Zeilen schalten die LED1 ein und die LED2 aus:
```
  GPIO.output(LED1, 1)
  GPIO.output(LED2, 0)
```
8. Danach wartet das Programm eine halbe Sekunde:
```
time.sleep(0.5)
```
9. Und diese Zeilen schalten die LED2 ein und die LED1 aus:
```
  GPIO.output(LED2, 1)
  GPIO.output(LED1, 0)
```
10. Das Programm wartet erneut eine halbe Sekunde: `time.sleep(0.5)`
11. Am Ende eines Programms müssen alle GPIO-Ports wieder zurückgesetzt werden. Die folgende Zeile erledigt das für alle vom Programm initialisierten GPIO-Ports auf einmal. Ports, die von anderen Programmen initialisiert wurden, bleiben unberührt. So wird der Ablauf dieser anderen möglicherweise parallel laufenden Programme nicht gestört. `GPIO.cleanup()`

## 204 Erweiterungsplatinen und bestehende Schaltungen am Raspberry Pi 400 nutzen

Die T-förmige Anschlussplatine und das Flachbandkabel belegen viel Platz auf dem Steckbrett. Kleine Adapterplatinen führen die GPIO-Pins direkt aus dem Raspberry Pi 400 heraus und machen sie leicht von oben zugänglich. Mit diesen Platinen lassen sich auch vorgefertigte Erweiterungsplatinen für den Raspberry Pi 4 auf dem Raspberry Pi 400 nutzen.

## 205 LED-Lauflicht

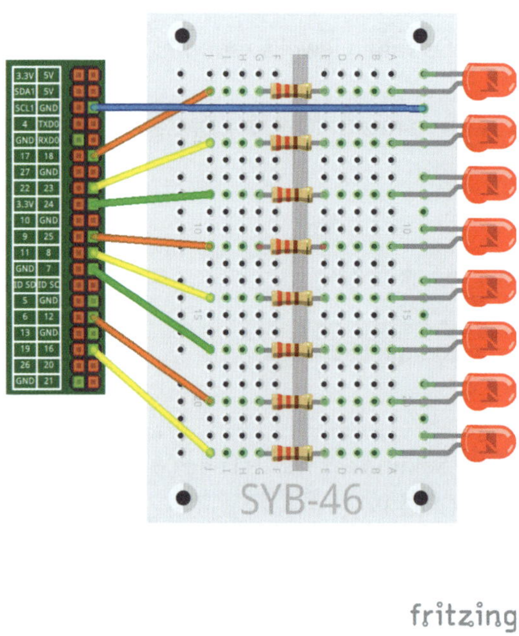


Lauflichter sind immer wieder beliebte Effekte, um Aufmerksamkeit zu erregen, sei es im Partykeller oder in professioneller Leuchtwerbung.

1. LEDs und Vorwiderstände nach der Zeichnung aufbauen.
2. Programm ***lauflicht.py*** in Thonny öffnen oder eintippen.

```
#!/usr/bin/python
import RPi.GPIO as GPIO
import time

GPIO.setmode(GPIO.BCM)
LED = [16,12,7,8,25,24,23,18]

for x in range(8):
  GPIO.setup(LED[x], GPIO.OUT, initial=0)

print ("Lauflicht")
print ("L = nach links")
print ("R = nach rechts")
print ("S = symmetrisch")
print ("Strg+C beendet das Programm")
e = input ("Bitte Buchstaben eintippen: ")
z = 0.2

try:
  while True:
    if e == "r":
      for x in range(8):
        GPIO.output(LED[x], 1)
        time.sleep(z)
        GPIO.output(LED[x], 0)
    elif e == "l":
      for x in range(7, -1, -1):
        GPIO.output(LED[x], 1)
        time.sleep(z)
        GPIO.output(LED[x], 0)
    elif e == "s":
      for x in range(4):
        GPIO.output(LED[4+x], 1)
        GPIO.output(LED[3-x], 1)
        time.sleep(z)
        GPIO.output(LED[4+x], 0)
        GPIO.output(LED[3-x], 0)
    else:
      for x in range(8):
        GPIO.output(LED[x], 1)

except KeyboardInterrupt:
  GPIO.cleanup()
```

3. Programm mit F5 starten.
4. Über die Tasten L, R und S lassen sich verschiedene Lauflichtmuster wählen. Strg+C beendet das Programm.
5. Die Geschwindigkeit des Lauflichts lässt sich im Programmcode über die Variable *z* ändern. Sie gibt in Sekunden an, wie lange ein Muster leuchtet, bis zum nächsten Muster weitergeschaltet wird.
6. Sollen andere GPIO-Ports für die LEDs verwendet werden, diese im Array ***LED*** ändern.

## 206 Taster am GPIO-Anschluss

GPIO-Ports können nicht nur Daten ausgeben, zum Beispiel über LEDs, sondern auch zur Dateneingabe verwendet werden. Dazu müssen sie im Programm als Eingang definiert werden.

- Liegt auf einem als Eingang definierten GPIO-Port ein +3,3-V-Signal an, wird es als logisch *True* bzw. *1* ausgewertet.

- In den meisten Fällen funktioniert diese simple Schaltung bereits, allerdings hätte der GPIO-Port bei offenem Taster keinen eindeutig definierten Zustand. Wenn ein Programm diesen Port abfragt, kann es zu zufälligen Ergebnissen kommen. Um das zu verhindern, schließt man einen vergleichsweise sehr hohen Widerstand – üblicherweise 10 kOhm – gegen Masse. Dieser sogenannte Pull-down-Widerstand zieht den Status des GPIO-Ports bei geöffnetem Taster wieder nach unten auf 0 V. Da der Widerstand sehr hoch ist, besteht, solange der Taster gedrückt ist, auch keine Kurzschlussgefahr. Im gedrückten Zustand des Tasters sind +3,3 V und die Masseleitung direkt über diesen Widerstand verbunden.

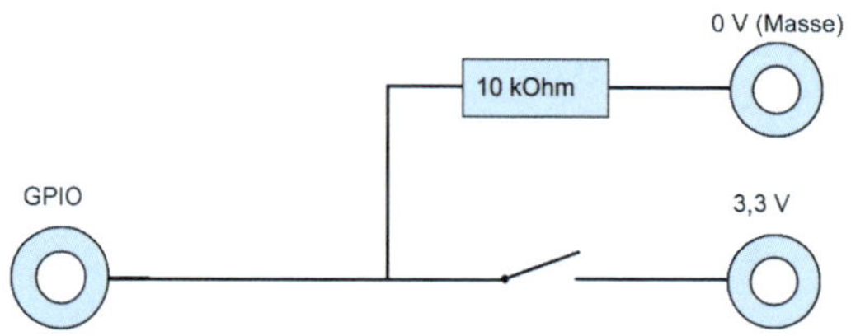


- Aktuelle Raspberry-Pi-Modelle verfügen über eingebaute Pull-down-Widerstände, die softwareseitig ein- und ausgeschaltet werden können. Damit spart man sich den externen Widerstand, und die Schaltung aus der ersten Abbildung funktioniert immer.

## 207 LED-Würfel

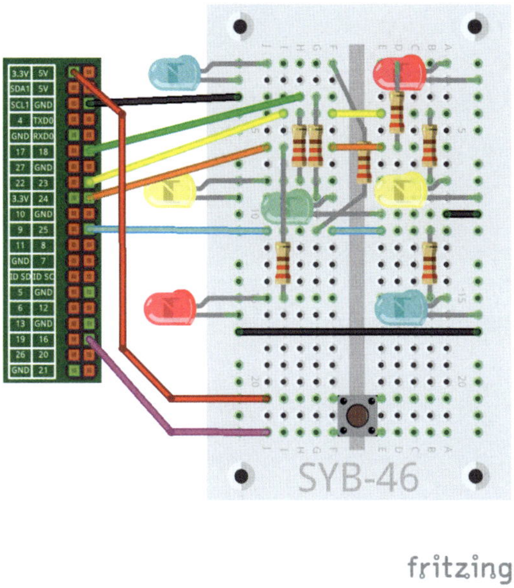


Ein elektronisch gesteuerter Würfel, der auf Tastendruck die typischen 1–6 Würfelaugen leuchten lässt, kann mit sieben LEDs, einem Taster und ein paar Widerständen auf einem Steckbrett aufgebaut werden.

1. LEDs, Taster und Vorwiderstände anhand der Zeichnung aufbauen. Für die Ansteuerung der LEDs werden nur vier statt sieben GPIO-Pins benötigt, da ein Würfel zur Darstellung gerader Zahlen die Augen paarweise nutzt.
2. Programm ***ledwuerfel.py*** in Thonny öffnen oder eintippen:

```
#!/usr/bin/python
# -*- coding: utf-8 -*-
import RPi.GPIO as GPIO
import time, random

GPIO.setmode(GPIO.BCM)
LED = [18,25,24,23]
TASTE = 16

for x in range(4):
  GPIO.setup(LED[x], GPIO.OUT)

GPIO.setup(TASTE, GPIO.IN, GPIO.PUD_DOWN)
print ("Knopf drücken, um zu würfeln. Strg+C beendet das Programm")

try:
  while True :
    if GPIO.input(TASTE)==1:
```

```
        for x in range(4):
          GPIO.output(LED[x], 0)
        time.sleep(0.5)
        w = random.randrange(1,7)
        print ("Gewürfelte Zahl:" + str(w))
        if w == 1:
          GPIO.output(LED[0], 1)
        if w == 2:
          GPIO.output(LED[1], 1)
        if w == 3:
          GPIO.output(LED[0], 1)
          GPIO.output(LED[2], 1)
        if w == 4:
          GPIO.output(LED[1], 1)
          GPIO.output(LED[2], 1)
        if w == 5:
          GPIO.output(LED[0], 1)
          GPIO.output(LED[1], 1)
          GPIO.output(LED[2], 1)
        if w == 6:
          GPIO.output(LED[1], 1)
          GPIO.output(LED[2], 1)
          GPIO.output(LED[3], 1)
        print ("Knopf drücken, um zu würfeln. Strg+C beendet das
Programm")

except KeyboardInterrupt:
  GPIO.cleanup()
```

3. Programm starten, Taster drücken, Würfelergebnis wird angezeigt.
4. Beim nächsten Druck wird eine neue Zahl gewürfelt.

**So funktioniert es:**

Am Anfang werden die Bibliotheken *time* für die Zeitsteuerung und *random* für die Zufallszahlen importiert:

```
import time, random
```

Ein Array legt die Nummern der GPIO-Ports für die LEDs fest, eine zusätzliche Variable den Port für den Taster:

```
LED = [18,25,24,23]
TASTE = 16
```

Der Parameter *GPIO.PUD_DOWN* bei der Initialisierung des GPIO-Pins für den Taster schaltet den eingebauten Pull-down-Widerstand ein.

```
GPIO.setup(TASTE, GPIO.IN, GPIO.PUD_DOWN)
```

Ein ***try: ... except:***-Konstrukt lässt das Programm endlos laufen, bis es durch einen ***KeyboardInterrupt***, einen Tastendruck auf der Tastatur, unterbrochen wird.

```
try:
  while True :
...
except KeyboardInterrupt:
...
```

Wenn der Spieler den Taster gedrückt hat, nimmt dieser GPIO-Port den Wert ***1*** an. Danach werden zunächst alle LEDs ausgeschaltet:

```
if GPIO.input(TASTE)==1:
  for x in range(4):
    GPIO.output(LED[x], 0)
```

Jetzt wird eine Zufallszahl zwischen 1 und 6 erzeugt:

```
w = random.randrange(1,7)
```

Abhängig von der gewürfelten Zahl werden bestimmte LED-Gruppen eingeschaltet.

Unabhängig vom Würfelergebnis wird der Nutzer erneut aufgefordert, die Taste zu drücken. Danach springt das Programm wieder zum Schleifenanfang. Die LEDs bleiben eingeschaltet, bis der Nutzer den Taster wieder drückt.

## 208 Fußgängerampel mit LEDs und Taster

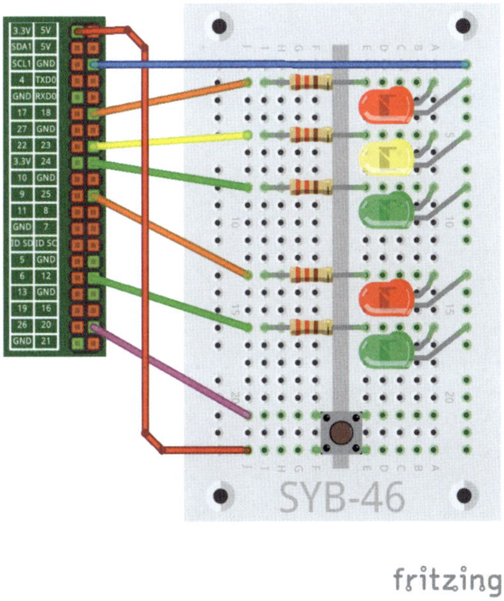


Drückt man auf den Taster einer Fußgängerampel, schaltet die Verkehrsampel über Gelb auf Rot und danach die Fußgängerampel auf Grün. Nach einer Grünphase von zwei Sekunden schaltet die Fußgängerampel wieder auf Rot. Dann beginnt der Schaltzyklus der Verkehrsampel über Rot-Gelb nach Grün. Danach wartet das Programm mit dieser Einstellung, bis der Nutzer die Taste erneut drückt.

1. LEDs und Vorwiderstände nach der hier abgebildeten Zeichnung aufbauen.
2. Programm ***ampel.py*** in Thonny öffnen oder eintippen:

```
#!/usr/bin/python
# -*- coding: utf-8 -*-
import RPi.GPIO as GPIO
import time

rot    = 0
gelb   = 1
gruen  = 2
f_rot  = 3
f_gru  = 4
taste  = 5
Ampel=[18,23,24,25,12,20]

GPIO.setmode(GPIO.BCM)
GPIO.setup(Ampel[rot], GPIO.OUT, initial=0)
GPIO.setup(Ampel[gelb], GPIO.OUT, initial=0)
GPIO.setup(Ampel[gruen], GPIO.OUT, initial=1)
GPIO.setup(Ampel[f_rot], GPIO.OUT, initial=1)
GPIO.setup(Ampel[f_gru], GPIO.OUT, initial=0)
GPIO.setup(Ampel[taste], GPIO.IN, GPIO.PUD_DOWN)

print ("Taste drücken, um Fußgängerampel einzuschalten, Strg+C
beendet das Programm")

try:
  while True:
    if GPIO.input(Ampel[taste])==1:
      GPIO.output(Ampel[gruen],0)
      GPIO.output(Ampel[gelb],1)
      time.sleep(0.6)
      GPIO.output(Ampel[gelb],0)
      GPIO.output(Ampel[rot],1)
      time.sleep(0.6)
      GPIO.output(Ampel[f_rot],0)
      GPIO.output(Ampel[f_gru],1)
      time.sleep(2)
      GPIO.output(Ampel[f_gru],0)
      GPIO.output(Ampel[f_rot],1)
      time.sleep(0.6)
      GPIO.output(Ampel[gelb],1)
      time.sleep(0.6)
      GPIO.output(Ampel[rot],0)
```

```
        GPIO.output(Ampel[gelb],0)
        GPIO.output(Ampel[gruen],1)
        time.sleep(2)
except KeyboardInterrupt:
  GPIO.cleanup()
```

3. Programm starten. Fußgängerampel leuchtet rot, Verkehrsampel leuchtet grün.
4. Taste drücken, der Ampelzyklus läuft einmal durch.

## 209 LEDs mit PWM dimmen

LEDs können zwei verschiedene Zustände annehmen, ein und aus. Das Gleiche gilt für die als digitale Ausgänge definierten GPIO-Ports. Demnach wäre es theoretisch nicht möglich, eine LED zu dimmen.

Lässt man eine LED schnell genug blinken, nimmt das menschliche Auge das nicht mehr als Blinken wahr. Die als Pulsweitenmodulation (PWM) bezeichnete Technik erzeugt ein pulsierendes Signal, das sich in sehr kurzen Abständen ein- und ausschaltet. Die Spannung des Signals bleibt immer gleich, nur das Verhältnis zwischen Level ***False*** (0 V) und Level ***True*** (+3,3 V) wird verändert.

Das Tastverhältnis gibt das Verhältnis der Länge des eingeschalteten Zustands zur Gesamtdauer eines Schaltzyklus an. Je kleiner das Tastverhältnis, desto kürzer ist die Leuchtzeit der LED innerhalb eines Schaltzyklus. Dadurch wirkt die LED dunkler als eine permanent eingeschaltete LED.

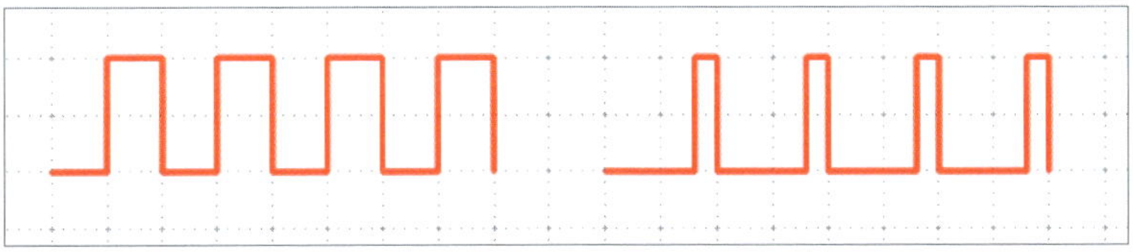

*Links: Tastverhältnis 50 % – rechts: Tastverhältnis 20 %*

## 210 PWM mit Python

Das PWM-Signal wird als eigener Thread generiert. Auf diese Weise kann eine gedimmte LED (fast) wie eine normal leuchtende in einem Programm eingesetzt werden. Die GPIO-Bibliothek verfügt dazu über eine eigene PWM-Funktion.

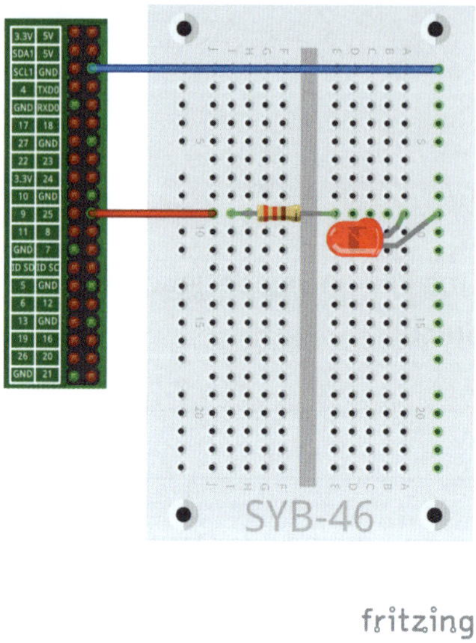


1. LEDs und Vorwiderstand am GPIO-Pin 25 anschließen.
2. Programm ***leddimmen01.py*** in Thonny öffnen oder eintippen:

```
#!/usr/bin/python
import RPi.GPIO as GPIO
import time

GPIO.setmode(GPIO.BCM)
LED = 25
GPIO.setup(LED, GPIO.OUT)

print("Strg+C beendet das Programm")

p = GPIO.PWM(LED, 50)
p.start(0)

try:
  while True:
    for c in range(0, 101, 2):
      p.ChangeDutyCycle(c)
      time.sleep(0.1)
    for c in range(100, -1, -2):
      p.ChangeDutyCycle(c)
      time.sleep(0.1)

except KeyboardInterrupt:
  p.stop()
  GPIO.cleanup()
```

Das Programm dimmt die LED zyklisch heller und dunkler.

**So funktioniert es:**

Die Funktion ***GPIO.PWM()*** aus der GPIO-Bibliothek benötigt zwei Parameter: den GPIO-Port und die Frequenz des PWM-Signals. Im Beispiel wird der GPIO-Port über die Variable ***LED*** festgelegt, die Frequenz ist 50 Hertz.

```
p = GPIO.PWM(LED, 50)
```

**Warum 50 Hertz die ideale Frequenz für PWM ist**

Das menschliche Auge nimmt Lichtwechsel schneller als 20 Hertz nicht mehr wahr. Da das Wechselstromnetz in Europa eine Frequenz von 50 Hertz nutzt, blinken viele Beleuchtungskörper mit dieser Frequenz, die vom Auge nicht wahrgenommen wird. Blinkt eine LED mit mehr als 20 Hertz, aber weniger als 50 Hertz, kann es zu Interferenzen mit anderen Lichtquellen kommen, sodass der Dimmeffekt nicht mehr gleichmäßig erscheint.

***GPIO.PWM()*** erzeugt ein Objekt, das in der Variablen ***p*** gespeichert wird. Objekte können verschiedene Eigenschaften haben. Methoden, die das Objekt beeinflussen, werden – durch einen Punkt getrennt – direkt hinter dem Objektnamen angegeben.

Die Methode ***start()*** startet die Generierung des PWM-Signals. Dazu muss noch ein Tastverhältnis angegeben werden. Beim Tastverhältnis 0 ist die LED immer ausgeschaltet.

```
p.start(0)
```

In der Endlosschleife des Programms sind direkt nacheinander zwei Schleifen eingebettet, die die LED abwechselnd heller und dunkler werden lassen. Die erste Schleife zählt von 0 bis 100 in Schritten von ***2***. In jedem Schleifendurchlauf setzt die Methode ***ChangeDutyCycle()*** das Tastverhältnis des PWM-Objekts auf den Wert des Schleifenzählers, also jedes Mal um 2 % höher, bis es beim letzten Durchlauf auf 100 % steht und die LED mit voller Helligkeit leuchtet.

```
    for c in range(0, 101, 2):
      p.ChangeDutyCycle(c)
      time.sleep(0.1)
```

Nachdem die LED volle Helligkeit erreicht hat, regelt eine zweite Schleife sie nach dem gleichen Schema wieder herunter. Diese Schleife zählt von 100 an in Schritten von ***-2*** nach unten.

```
    for c in range(100, -1, -2):
      p.ChangeDutyCycle(c)
      time.sleep(0.1)
```

Der *KeyboardInterrupt* löst jetzt zusätzlich die Methode *stop()* des PWM-Objekts aus. Diese Methode beendet die Erzeugung eines PWM-Signals.

## 211 RGB-LEDs

RGB-LEDs können wahlweise in mehreren Farben leuchten. Hier sind drei LEDs mit verschiedenen Farben in einem transparenten Gehäuse eingebaut. Jede dieser drei LEDs hat eine eigene Anode, über die sie mit einem GPIO-Pin verbunden wird. Die Kathode, die mit der Masseleitung verbunden wird, ist nur einmal vorhanden. Deshalb hat eine RGB-LED vier Anschlussdrähte.

Die Anschlussdrähte der RGB-LEDs sind unterschiedlich lang, damit sie eindeutig zu erkennen sind. Im Gegensatz zu normalen LEDs ist die Kathode hier der längste Draht.

RGB-LEDs funktionieren wie drei einzelne LEDs und brauchen deshalb auch drei Vorwiderstände, die bei einigen LEDs schon eingebaut sind.

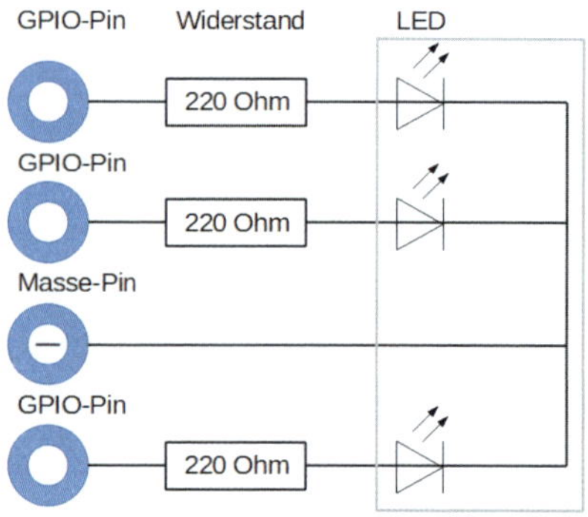


**Common Cathode (CC) oder Common Anode (CA)**

Neben den beschriebenen RGB-LEDs vom Typ CC gibt es auch den Typ CA, bei dem alle drei Farben eine gemeinsame Anode verwenden. Die Kathoden werden dann einzeln geschaltet.

## 212 RGB-LEDs in Python steuern

Durch abwechselndes Einschalten von ein oder zwei Farbkomponenten zeigt die RGB-LED sechs verschiedene Farben.

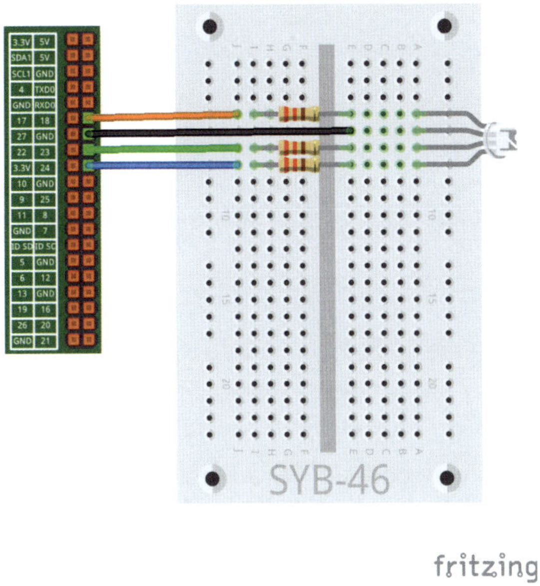


1. RGB-LED und Vorwiderstände nach der Zeichnung aufbauen.
2. Programm *rgbled01.py* in Thonny öffnen oder eintippen:

```
#!/usr/bin/python
import RPi.GPIO as GPIO
import time

LED=[18,23,24]
r = 0
g = 1
b = 2
z = 1

GPIO.setmode(GPIO.BCM)
GPIO.setup(LED[r], GPIO.OUT, initial=0)
GPIO.setup(LED[g], GPIO.OUT, initial=0)
GPIO.setup(LED[b], GPIO.OUT, initial=0)

print ("Strg+C beendet das Programm")
```

```
try:
  while True:
    GPIO.output(LED[g],1)
    time.sleep(z)
    GPIO.output(LED[r],0)
    time.sleep(z)
    GPIO.output(LED[b],1)
    time.sleep(z)
    GPIO.output(LED[g],0)
    time.sleep(z)
    GPIO.output(LED[r],1)
    time.sleep(z)
    GPIO.output(LED[b],0)
    time.sleep(z)

except KeyboardInterrupt:
  GPIO.cleanup()
```

**So funktioniert es:**

- Das Array ***LED*** enthält die Nummern der verwendeten GPIO-Pins, die Variablen ***r***, ***g*** und ***b*** bezeichnen die Felder für die drei Farben innerhalb des Arrays; ***z*** gibt die Zeit zwischen den Farbwechseln an.
- Die Endlosschleife schaltet nacheinander eine Farbe der RGB-LED an und eine andere aus. So werden sechs verschiedene Farben dargestellt.

## 213 Farbverlauf auf RGB-LEDs

Das Programm ***rgbled02.py*** erzeugt mit PWM-Signalen für die drei Farbkomponenten einer RGB-LED einen Farbverlauf mit 100 verschiedenen Mischfarben.

```
#!/usr/bin/python
import RPi.GPIO as GPIO
import time, colorsys

GPIO.setmode(GPIO.BCM)
LED = [18,23,24]
p  = [0,0,0]
z  = 0.1

for i in range(3):
 GPIO.setup(LED[i], GPIO.OUT)
```

```
for i in range(3):
 p[i] = GPIO.PWM(LED[i], 50)
 p[i].start(0)

print ("Strg+C beendet das Programm")

try:
 while True:
  for i in range(100):
   rgb = colorsys.hsv_to_rgb(i/100, 1, 1)
   for j in range(3):
    p[j].ChangeDutyCycle(rgb[j])
   time.sleep(z)

except KeyboardInterrupt:
 for i in range(3):
  p[i].stop()
 GPIO.cleanup()
```

**HSV- und RGB-Farbsystem**

Das RGB-Farbsystem, das bisher in allen Programmen verwendet wurde, beschreibt Farben als die drei Komponenten Rot, Grün und Blau, die miteinander gemischt werden. Für Menschen ist es relativ schwierig, sich eine Mischfarbe vorzustellen. Im Gegensatz dazu beschreibt das HSV-Farbsystem die Farben über die Werte H = **H**ue (Farbwert), S = **S**aturation (Sättigung) und V = **V**alue (Helligkeitswert).
Durch eine einfache Veränderung des H-Wertes können alle Farben des Farbspektrums in voller Intensität beschrieben werden, wenn man die beiden anderen Werte auf das Maximum einstellt.

**So funktioniert es:**

Zusätzlich zu den bereits bekannten Bibliotheken wird die Bibliothek ***colorsys*** zur Umrechnung zwischen dem HSV- und dem RGB-Farbsystem importiert.

Das Array ***LED[]*** enthält die Pin-Nummern der drei Farbkomponenten der RGB-LED, das Array ***p*** drei PWM-Objekte für diese.

```
LED = [18,23,24]
p  = [0,0,0]
```

Die PWM-Signale werden mit der Frequenz 50 Hz eingerichtet und mit dem Wert ***0*** gestartet. Alle drei Farben der RGB-LED sind ausgeschaltet.

```
for i in range(3):
 p[i] = GPIO.PWM(LED[i], 50)
 p[i].start(0)
```

Die Farben werden zunächst im HSV-System erzeugt. Zur Umrechnung in das RGB-System für die RGB-LEDs läuft eine Schleife von 0 bis 99, in der jeder HSV-Wert mithilfe der Funktion ***colorsys.hsv_to_rgb()*** in einen RGB-Wert umgerechnet wird. Diese Funktion liefert automatisch eine Liste aus drei Werten, die in der Variablen ***rgb*** gespeichert wird.

```
  for i in range(100):
   rgb = colorsys.hsv_to_rgb(i/100, 1, 1)
```

Eine Schleife setzt die PWM-Signale der drei Farbkomponenten auf die errechneten RGB-Werte und wartet danach 0,1 Sekunden, bevor die nächsten Farben errechnet werden.

```
   for j in range(3):
    p[j].ChangeDutyCycle(rgb[j])
```

Bricht der Nutzer mit der Tastenkombination Strg+C das Programm ab, werden die PWM-Signale gestoppt und die GPIO-Pins zurückgesetzt.

## 214 Töne mit Piezo-Summer erzeugen

Ein Piezo-Summer macht elektrische Schwingungen hörbar. Legt man eine pulsierende Gleichspannung zwischen die beiden Pole des Summers, wird dieser in Schwingung versetzt. Je nach Frequenz sind einzelne Klicks oder ein durchgängiger Ton zu hören.

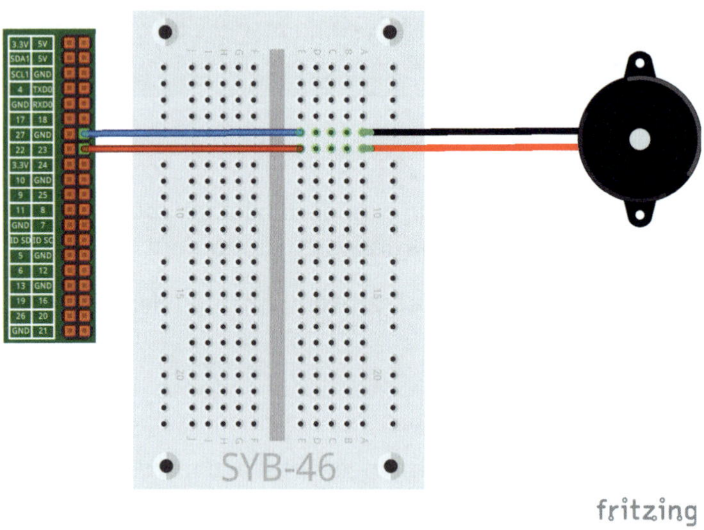

Der Piezo-Summer wird zwischen einem GPIO-Port und der 0-V-Masseleitung angeschlossen und über ein PWM-Signal gesteuert. Das Python-3-Programm ***piezo.py*** gibt eine Tonfolge aus fünf Tönen auf einem Piezo-Summer aus.

```
#!/usr/bin/python
import RPi.GPIO as GPIO
import time

GPIO.setmode(GPIO.BCM)

P = 23
GPIO.setup(P, GPIO.OUT)
freq = [200, 300, 400, 500, 750]

for i in freq:
  piep = GPIO.PWM(P, i)
  piep.start(1)
  time.sleep(1)
  piep.stop()
  time.sleep(0.2)

GPIO.cleanup()
```

## 215 Servos steuern

Ein Servo ist ein kleiner Motor, der einen Servoarm oder andere bewegliche Teile in eine bestimmte Position dreht. Die meisten Servos haben einen Drehbereich von 180 Grad, drehen also nicht – wie klassische Motoren – nacheinander viele Umdrehungen in Folge.

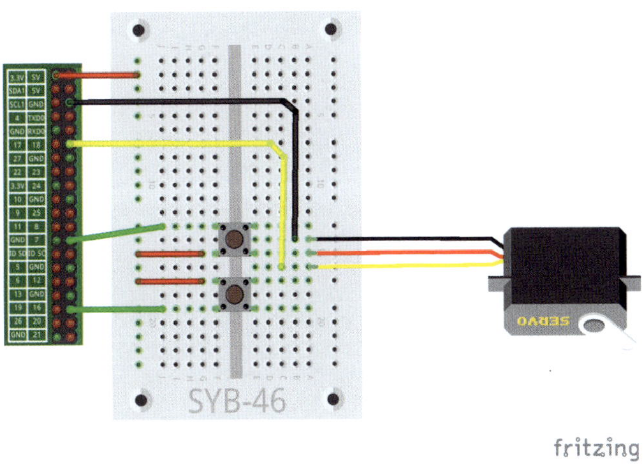

Mit einem PWM-Steuerungssignal kann er um einen bestimmten Winkel gedreht werden. Servos haben drei Anschlussleitungen, zwei davon dienen der Stromversorgung, auf der dritten liegt das Steuerungssignal.

Das Python-3-Programm ***servo.py*** steuert ein Servo über zwei Taster. Ein Druck auf den einen Taster dreht das Servo einen Schritt nach links, ein Druck auf den anderen Taster einen Schritt nach rechts.

Bei einem 50-Hertz-PWM-Signal entspricht ein Wert von 2,5 dem einen Ende des Drehbereichs des Servos, ein Wert von 12,5 dem anderen Ende.

```
#!/usr/bin/python
import RPi.GPIO as GPIO
import time

servoPIN = 18
t1 = 16
t2 = 7
pwm = 7.5

GPIO.setmode(GPIO.BCM)
GPIO.setup(servoPIN, GPIO.OUT)
GPIO.setup(t1, GPIO.IN, GPIO.PUD_DOWN)
GPIO.setup(t2, GPIO.IN, GPIO.PUD_DOWN)

p = GPIO.PWM(servoPIN, 50)
p.start(pwm)

try:
 while True:
  if GPIO.input(t1) == 1 and pwm < 12.5:
   pwm += 2.5
   p.ChangeDutyCycle(pwm)
   time.sleep(0.5)
   p.ChangeDutyCycle(0)
  if GPIO.input(t2) == 1 and pwm > 2.5:
   pwm -= 2.5
   p.ChangeDutyCycle(pwm)
   time.sleep(0.5)
   p.ChangeDutyCycle(0)

except KeyboardInterrupt:
 p.stop()
 GPIO.cleanup()
```

**So funktioniert es:**

- Die Initialisierung der GPIO-Pins und des PWM-Signals entspricht der Vorgehensweise beim Dimmen einer LED. Die Variable ***pwm*** wird auf einen PWM-Wert von 7,5 gesetzt, was der Mittelstellung des Servos entspricht.
- Innerhalb der Endlosschleife werden die beiden Taster überprüft. Wurde ein Taster gedrückt und der Grenzwert noch nicht erreicht, wird die Variable ***pwm*** um 2,5 Einheiten in die entsprechende Richtung verändert.
- Danach wird das PWM-Signal über ***p.ChangeDutyCycle(pwm)*** auf den neuen Wert gesetzt und dem Servo damit ein Steuerimpuls übermittelt.
- Nach einer Wartezeit von einer halben Sekunde wird das PWM-Signal auf 0 gesetzt. Damit wird ein Zittern des Servos verhindert. Dies kann vorkommen, da ein softwaregeneriertes PWM-Signal immer geringfügige Toleranzen haben kann.
- Beim Drücken der Tastenkombination [Strg]+[C] auf der Tastatur wird das PWM-Signal gestoppt und die GPIO-Pins werden zurückgesetzt.

## 216 Sieben-Segment-Anzeige zur Darstellung von Ziffern

Sieben-Segment-Anzeigen können mit sieben LEDs die Ziffern von 0 bis 9 sowie die Buchstaben A bis F, die zur Darstellung von Hexadezimalzahlen notwendig sind, darstellen. Die meisten Sieben-Segment-Anzeigen verfügen noch über eine achte LED für den Dezimalpunkt.

Typische Sieben-Segment-Anzeigen sind in DIP-Gehäusen verbaut. Die sieben LEDs für die Zifferndarstellung sind mit den Buchstaben ***a*** bis ***g*** bezeichnet. Die LED mit der Bezeichnung ***DP*** stellt den Dezimalpunkt dar.

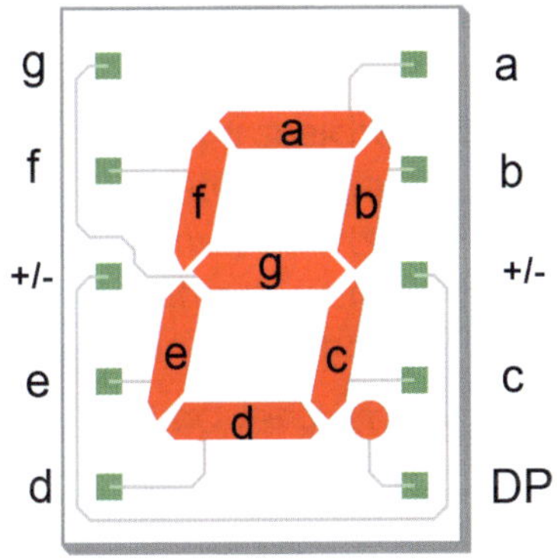

Bei einer einstelligen Sieben-Segment-Anzeige ist jede LED einzeln ansteuerbar. Alle LEDs verwenden eine gemeinsame Anode oder Kathode. Dementsprechend werden die Anzeigemodule als **Common Anode** oder **Common Cathode** bezeichnet.

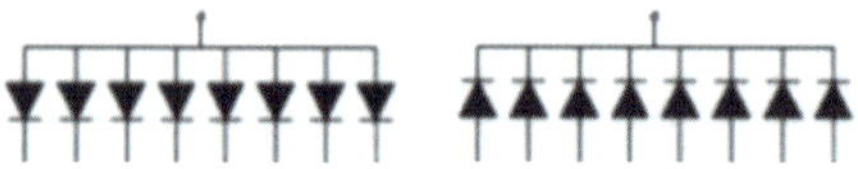

*Links: Common Anode – rechts: Common Cathode*

Die zehn Ziffernbilder werden als Kombinationen der Segmente festgelegt.

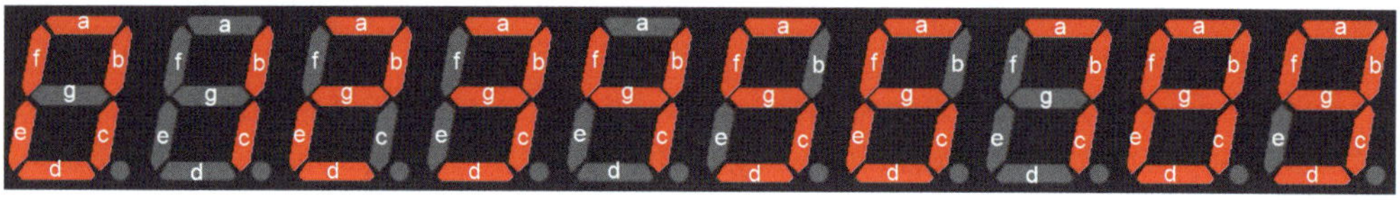


```
zahl=[
 "abcdef",  #0
 "bc",      #1
 "abdeg",   #2
 "abcdg",   #3
 "bcfg",    #4
 "acdfg",   #5
 "acdefg",  #6
 "abc",     #7
 "abcdefg", #8
 "abcdfg",  #9
  ]
```

Um bei Common-Cathode-Displays eine einzelne LED leuchten zu lassen, muss die Anode des entsprechenden Segments mit einem +3,3-V-Signal verbunden sein und die gemeinsame Kathode mit der Masseleitung. Programme brauchen bei Common-Anode-Displays inverse Logik: Wird in diesem Fall die Kathode mit Masse verbunden, also auf 0 gesetzt, wird die LED eingeschaltet.

**Common Anode – Vorwiderstände an der Kathode**

Üblicherweise schließt man Vorwiderstände »vor« einer LED an der Anode an. Prinzipiell spielt es aber keine Rolle, auf welcher Seite der Vorwiderstand liegt, da er nur die durch die LED fließende Stromstärke reduzieren soll, um einen Kurzschluss oder eine Überlastung der GPIO-Ports zu verhindern. Bei einer Sieben-Segment-Anzeige mit gemeinsamer Anode schließt man die Vorwiderstände an den acht Kathoden an, damit nicht mehrere LEDs an einem Vorwiderstand hängen, sonst wäre die Belastung eines GPIO-Ports zu hoch.

## 217 Sieben-Segment-Anzeige mit Python ansteuern

Das Python-3-Programm *7seg01.py* zählt auf einer Sieben-Segment-Anzeige vom Typ Common Cathode, die wie in der Abbildung angeschlossen ist, fortlaufend von 0 bis 9.

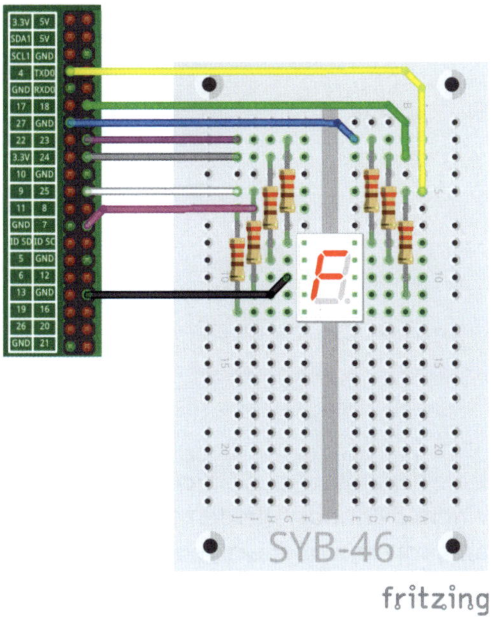


```
#!/usr/bin/python
import RPi.GPIO as GPIO
import time

GPIO.setmode(GPIO.BCM)

seg={'a':27, 'b':18, 'c':4, 'd':7, 'e':25, 'f':24, 'g':23}
for s in "abcdefg":
 GPIO.setup(seg[s], GPIO.OUT, initial=0)

zahl=[
 "abcdef",  #0
 "bc",      #1
 "abdeg",   #2
 "abcdg",   #3
 "bcfg",    #4
 "acdfg",   #5
 "acdefg",  #6
```

```
  "abc",     #7
  "abcdefg", #8
  "abcdfg",  #9
   ]

print ("Strg+C beendet das Programm")

try:
 while True:
  for i in range(10):
   for s in zahl[i]:
    GPIO.output(seg[s], 1)
   time.sleep(0.5)
   for s in "abcdefg":
    GPIO.output(seg[s], 0)

except KeyboardInterrupt:
 GPIO.cleanup()
```

**So funktioniert es:**

Für die sieben Segmente der Anzeige wird eine Variable vom Typ ***dictionary*** verwendet, eine besondere Form der Liste. In einem ***dictionary*** werden die einzelnen Elemente nicht über ihre Nummer ausgewählt, sondern über ein beliebiges Wort, den sogenannten Schlüssel, der auch aus einem einzigen Buchstaben bestehen kann. Im Gegensatz zu einer einfachen Liste steht ein ***dictionary*** in geschweiften Klammern. Ein ***dictionary*** kann beliebig viele Paare aus Schlüssel und Wert enthalten. Hier ist der Schlüssel der jeweilige Kennbuchstabe für das Segment, der Wert dahinter der verwendete GPIO-Port:

```
seg={'a':27, 'b':18, 'c':4, 'd':7, 'e':25, 'f':24, 'g':23}
```

Die GPIO-Ports aller sieben Segmente werden als Ausgänge definiert und auf 0 gesetzt. Die Schleife arbeitet nacheinander alle Buchstaben der angegebenen Zeichenkette ab, anstatt wie sonst üblich innerhalb eines bestimmten Zahlenbereichs hochzuzählen.

```
for s in "abcdefg":
 GPIO.setup(seg[s], GPIO.OUT, initial=0)
```

Die Liste ***zahl*** legt die für die einzelnen Ziffern von 0 bis 9 einzuschaltenden Segmente fest. Hierbei handelt es sich um eine normale Liste, deren Elemente nur der Übersichtlichkeit halber untereinandergeschrieben sind. Die Ziffern selbst sind kein Bestandteil der Liste. Sie werden wie alles, was hinter einem # in einer Zeile steht, von Python als Kommentar betrachtet und bei der Programmausführung ignoriert.

Eine Schleife zählt fortlaufend von 0 bis 9 durch, um nacheinander die Ziffern anzuzeigen.

```
for i in range(10):
```

Bei jedem Schleifendurchlauf der äußeren Schleife arbeitet eine innere Schleife die in der Liste ***zahl*** für diese Ziffer eingetragene Zeichenkette ab, setzt die entsprechenden Segmente der Anzeige auf 1 und schaltet sie damit ein.

```
for s in zahl[i]:
 GPIO.output(seg[s], 1)
```

Nachdem die Schleife für eine Ziffer durchgelaufen ist, bleibt diese 0,5 Sekunden lang angezeigt, danach werden alle sieben Segmente unabhängig von ihrem aktuellen Status auf 0 gesetzt und damit ausgeschaltet.

```
time.sleep(0.5)
for s in "abcdefg":
 GPIO.output(seg[s], 0)
```

## 218 Mehrstellige Sieben-Segment-Anzeigen

Bei mehrstelligen Sieben-Segment-Anzeigen gibt es zwei Arten von Schaltungen. Beim Common-Cathode-Schaltschema sind die Kathoden der acht LEDs einer Ziffer zusammengeschaltet. Zusätzlich sind die Anoden der jeweils gleichen LED-Position in allen vier Ziffern zusammengeschaltet. Beim Common-Anode-Schaltschema sind die Anoden der acht LEDs einer Ziffer zusammengeschaltet. Zusätzlich sind die Kathoden der jeweils gleichen LED-Position in allen vier Ziffern zusammengeschaltet. Bei beiden Typen braucht eine vierstellige Anzeige für insgesamt 32 LEDs statt 64 nur 12 Anschlüsse.

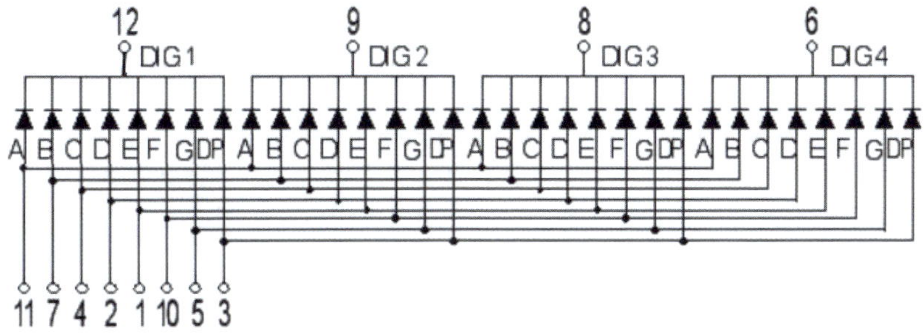


*Schaltschema der Sieben-Segment-Anzeige vom Typ Common Cathode*

Die Anschlüsse der Anoden sind nach den vier Ziffern 1 bis 4 bezeichnet, die Anschlüsse der Kathoden nach den sieben Segmenten ***a*** bis ***g*** sowie ***DP*** für den Dezimalpunkt.

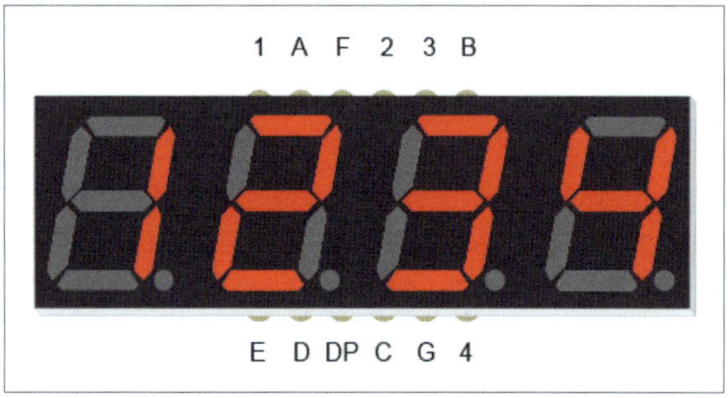


Sowohl die Anoden als auch die Kathoden müssen einzeln schaltbar sein. Dazu werden GPIO-Ports verwendet, die auf der Anodenseite auf ***True*** (+3,3 V) und auf der Kathodenseite auf ***False*** (0 V) gesetzt werden, damit die jeweilige LED leuchtet.

| **Common Anode** | **Ziffer True** | **Ziffer False** |
|---|---|---|
| Segment ***True*** | LED aus | LED aus |
| Segment ***False*** | LED leuchtet | LED aus |
| **Common Cathode** | **Ziffer True** | **Ziffer False** |
| Segment ***True*** | LED aus | LED leuchtet |
| Segment ***False*** | LED aus | LED aus |

**True und False**

Die Schlüsselwörter ***True*** und ***False*** können in Programmen gleichbedeutend mit den Logikwerten *1* und *0* verwendet werden, was besonders in Programmen mit vielen Zahlen übersichtlicher sein kann.

Da auf jedem Segment einer mehrstelligen Sieben-Segment-Anzeige immer für alle Ziffern das gleiche Signal ist, können einzelne Ziffern zwar ein- und ausgeschaltet werden, nicht aber verschiedene Zahlen anzeigen. Um auf jeder Ziffer der Anzeige trotzdem eine andere Zahl darzustellen, muss man sich eines Tricks bedienen:

**Der Trick mit dem Nachleuchten**

Eine Lichtquelle wird vom menschlichen Auge noch eine kurze Zeit als leuchtend wahrgenommen, wenn sie eigentlich schon ausgeschaltet ist.

Das sogenannte Zeitmultiplex-Verfahren schaltet schnell von einer zur nächsten Ziffer um und zeigt gleichzeitig bei jedem Wechsel eine andere Zahl an. Der Trick dabei ist, das richtige Zeitintervall herauszufinden. Wechseln die Zahlen zu schnell, scheinen sie für das Auge zu verschwimmen, wechseln sie zu langsam, ist ein deutliches Flackern zu sehen.

## 219 Mehrstellige Sieben-Segment-Anzeige mit Python ansteuern

Das Python-3-Programm ***zahl1234.py*** stellt die Zahlenfolge 1234 auf einer vierstelligen Sieben-Segment-Anzeige vom Typ Common Cathode dar, die wie in der Abbildung angeschlossen ist.

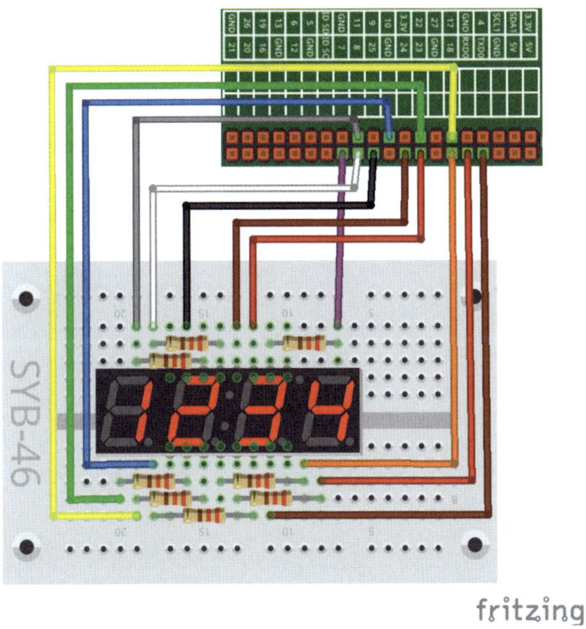

```
#!/usr/bin/python
import RPi.GPIO as GPIO
import time

GPIO.setmode(GPIO.BCM)

seg={'a':21, 'b':8, 'c':11, 'd':26, 'e':19, 'f':20, 'g':13}
for s in "abcdefg":
 GPIO.setup(seg[s], GPIO.OUT, initial=0)
```

```
zif=[16, 12, 7, 6]
for z in zif:
 GPIO.setup(z, GPIO.OUT, initial=1)

zahl=[
 "abcdef",  #0
 "bc",      #1
 "abdeg",   #2
 "abcdg",   #3
 "bcfg",    #4
 "acdfg",   #5
 "acdefg",  #6
 "abc",     #7
 "abcdefg", #8
 "abcdfg",  #9
  ]

print ("Strg+C beendet das Programm")

try:
 while True:
  for i in range(4):
   for s in "abcdefg":
    GPIO.output(seg[s], 0)
   GPIO.output(zif[i], 0)
   for s in zahl[i+1]:
    GPIO.output(seg[s], 1)
   time.sleep(0.001)
   GPIO.output(zif[i], 1)

except KeyboardInterrupt:
 GPIO.cleanup()
```

**So funktioniert es:**

Zusätzlich zum ***dictionary*** für die sieben Segmente einer Ziffer wird ein Array ***zif[]*** definiert, das die GPIO-Ports der vier Kathoden der Anzeige festlegt. Diese werden am Anfang alle auf *1* gesetzt.

```
zif=[16, 12, 7, 6]
for z in zif:
 GPIO.setup(z, GPIO.OUT, initial=1)
```

Innerhalb der Endlosschleife läuft jetzt eine weitere Schleife viermal durch, um schnell nacheinander die vier Ziffern darzustellen.

```
  for i in range(4):
```

In jedem Schleifendurchlauf setzt eine weitere Schleife die Anoden aller sieben Segmente auf 0, schaltet sie also aus. In diesem Moment sind alle LEDs aus.

```
for s in "abcdefg":
 GPIO.output(seg[s], 0)
```

Die Kathode der aktuellen Ziffer wird auf 0 gesetzt, damit diese Ziffer danach die entsprechende Zahl anzeigen kann.

```
GPIO.output(zif[i], 0)
```

Die nächste Schleife schaltet alle Segmente der anzuzeigenden Zahl auf 1 und damit ein. Diese Zahl ist um eins höher als der Schleifenzähler, der von 0 bis 3 zählt. Es sollen die Ziffern 1 bis 4 angezeigt werden.

```
for s in zahl[i+1]:
 GPIO.output(seg[s], 1)
```

Jetzt wartet das Programm eine Millisekunde. Genauso lange leuchten die LEDs einer Ziffer wirklich, bevor zur nächsten Ziffer gewechselt wird.

```
time.sleep(0.001)
```

Am Ende der Schleife wird die Kathode der aktuellen Ziffer auf 1 gesetzt und damit ausgeschaltet. Im nächsten Schleifendurchlauf wird die nächste Ziffer angezeigt.

```
GPIO.output(zif[i], 1)
```

Je nach verwendetem Anzeigemodul muss mit unterschiedlichen Wartezeiten experimentiert werden, um den Zeitmultiplex so einzustellen, dass die Anzeige möglichst wenig flackert, aber auch nicht verschwimmt.

## 220 Uhr auf der Sieben-Segment-Anzeige

Das Python-3-Programm ***uhr02.py*** zeigt die aktuelle Uhrzeit in Stunden und Minuten auf einer vierstelligen Sieben-Segment-Anzeige vom Typ Common Cathode an.

```
#!/usr/bin/python
import RPi.GPIO as GPIO
import time

GPIO.setmode(GPIO.BCM)

seg={'a':21, 'b':8, 'c':11, 'd':26, 'e':19, 'f':20, 'g':13}
for s in "abcdefg":
 GPIO.setup(seg[s], GPIO.OUT, initial=0)
```

```
zif=[16, 12, 7, 6]
for z in zif:
 GPIO.setup(z, GPIO.OUT, initial=1)

dp = 5
GPIO.setup(dp, GPIO.OUT, initial=0)

zahl=[
 "abcdef",  #0
 "bc",      #1
 "abdeg",   #2
 "abcdg",   #3
 "bcfg",    #4
 "acdfg",   #5
 "acdefg",  #6
 "abc",     #7
 "abcdefg", #8
 "abcdfg",  #9
  ]

z = [0,0,0,0]
print ("Strg+C beendet das Programm")

try:
 while True:
  z[0] = time.localtime().tm_hour // 10
  z[1] = time.localtime().tm_hour % 10
  z[2] = time.localtime().tm_min // 10
  z[3] = time.localtime().tm_min % 10
  for i in range(4):
   for s in "abcdefg":
    GPIO.output(seg[s], 0)
   GPIO.output(zif[i], 0)
   for s in zahl[z[i]]:
    GPIO.output(seg[s], 1)
   if i == 1:
    GPIO.output(dp, 1)
   else:
    GPIO.output(dp, 0)
   time.sleep(0.001)
   GPIO.output(zif[i], 1)

except KeyboardInterrupt:
 GPIO.cleanup()
```

**So funktioniert es:**

Nach der Definition der GPIO-Ports für Segmente und Ziffern wird der GPIO-Port 5 für den Dezimalpunkt eingerichtet. Da es sich wie bei den Segmenten um eine gemeinsame Anode für alle vier Ziffern handelt, wird sie am Anfang auf 0 gesetzt, um die Dezimalpunkte auszuschalten.

```
dp = 5
GPIO.setup(dp, GPIO.OUT, initial=0)
```

Das Hauptprogramm ermittelt in einer Endlosschleife die aktuelle Zeit und schreibt vier Ziffern für Stunden und Minuten in das Array *z[]*, um sie anschließend auf der Sieben-Segment-Anzeige auszugeben.

Die erste Ziffer zeigt die Zehnerstelle der Stunden. Dazu wird die aktuelle Stundenangabe aus ***time.localtime().tm_hour*** mit dem Operator *//* ganzzahlig durch 10 geteilt. Die zweite Ziffer zeigt die Einerstelle der Stunden. Diese wird mit dem Modulo-Operator *%* errechnet. Modulo ermittelt den bei einer Ganzzahldivision entstehenden unteilbaren Rest. Bei einer Division durch 10 ergibt der Modulo-Operator immer die letzte Ziffer des Dividenden. Auf die gleiche Weise werden an die dritte und die vierte Stelle die beiden Ziffern der aktuellen Minutenangabe geschrieben.

```
while True:
  z[0] = time.localtime().tm_hour // 10
  z[1] = time.localtime().tm_hour % 10
  z[2] = time.localtime().tm_min // 10
  z[3] = time.localtime().tm_min % 10
```

Bei der Anzeige wird, während die zweite Ziffer gerade leuchtet, der Dezimalpunkt mit dazugeschaltet. Wenn der Schleifenzähler auf 1 steht – die erste Ziffer hat die Nummer 0 – wird der GPIO-Ausgang für den Dezimalpunkt auf 1 gesetzt und damit eingeschaltet. Bei allen anderen Ziffern wird er auf 0 gesetzt und damit ausgeschaltet.

```
    if i == 1:
     GPIO.output(dp, 1)
    else:
     GPIO.output(dp, 0)
```

Nach einer Wartezeit von einer Millisekunde wird die aktuelle Ziffer auf 1 gesetzt und damit ausgeschaltet. Im nächsten Schleifendurchlauf wird die nächste Ziffer angezeigt.

## 221 IP-Adresse auf der Sieben-Segment-Anzeige

Das Python-3-Programm ***ip-adresse.py*** zeigt auf einer mehrstelligen Sieben-Segment-Anzeige vom Typ Common Cathode die IP-Adresse des Raspberry Pi noch übersichtlicher an als mit blinkenden LEDs. Eine IP-Adresse besteht aus vier Blöcken mit je drei Ziffern. Auf der Anzeige wird nacheinander jeder Zahlenblock etwa eine Sekunde dargestellt. Um das Ende der IP-Adresse und den Beginn der nächsten Anzeigeschleife deutlich zu sehen, blinken nach dem vierten Zahlenblock die Dezimalpunkte der Anzeige kurz auf. Danach startet die Anzeige der IP-Adresse wieder mit dem ersten Zahlenblock.

Zahlenblöcke, die nur aus einer oder zwei Ziffern bestehen, werden für ein einheitliches Erscheinungsbild ebenfalls dreistellig angezeigt und am Anfang mit Nullen ergänzt. Diese Schreibweise ist bei der Angabe von IP-Adressen genauso gültig.

```
#!/usr/bin/python
import RPi.GPIO as GPIO
import time, os

GPIO.setmode(GPIO.BCM)

seg={'a':21, 'b':8, 'c':11, 'd':26, 'e':19, 'f':20, 'g':13}
for s in "abcdefg":
 GPIO.setup(seg[s], GPIO.OUT, initial=0)

zif=[16, 12, 7, 6]
for z in zif:
 GPIO.setup(z, GPIO.OUT, initial=1)

dp = 5
GPIO.setup(dp, GPIO.OUT, initial=0)

zahl=[
 "abcdef",  #0
 "bc",      #1
 "abdeg",   #2
 "abcdg",   #3
 "bcfg",    #4
 "acdfg",   #5
 "acdefg",  #6
 "abc",     #7
 "abcdefg", #8
 "abcdfg",  #9
  ]

z = [0,0,0]
print ("Strg+C beendet das Programm")

try:
 while True:
  ip = os.popen("hostname -I").readline()[:-2].split(".")
```

```
  for j in ip:
   for k in range(3):
    z[k] = int(j.rjust(3, "0")[k])
   sek = time.time()
   while time.time() <= sek + 1:
    for i in range(3):
     for s in "abcdefg":
      GPIO.output(seg[s], 0)
     GPIO.output(zif[i], 0)
     for s in zahl[z[i]]:
      GPIO.output(seg[s], 1)
     time.sleep(0.001)
     GPIO.output(zif[i], 1)
  for s in "abcdefg":
   GPIO.output(seg[s], 0)
  for k in range(4):
   GPIO.output(zif[k], 0)
  GPIO.output(dp, 1)
  time.sleep(0.5)
  GPIO.output(dp, 0)
  GPIO.output(zif[3], 1)

except KeyboardInterrupt:
 GPIO.cleanup()
```

**So funktioniert es:**

Am Anfang wird zusätzlich das Modul ***os*** zum Zugriff auf Betriebssystemfunktionen importiert.

Eine Systemfunktion ermittelt die IP-Adresse und speichert die vier Ziffernblöcke an den Punkten getrennt als Zeichenketten in der Liste ***ip***. Dazu wird die Methode ***split()*** verwendet, die in jeder Zeichenkette zur Verfügung steht. Diese benötigt als Parameter das Trennzeichen, an dem die Zeichenkette aufgespaltet werden soll.

```
ip = os.popen("hostname -I").readline()[:-2].split(".")
```

Die IP-Adresse wird in jedem Schleifendurchlauf neu ermittelt. So sieht man bei Änderungen an der Netzwerkkonfiguration jederzeit die aktuelle IP-Adresse.

Das Hauptprogramm besteht wieder aus einer Endlosschleife, die zyklisch die vier Zahlenblöcke der IP-Adresse anzeigt. In jedem Block läuft eine innere Schleife dreimal, um jeweils drei Ziffern darzustellen.

```
for j in ip:
 for k in range(3):
```

Diese Zeile schreibt in jedem Durchlauf in das aktuelle Element der Liste ***z*** den Zahlenwert einer Ziffer, der mit der Funktion ***int()*** aus einer als Zeichen gespeicherten Ziffer gelesen wird. Aus der äußeren Schleife übernimmt der Zähler ***j*** einen Zahlenblock der IP-Adresse. Die Methode ***rjust()***, die in jeder Zeichenkette zur Verfügung steht, ergänzt die Zeichenkette auf eine bestimmte Länge, die im ersten Parameter (hier: ***3***) angegeben ist, wobei die Originalzeichenkette im Ergebnis rechts steht. Links werden eventuell fehlende Stellen mit einem Füllzeichen, das im zweiten Parameter (hier: ***"0"***) angegeben ist, aufgefüllt. Auf diese Weise werden in jedem Feld der Liste ***z*** drei Ziffern abgelegt, auch wenn ein Zahlenblock der IP-Adresse nur aus einer oder zwei Ziffern besteht.

```
    z[k] = int(j.rjust(3, "0")[k])
```

In der Variablen ***sek*** wird die aktuelle Zeit in Sekunden gespeichert, die die Funktion ***time.time()*** jederzeit auf Hundertstelsekunden genau ausgibt. Eine ***while***-Schleife fragt ab, ob seit dem Speichern der Zeit eine oder mehr Sekunden vergangen sind. Solange dies nicht der Fall ist, wird immer wieder die Schleife zur Zahlenanzeige aufgerufen. Nach Ablauf der Sekunde startet die äußere Schleife erneut mit dem nächsten Zahlenblock der IP-Adresse. Da die Zahlen im Multiplexverfahren ständig neu angezeigt werden müssen, kann das Programm hier nicht einfach mit ***time.sleep()*** warten.

```
   sek = time.time()
   while time.time() <= sek + 1:
```

Nachdem die Hauptschleife viermal durchgelaufen ist, blinken die Dezimalpunkte einmal kurz auf, um das Ende der IP-Adresse anzuzeigen. Eine Schleife schaltet alle Segmente aus und aktiviert alle vier Ziffern. Dann wird kurz für eine halbe Sekunde der Dezimalpunkt eingeschaltet. Die vierte Ziffer muss explizit wieder ausgeschaltet werden, da sie zur Anzeige der IP-Adresse nicht verwendet wird.

```
  for s in "abcdefg":
   GPIO.output(seg[s], 0)
  for k in range(4):
   GPIO.output(zif[k], 0)
  GPIO.output(dp, 1)
  time.sleep(0.5)
  GPIO.output(dp, 0)
  GPIO.output(zif[3], 1)

  for s in "abcdefg":
   GPIO.output(seg[s], 1)
  for k in range(4):
   GPIO.output(zif[k], 1)
  GPIO.output(dp, 0)
  time.sleep(0.5)
  GPIO.output(dp, 1)
  GPIO.output(zif[3], 0)
```

Danach startet die Endlosschleife wieder. Das Ganze wiederholt sich, bis der Nutzer mit [Strg]+[C] abbricht.

## 222 Python-Programme auf dem Raspberry-Pi-OS-Desktop automatisch starten

Programme wie die automatische Anzeige der IP-Adresse oder eine Digitaluhr auf LEDs sind nur dann wirklich nützlich, wenn sie beim Start des Raspberry Pi automatisch mit gestartet werden.

1. Datei */etc/xdg/lxsession/LXDE-pi/autostart* mit Superuser-Rechten mit dem Editor öffnen:
   `sudo mousepad /etc/xdg/lxsession/LXDE-pi/autostart`
2. Zu startendes Programm am Ende anhängen, beispielsweise:
   `@python3 ip-adresse.py`
3. Datei speichern.

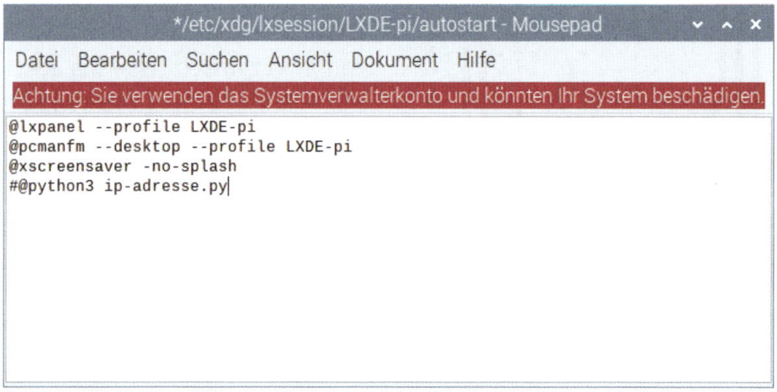


## 223 LED-Punktmatrix-Anzeigen

LED-Matrixanzeigen sind deutlich flexibler einsetzbar als Sieben-Segment-Anzeigen, da sie neben Ziffern auch Buchstaben und nahezu beliebige andere Zeichen darstellen können.

Die Matrixanzeigen bestehen aus LEDs, die in einem rechtwinkligen Raster angeordnet sind. Dabei sind die Anoden aller LEDs einer Spalte und die Kathoden aller LEDs einer Zeile miteinander verbunden oder umgekehrt. Durch Kombination einer Kathode und einer Anode lässt sich jede LED der Matrix einzeln ansteuern. Solche Matrixanzeigen sind in unterschiedlichen Größen lieferbar.

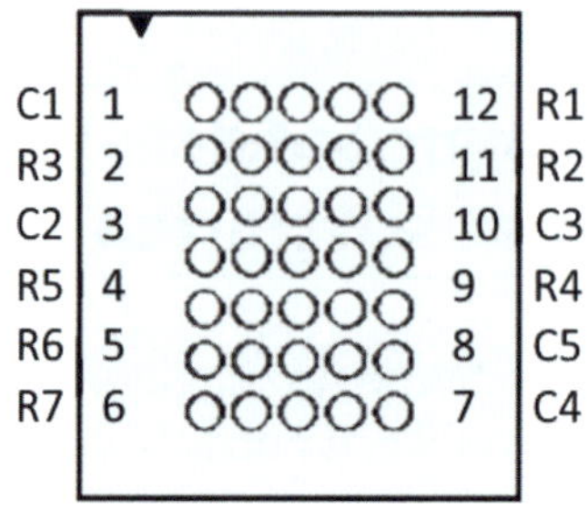


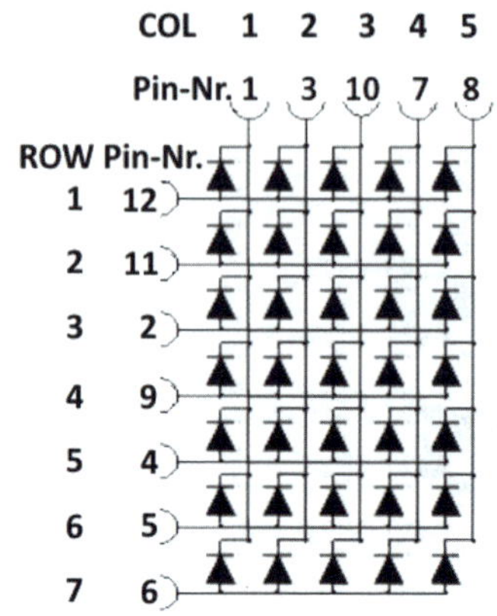


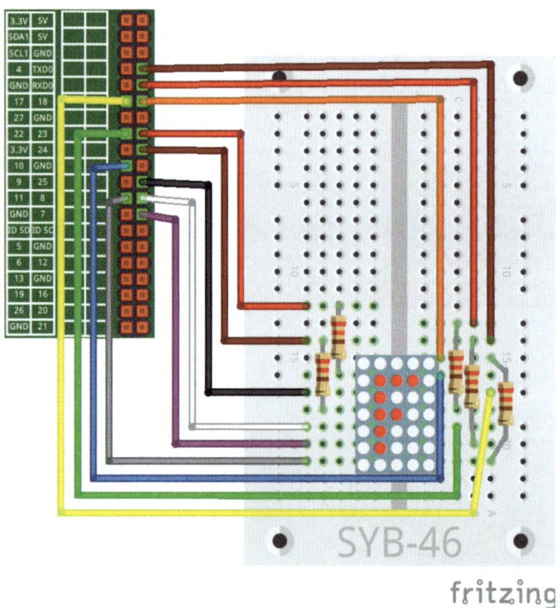


Besonders verbreitet ist die 5-x-7-Matrix, auf der sich bereits alle Buchstaben der europäischen Alphabete wie auch japanische Zeichen gut lesbar darstellen lassen. Ein solches 5-x-7-Punktmatrix-Anzeigemodul kommt mit zwölf Anschluss-Pins aus. Pin 1 ist mit einer Kerbe markiert.

In der abgebildeten Schaltung sind vor den fünf Kathoden die Vorwiderstände geschaltet. Die Tabelle zeigt zusätzlich, welche Anschlüsse mit welchen GPIO-Ports verbunden sind.

| | Matrix-Pin | GPIO-Pin |
|---|---|---|
| Zeile 1 | 12 | 10 |
| Zeile 2 | 11 | 17 |
| Zeile 3 | 2 | 25 |
| Zeile 4 | 9 | 22 |
| Zeile 5 | 4 | 8 |
| Zeile 6 | 5 | 7 |

| | Matrix-Pin | GPIO-Pin |
|---|---|---|
| Zeile 7 | 6 | 11 |
| Spalte 1 | 1 | 23 |
| Spalte 2 | 3 | 24 |
| Spalte 3 | 10 | 15 |
| Spalte 4 | 7 | 18 |
| Spalte 5 | 8 | 14 |

## 224 LED-Punktmatrix-Anzeige mit Python ansteuern

Das Python-3-Programm ***matrix01.py*** lässt einen Leuchtpunkt über alle LEDs der Matrixanzeige laufen.

```
#!/usr/bin/python
import RPi.GPIO as GPIO
import time
GPIO.setmode(GPIO.BCM)

z=[10, 17, 25, 22, 8, 7, 11]
s=[23, 24, 15, 18, 14]
for i in z:
 GPIO.setup(i, GPIO.OUT, initial=0)
for i in s:
 GPIO.setup(i, GPIO.OUT, initial=1)

print ("Strg+C beendet das Programm")

try:
 while True:
  for j in s:
   GPIO.output(j, 0)
   for k in z:
    GPIO.output(k, 1)
    time.sleep(0.1)
    GPIO.output(k, 0)
   GPIO.output(j, 1)

except KeyboardInterrupt:
 GPIO.cleanup()
```

**So funktioniert es:**

Zwei Arrays legen die GPIO-Ports für die Zeilen *z[]* und die Spalten *s[]* fest.

```
z=[10, 17, 25, 22, 8, 7, 11]
s=[23, 24, 15, 18, 14]
```

Alle Pins werden als Ausgänge initialisiert, dabei werden die Zeilen auf 0 und die Spalten auf 1 gesetzt, um alle LEDs auszuschalten.

```
for i in z:
 GPIO.setup(i, GPIO.OUT, initial=0)
for i in s:
 GPIO.setup(i, GPIO.OUT, initial=1)
```

Das Hauptprogramm besteht wieder aus einer Endlosschleife. In jedem Durchlauf läuft eine Schleife über die fünf Spalten und schaltet jeweils eine Spalte auf 0. Damit haben die Kathoden dieser LED-Spalte ***Low***-Signal. Die LEDs können leuchten.

```
for j in s:
 GPIO.output(j, 0)
```

Während eine Spalte aktiv ist, läuft eine innere Schleife über alle sieben LED-Zeilen und schaltet jeweils eine Anode für 0,1 Sekunden auf 1 und damit die LED ein.

```
for k in z:
 GPIO.output(k, 1)
 time.sleep(0.1)
 GPIO.output(k, 0)
```

## 225 Zeichensatz für LED-Punktmatrix-Anzeige

Auf einem 5-x-7-Punktmatrix-Anzeigemodul lassen sich theoretisch 4.096 verschiedene LED-Muster abbilden. Die zu verwendenden Zeichen müssen erst einmal als Bitmuster definiert werden.

Dabei legt man für jedes Zeichen 5 Byte an, die die Bitmuster der Spalten enthalten. Da jede Spalte nur sieben LEDs hat, ist das Bit mit dem höchsten Wert immer 0.

| Muster | Binär | Hex | Zeichen |
|---|---|---|---|
|  | 0111 1110<br>0000 1001<br>0000 1001<br>0000 1001<br>0111 1110 | 0x7e, 0x09, 0x09, 0x09, 0x7e | A |
| 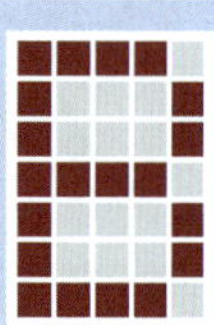 | 0111 1111<br>0100 1001<br>0100 1001<br>0100 1001<br>0011 0110 | 0x7f, 0x49, 0x49, 0x49, 0x36 | B |
| 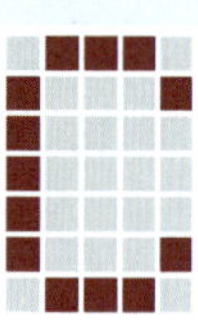 | 0011 1110<br>0100 0001<br>0100 0001<br>0100 0001<br>0010 0010 | 0x3e, 0x41, 0x41, 0x41, 0x22 | C |

| Muster | Binär | Hex | Zeichen |
|---|---|---|---|
| 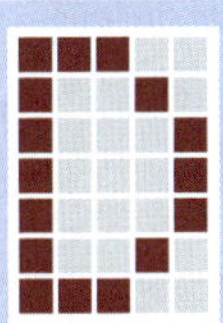 | 0111 1111<br>0100 0001<br>0100 0001<br>0010 0010<br>0001 1100 | 0x7f, 0x41, 0x41, 0x22, 0x1c | D |
|  | 0111 1111<br>0100 1001<br>0100 1001<br>0100 1001<br>0110 0011 | 0x7f, 0x49, 0x49, 0x49, 0x63 | E |
| 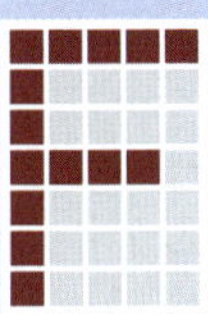 | 0111 1111<br>0000 1001<br>0000 1001<br>0000 1001<br>0000 0001 | 0x7f, 0x09, 0x09, 0x09, 0x01 | F |
| 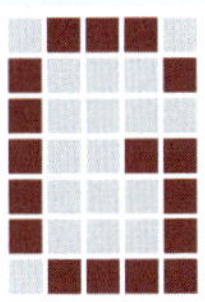 | 0011 1110<br>0100 0001<br>0100 0001<br>0100 1001<br>0111 1010 | 0x3e, 0x41, 0x41, 0x49, 0x7a | G |
|  | 0111 1111<br>0000 1000<br>0000 1000<br>0000 1000<br>0111 1111 | 0x7f, 0x08, 0x08, 0x08, 0x7f | H |
| 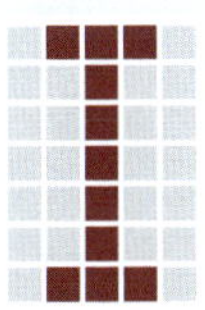 | 0000 0000<br>0100 0001<br>0111 1111<br>0100 0001<br>0000 0000 | 0x00, 0x41, 0x7f, 0x41, 0x00 | I |
|  | 0010 0000<br>0100 0000<br>0100 0001<br>0011 1111<br>0000 0001 | 0x20, 0x40, 0x41, 0x3f, 0x01 | J |
| 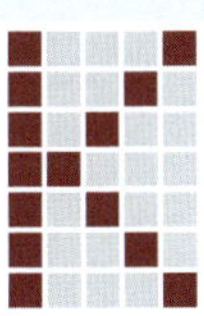 | 0111 1111<br>0000 1000<br>0001 0100<br>0010 0010<br>0100 0001 | 0x7f, 0x08, 0x14, 0x22, 0x41 | K |

| Muster | Binär | Hex | Zeichen |
|---|---|---|---|
|  | 0111 1111<br>0100 0000<br>0100 0000<br>0100 0000<br>0110 0000 | 0x7f, 0x40, 0x40, 0x40, 0x60 | L |
| 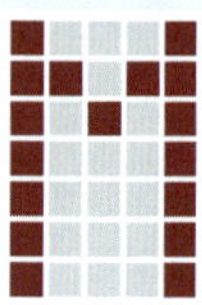 | 0111 1111<br>0000 0010<br>0000 0100<br>0000 0010<br>0111 1111 | 0x7f, 0x02, 0x04, 0x02, 0x7f | M |
| 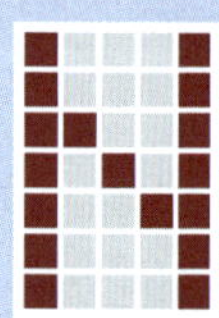 | 0111 1111<br>0000 0100<br>0000 1000<br>0001 0000<br>0111 1111 | 0x7f, 0x04, 0x08, 0x10, 0x7f | N |
| 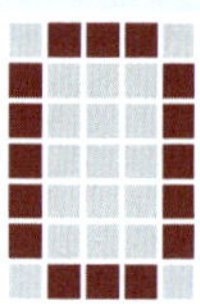 | 0011 1110<br>0100 0001<br>0100 0001<br>0100 0001<br>0011 1110 | 0x3e, 0x41, 0x41, 0x41, 0x3e | O |
| 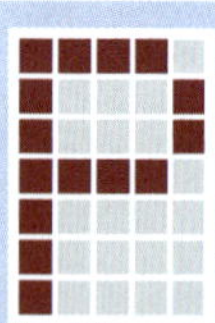 | 0111 1111<br>0000 1001<br>0000 1001<br>0000 1001<br>0000 0110 | 0x7f, 0x09, 0x09, 0x09, 0x06 | P |
| 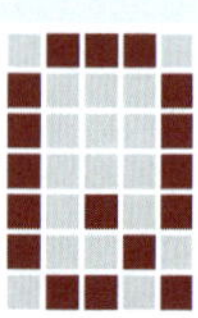 | 0011 1110<br>0100 0001<br>0101 0001<br>0010 0001<br>0101 1110 | 0x3e, 0x41, 0x51, 0x21, 0x5e | Q |
| 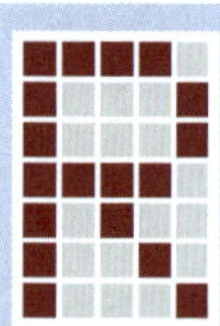 | 0111 1111<br>0000 1001<br>0001 1001<br>0010 1001<br>0100 0110 | 0x7f, 0x09, 0x19, 0x29, 0x46 | R |
| 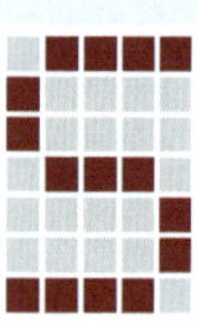 | 0100 0110<br>0100 1001<br>0100 1001<br>0100 1001<br>0011 0001 | 0x46, 0x49, 0x49, 0x49, 0x31 | S |

| Muster | Binär | Hex | Zeichen |
|---|---|---|---|
| 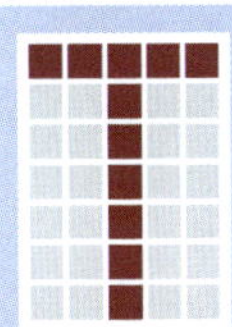 | 0000 0001<br>0000 0001<br>0111 1111<br>0000 0001<br>0000 0001 | 0x01, 0x01, 0x7f, 0x01, 0x01 | T |
| 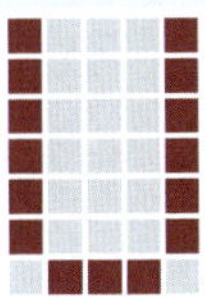 | 0011 1111<br>0100 0000<br>0100 0000<br>0100 0000<br>0011 1111 | 0x3f, 0x40, 0x40, 0x40, 0x3f | U |
| 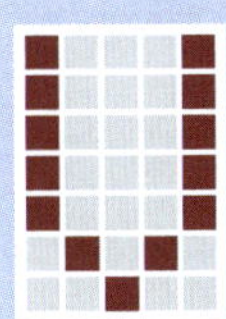 | 0001 1111<br>0010 0000<br>0100 0000<br>0010 0000<br>0001 1111 | 0x1f, 0x20, 0x40, 0x20, 0x1f | V |
| 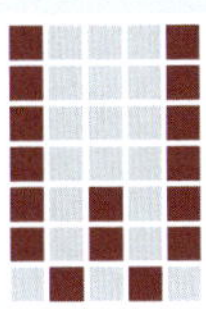 | 0011 1111<br>0100 0000<br>0011 0000<br>0100 0000<br>0011 1111 | 0x3f, 0x40, 0x30, 0x40, 0x3f | W |
|  | 0110 0011<br>0001 0100<br>0000 1000<br>0001 0100<br>0110 0011 | 0x63, 0x14, 0x08, 0x14, 0x63 | X |
|  | 0000 0111<br>0000 1000<br>0111 0000<br>0000 1000<br>0000 0111 | 0x07, 0x08, 0x70, 0x08, 0x07 | Y |
| 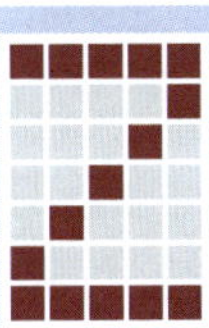 | 0110 0001<br>0101 0001<br>0100 1001<br>0100 0101<br>0100 0011 | 0x61, 0x51, 0x49, 0x45, 0x43 | Z |

Auf die gleiche Weise können auch Kleinbuchstaben, Ziffern und Sonderzeichen definiert werden.

## 226 Zeichen auf LED-Punktmatrix-Anzeige ausgeben

Das Python-3-Programm ***matrix02.py*** zeigt, wie man einen Text mithilfe eines vorher definierten Zeichensatzes auf einer LED-Punktmatrix-Anzeige darstellen kann.

```
#!/usr/bin/python
import RPi.GPIO as GPIO
import time
GPIO.setmode(GPIO.BCM)

t="RASPBERRY PI MACHS EINFACH "
w=0.005
z=[10, 17, 25, 22, 8, 7, 11]
s=[23, 24, 15, 18, 14]
for i in z:
 GPIO.setup(i, GPIO.OUT, initial=0)
for i in s:
 GPIO.setup(i, GPIO.OUT, initial=1)

b=[
[0x00, 0x00, 0x00, 0x00, 0x00], #
[0x7e, 0x09, 0x09, 0x09, 0x7e], #A
[0x7f, 0x49, 0x49, 0x49, 0x36], #B
[0x3e, 0x41, 0x41, 0x41, 0x22], #C
[0x7f, 0x41, 0x41, 0x22, 0x1c], #D
[0x7f, 0x49, 0x49, 0x49, 0x63], #E
[0x7f, 0x09, 0x09, 0x09, 0x01], #F
[0x3e, 0x41, 0x41, 0x49, 0x7a], #G
[0x7f, 0x08, 0x08, 0x08, 0x7f], #H
[0x00, 0x41, 0x7f, 0x41, 0x00], #I
[0x20, 0x40, 0x41, 0x3f, 0x01], #J
[0x7f, 0x08, 0x14, 0x22, 0x41], #K
[0x7f, 0x40, 0x40, 0x40, 0x60], #L
[0x7f, 0x02, 0x04, 0x02, 0x7f], #M
[0x7f, 0x04, 0x08, 0x10, 0x7f], #N
[0x3e, 0x41, 0x41, 0x41, 0x3e], #O
[0x7f, 0x09, 0x09, 0x09, 0x06], #P
[0x3e, 0x41, 0x51, 0x21, 0x5e], #Q
[0x7f, 0x09, 0x19, 0x29, 0x46], #R
[0x46, 0x49, 0x49, 0x49, 0x31], #S
[0x01, 0x01, 0x7f, 0x01, 0x01], #T
[0x3f, 0x40, 0x40, 0x40, 0x3f], #U
[0x1f, 0x20, 0x40, 0x20, 0x1f], #V
[0x3f, 0x40, 0x30, 0x40, 0x3f], #W
[0x63, 0x14, 0x08, 0x14, 0x63], #X
```

```
[0x07, 0x08, 0x70, 0x08, 0x07], #Y
[0x61, 0x51, 0x49, 0x45, 0x43]] #Z

print ("Strg+C beendet das Programm")

try:
 while True:
  for i in t:
   tx=ord(i)-64
   if (tx < 1 or tx > 26):
    tx = 0
   sek = time.time()
   while time.time() <= sek + 1:
    for j in range(5):
     GPIO.output(s[j], 0)
     bx=b[tx][j]
     GPIO.output(z[0], bx&0x01==0x01)
     GPIO.output(z[1], bx&0x02==0x02)
     GPIO.output(z[2], bx&0x04==0x04)
     GPIO.output(z[3], bx&0x08==0x08)
     GPIO.output(z[4], bx&0x10==0x10)
     GPIO.output(z[5], bx&0x20==0x20)
     GPIO.output(z[6], bx&0x40==0x40)
     time.sleep(w)
     GPIO.output(s[j], 1)

except KeyboardInterrupt:
 GPIO.cleanup()
```

**So funktioniert es:**

Die Variable ***t*** enthält den anzuzeigenden Text. In *w* ist ein kurzes Zeitintervall gespeichert, da auch zur Steuerung von LED-Punktmatrix-Anzeigen ein Zeitmultiplex-Verfahren genutzt wird.

```
t="RASPBERRY PI MACHS EINFACH "
w=0.005
```

Das Array *b[]* enthält die Bitmuster aller 26 Großbuchstaben (ohne Umlaute). Zusätzlich ist am Anfang bei *b[0]* ein Leerzeichen eingetragen. Es wird im Programm zur Darstellung von Leerzeichen und aller anderen Zeichen, die keine Großbuchstaben sind, verwendet.

Das Hauptprogramm besteht wieder aus einer Endlosschleife. Darin läuft eine Schleife über alle Zeichen des Textes ***t***. Die Funktion ***ord()*** ermittelt die Nummer des Zeichens im ASCII-Zeichensatz. Da das große *A* dort auf Position 65 steht, werden 64 subtrahiert, um die Nummer des Zeichens im Array ***b[]*** zu erhalten. Ist das Zeichen kein Großbuchstabe, wird die Nummer auf 0 gesetzt, um das Leerzeichen anzuzeigen.

```
for i in t:
 tx=ord(i)-64
 if (tx < 1 or tx > 26):
  tx = 0
```

Da wegen des Zeitmultiplex-Verfahrens die Anzeigeroutine ständig laufen muss und nach einem Buchstaben nicht einfach mit ***time.sleep()*** eine Sekunde gewartet werden kann, wird die aktuelle Uhrzeitsekunde in der Variablen ***sek*** gespeichert. Solange nicht mehr als eine Sekunde vergangen ist, wird das gleiche Zeichen angezeigt. In der nächsten Sekunde läuft die Schleife zum nächsten Zeichen des Textes weiter.

```
 sek = time.time()
 while time.time() <= sek + 1:
```

Eine innere Schleife läuft über alle fünf Spalten der Anzeige, setzt die Kathode auf 0, damit die LEDs leuchten können, und liest dann aus dem Array ***b[]*** das Bitmuster des aktuellen Zeichens für diese Spalte.

```
  for j in range(5):
   GPIO.output(s[j], 0)
   bx=b[tx][j]
```

Jetzt wird das Bitmuster der Spalte auf die sieben GPIO-Ports ausgegeben. Um ein Bitmuster auf mehreren GPIO-Ports auszugeben, wird der Python-Operator ***&*** (bitweises UND) verwendet. Nacheinander wird für jedes der 7 Bits geprüft, ob es 1 oder 0 ist. Das Ergebnis der Prüfung ist entsprechend 1 oder 0. Dieser Wert wird dann auf dem jeweiligen GPIO-Port ausgegeben.

```
   GPIO.output(z[0], bx&0x01==0x01)
   GPIO.output(z[1], bx&0x02==0x02)
   GPIO.output(z[2], bx&0x04==0x04)
   GPIO.output(z[3], bx&0x08==0x08)
   GPIO.output(z[4], bx&0x10==0x10)
   GPIO.output(z[5], bx&0x20==0x20)
   GPIO.output(z[6], bx&0x40==0x40)
```

Danach wartet das Programm die Zeit ***w***, setzt dann die Kathode der Spalte wieder auf 1 und wechselt zur nächsten Spalte.

```
   time.sleep(w)
   GPIO.output(s[j], 1)
```

## 227 Zeichenorientiertes LCD-Display anschließen

Zweizeilige LCD-Module, erhältlich für wenige Euro bei diversen Onlinehändlern, sind fast alle zum Quasi-Standard HD44780 kompatibel. Dabei handelt es sich um die Bezeichnung des in den Displays eingebauten Controllers, der Zeichen in ein bis vier Zeilen darstellt, ohne dass sich der Benutzer um die Ansteuerung der einzelnen Pixel zu kümmern braucht.

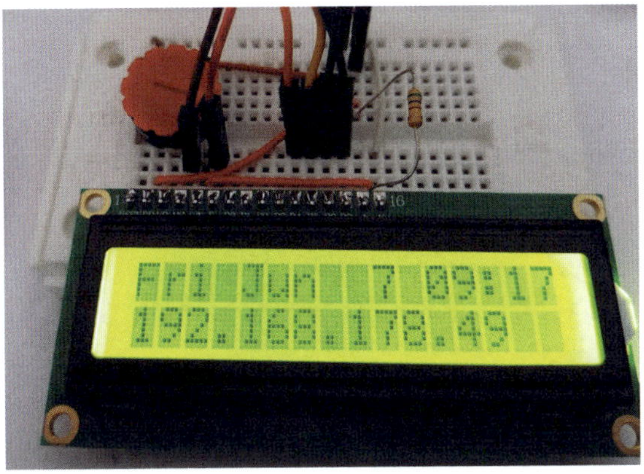


**Pinbelegung eines HD44780-kompatiblen Displays:**

| Pin | Funktion | Beschreibung |
|---|---|---|
| 1 | VSS | Stromversorgung Masseleitung 0 V |
| 2 | VDD | Stromversorgung +5 V |
| 3 | V0 | Kontrasteinstellung, 0 V bis 5 V |
| 4 | RS | Register Select |
| 5 | RW | Read/Write, wenn vom Display nichts ausgelesen wird, mit 0 V verbinden |
| 6 | E | Enable (Umschaltsignal) |
| 7 | D0 | Datenbit 0 (im 4-Bit-Modus nicht benötigt) |
| 8 | D1 | Datenbit 1 (im 4-Bit-Modus nicht benötigt) |
| 9 | D2 | Datenbit 2 (im 4-Bit-Modus nicht benötigt) |
| 10 | D3 | Datenbit 3 (im 4-Bit-Modus nicht benötigt) |

| Pin | Funktion | Beschreibung |
|---|---|---|
| 11 | D4 | Datenbit 04 |
| 12 | D5 | Datenbit 05 |
| 13 | D6 | Datenbit 06 |
| 14 | D7 | Datenbit 07 |
| 15 | A | Hintergrundbeleuchtung, Vorwiderstand 560 Ohm erforderlich |
| 16 | K | Hintergrundbeleuchtung Masseleitung |

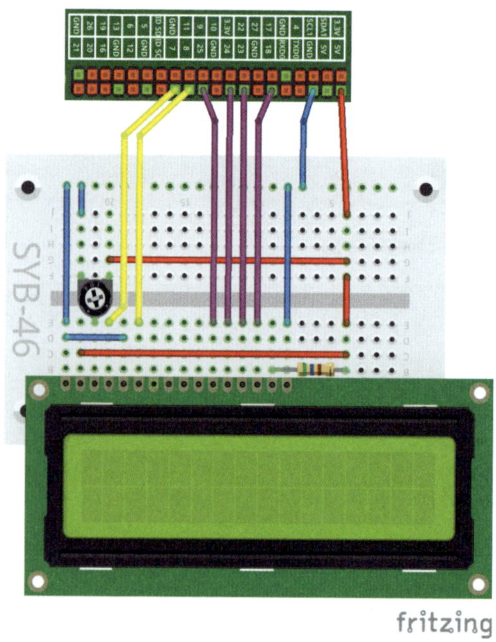


- Der LED der Hintergrundbeleuchtung – Pin 15 – wird ein 560-Ohm-Widerstand als Schutz gegen Überlastung vorgeschaltet. Bei Displays ohne Hintergrundbeleuchtung fallen dieser Widerstand sowie die Masseleitung an Pin 16 weg.
- Ein 15-kOhm-Potentiometer führt Pin 3 eine Spannung zwischen +5 V und 0 V zu. Damit wird der Kontrast geregelt.
- Die Anschlüsse RS, E, D4, D5, D6, D7 werden mit GPIO-Pins verbunden.

# 228 Zeichenorientiertes LCD-Display mit Python ansteuern

Das Python-3-Programm ***display01.py*** zeigt zwei statische Zeichenfolgen auf dem Display und dient als Basis für weitere Python-Programme mit dem LCD-Display.

```
#!/usr/bin/python
import RPi.GPIO as GPIO
import time

LCD_RS = 7
LCD_E  = 8
LCD_D4 = 25
LCD_D5 = 24
LCD_D6 = 23
LCD_D7 = 18

GPIO.setmode(GPIO.BCM)
GPIO.setup(LCD_E,  GPIO.OUT)
GPIO.setup(LCD_RS, GPIO.OUT)
GPIO.setup(LCD_D4, GPIO.OUT)
GPIO.setup(LCD_D5, GPIO.OUT)
GPIO.setup(LCD_D6, GPIO.OUT)
GPIO.setup(LCD_D7, GPIO.OUT)

LCD_WIDTH = 16
LCD_LINE_1 = 0x80
LCD_LINE_2 = 0xC0
LCD_CHR = 1
LCD_CMD = 0
E_PULSE = 0.00005
E_DELAY = 0.00005

def lcd_enable():
  time.sleep(E_DELAY)
  GPIO.output(LCD_E, 1)
  time.sleep(E_PULSE)
  GPIO.output(LCD_E, 0)
  time.sleep(E_DELAY)

def lcd_byte(bits, mode):
  GPIO.output(LCD_RS, mode)
  GPIO.output(LCD_D4, bits&0x10==0x10)
```

```
    GPIO.output(LCD_D5, bits&0x20==0x20)
    GPIO.output(LCD_D6, bits&0x40==0x40)
    GPIO.output(LCD_D7, bits&0x80==0x80)
    lcd_enable()
    GPIO.output(LCD_D4, bits&0x01==0x01)
    GPIO.output(LCD_D5, bits&0x02==0x02)
    GPIO.output(LCD_D6, bits&0x04==0x04)
    GPIO.output(LCD_D7, bits&0x08==0x08)
    lcd_enable()

def lcd_string(message):
    message = message.ljust(LCD_WIDTH," ")
    for i in range(LCD_WIDTH):
        lcd_byte(ord(message[i]),LCD_CHR)

def lcd_anzeige(z1, z2):
    lcd_byte(LCD_LINE_1, LCD_CMD)
    lcd_string(z1)
    lcd_byte(LCD_LINE_2, LCD_CMD)
    lcd_string(z2)

LCD_INIT = [0x33, 0x32, 0x28, 0x0C, 0x06, 0x01]
for i in LCD_INIT:
    lcd_byte(i,LCD_CMD)

try:
    while True:
        lcd_anzeige("0123456789ABCDEF", " www.mut.de")

except KeyboardInterrupt:
    GPIO.cleanup()
```

**So funktioniert es:**

Für die GPIO-Pins der Steuer- und Datenleitungen des Displays werden die Konstanten *LCD_RS*, *LCD_E*, *LCD_D4*, *LCD_D5*, *LCD_D6* und *LCD_D7* definiert und danach die Pins als GPIO-Ausgänge initialisiert. Weitere Konstanten werden für bestimmte Display-Parameter und Steuersignale benötigt:

| Konstante | Bedeutung |
|---|---|
| LCD_WIDTH | Breite des Displays in Zeichen |
| LCD_LINE_1 | Speicheradresse der 1. Zeile |

| Konstante | Bedeutung |
|---|---|
| LCD_LINE_2 | Speicheradresse der 2. Zeile |
| LCD_CHR | Schaltet das Display auf Pin RS in den Zeichenmodus |
| LCD_CMD | Schaltet das Display auf Pin RS in den Steuerungsmodus |
| E_PULSE | Dauer eines Steuerimpulses auf Pin E |
| E_DELAY | Wartezeit zwischen zwei Steuerimpulsen auf Pin E |

Damit es übersichtlich bleibt, besteht das Programm aus mehreren Funktionen. ***lcd_enable()*** sendet einen kurzen Steuerimpuls an Pin E (***enable***). Damit liest das Display die Daten auf den GPIO-Ports aus, um sie anzuzeigen. Der gleiche Impuls wird verwendet, um zwischen den oberen und den unteren Bits eines darzustellenden Bytes umzuschalten.

***lcd_byte(bits, mode)*** sendet ein Byte an das Display. Dieses Byte kann ein Zeichen oder ein Steuerbefehl sein. Im Parameter ***bits*** bekommt die Funktion das zu sendende Byte, der Parameter ***mode*** gibt an, ob es sich um ein Zeichen oder um einen Steuerungsbefehl handelt. Die beiden Werte, die mode annehmen kann, sind in den Konstanten ***LCD_CHR*** (Zeichen) und ***LCD_CMD*** (Steuerungsbefehl) festgelegt. Der zu verwendende Modus wird auf Pin RS (***Register Select***) ausgegeben. Danach wird das Bitmuster des anzuzeigenden Bytes in zwei 4-Bit-Blöcken auf das Display geschrieben.

***lcd_string(message)*** schreibt eine Zeichenkette auf das Display. Sie wird zunächst bis auf die Länge des Displays rechts mit Leerzeichen aufgefüllt. Die Methode ***.ljust*** kann in jeder Zeichenkette angewendet werden, der zweite Parameter gibt das Zeichen an, mit dem kürzere Zeichenketten aufgefüllt werden. Längere Zeichenketten werden automatisch auf die angegebene Länge abgeschnitten. Zum eigentlichen Schreiben wird jedes Zeichen mit ***ord()*** in seinen ASCII-Zahlenwert umgewandelt und dann im Zeichenmodus ***LCD_CHR*** über die Funktion ***lcd_byte()*** auf dem Display ausgegeben.

***lcd_anzeige(z1, z2)*** bekommt vom aufrufenden Programm zwei Zeichenketten und sorgt dafür, dass diese auf den beiden Zeilen des Displays dargestellt werden. Dazu wird vor der Zeichenkette die Adresse der jeweiligen Displayzeile im Steuerungsmodus ***LCD_CMD*** auf dem Display ausgegeben.

Nachdem die Funktionen definiert sind, startet das kurze Hauptprogramm und schreibt Initialisierungskommandos im Steuerungsmodus ***LCD_CMD*** auf das Display.

```
LCD_INIT = [0x33, 0x32, 0x28, 0x0C, 0x06, 0x01]
for i in LCD_INIT:
 lcd_byte(i,LCD_CMD)
```

Nachdem alles definiert und initialisiert ist, kann es wirklich losgehen. Diese Zeile schreibt zwei Zeichenketten mit den vorher definierten Funktionen auf das Display.

```
lcd_anzeige("0123456789ABCDEF", " www.mut.de")
```

## 229 IP-Adresse und Uhr auf dem LCD-Display

Das Python-3-Programm ***status.py*** zeigt die aktuelle Uhrzeit und IP-Adresse des Raspberry Pi auf dem Display an.

```
#!/usr/bin/python
import RPi.GPIO as GPIO
import time, os

LCD_RS = 7
LCD_E  = 8
LCD_D4 = 25
LCD_D5 = 24
LCD_D6 = 23
LCD_D7 = 18

GPIO.setmode(GPIO.BCM)
GPIO.setup(LCD_E,  GPIO.OUT)
GPIO.setup(LCD_RS, GPIO.OUT)
GPIO.setup(LCD_D4, GPIO.OUT)
GPIO.setup(LCD_D5, GPIO.OUT)
GPIO.setup(LCD_D6, GPIO.OUT)
GPIO.setup(LCD_D7, GPIO.OUT)

LCD_WIDTH = 16
LCD_LINE_1 = 0x80
LCD_LINE_2 = 0xC0
LCD_CHR = 1
LCD_CMD = 0
E_PULSE = 0.00005
```

```
E_DELAY = 0.00005
pause = 2

def lcd_enable():
  time.sleep(E_DELAY)
  GPIO.output(LCD_E, 1)
  time.sleep(E_PULSE)
  GPIO.output(LCD_E, 0)
  time.sleep(E_DELAY)

def lcd_byte(bits, mode):
  GPIO.output(LCD_RS, mode)
  GPIO.output(LCD_D4, bits&0x10==0x10)
  GPIO.output(LCD_D5, bits&0x20==0x20)
  GPIO.output(LCD_D6, bits&0x40==0x40)
  GPIO.output(LCD_D7, bits&0x80==0x80)
  lcd_enable()
  GPIO.output(LCD_D4, bits&0x01==0x01)
  GPIO.output(LCD_D5, bits&0x02==0x02)
  GPIO.output(LCD_D6, bits&0x04==0x04)
  GPIO.output(LCD_D7, bits&0x08==0x08)
  lcd_enable()

def lcd_string(message):
  message = message.ljust(LCD_WIDTH," ")
  for i in range(LCD_WIDTH):
    lcd_byte(ord(message[i]),LCD_CHR)

def lcd_anzeige(z1, z2):
    lcd_byte(LCD_LINE_1, LCD_CMD)
    lcd_string(z1)
    lcd_byte(LCD_LINE_2, LCD_CMD)
    lcd_string(z2)

LCD_INIT = [0x33, 0x32, 0x28, 0x0C, 0x06, 0x01]
for i in LCD_INIT:
  lcd_byte(i,LCD_CMD)

try:
  while True:
    zeile1 = time.asctime()
    zeile2 = os.popen("hostname -I").readline().split()[0]
    lcd_anzeige(zeile1, zeile2)
    time.sleep(pause)

except KeyboardInterrupt:
  GPIO.cleanup()
```

**So funktioniert es:**

Zur Steuerung des Displays wird das Basisprogramm dieser Anleitung verwendet, die Ermittlung der IP-Adresse funktioniert wie in Anleitung 221 beschrieben.

Die neue Variable ***pause*** legt das Aktualisierungsintervall der Uhrzeit fest. Der Wert 2 bedeutet, dass die Uhrzeit, die nur auf Minuten genau angezeigt wird, alle zwei Sekunden aktualisiert wird. Das ist ein guter Kompromiss zwischen Genauigkeit und Systemauslastung.

Zur Ausgabe von Datum und Uhrzeit wird die Funktion ***time.asctime()*** aus dem Modul ***time*** verwendet, die eine Zeichenfolge wie zum Beispiel ***Tue Jan 16 18:34:45 2018*** liefert. Die ersten 16 Stellen dieser Zeichenfolge zeigen Wochentag, Monat, Tag, Stunden und Minuten auf dem 16-stelligen Display an.

```
zeile1 = time.asctime()
```

Zur Ermittlung der IP-Adresse wird die Funktion ***os.popen()*** aus dem Modul ***os*** verwendet. Vom Ergebnis werden das Zeilenendezeichen ***\n*** sowie ein Leerzeichen am Ende abgeschnitten, und anschließend wird die Zeichenkette am ersten Leerzeichen getrennt. Danach würde noch die hier nicht benötigte IPv6-Adresse folgen.

```
zeile2 = os.popen("hostname -I").readline().split()[0]
```

Die Inhalte dieser beiden Variablen werden über die bereits im Basisprogramm definierte Funktion ***lcd_anzeige()*** ausgegeben. Jetzt wartet das Programm die als Pause definierte Zeit von zwei Sekunden. Danach startet die Schleife erneut und zeigt wieder die neue Zeit an.

```
lcd_anzeige(zeile1, zeile2)
time.sleep(pause)
```

## 230 Vierzeiliges LCD-Display ansteuern

Vierzeilige LCD-Displays verwenden die gleichen 16 Anschluss-Pins wie zweizeilige. Dies gilt auch für Displays mit Zeilen länger als 16 Zeichen.

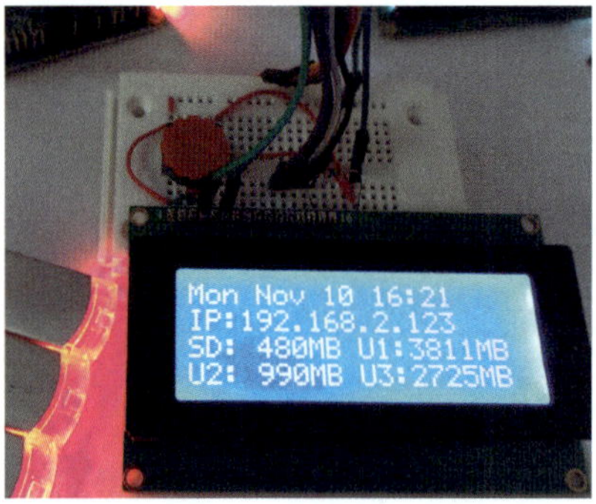


Um eine möglichst hohe Kompatibilität zum Standard zu erreichen, verwenden vierzeilige Displays intern auch nur zwei Zeilen. Die dritte Zeile des 20 bzw. 16 Zeichen breiten Displays entspricht der zweiten Hälfte einer 40 bzw. 32 Zeichen langen ersten Zeile. Genauso entspricht die vierte Zeile intern der zweiten Hälfte der zweiten Zeile. Programmintern müssen also zwei lange Zeilen ausgegeben werden.

## 231 Statusanzeige für Speicherkarte oder USB-Sticks

Die Statusanzeige mit Uhr und IP-Adresse wird im Python-3-Programm ***status4.py*** auf einem vierzeiligen Display noch um die Anzeige der freien Kapazität der Speicherkarte und dreier angeschlossener USB-Sticks erweitert. Zusätzlich zur Maus passen noch zwei USB-Sticks an die blauen USB-Anschlüsse des Raspberry Pi 4 oder Raspberry Pi 400, mit einem zwischengeschalteten USB-Hub sogar noch mehr. USB-3.0-Sticks müssen, um die volle Leistung bei der Datenübertragung zu erreichen, an die blauen USB-3.0-Anschlüsse angeschlossen werden.

```
#!/usr/bin/python
import RPi.GPIO as GPIO
import time, os

HD_1 = "/media/pi/2C33-0235"
HD_2 = "/media/pi/7FDA-61CD"
HD_3 = "/media/pi/8CA8-C35A"

LCD_RS = 7
LCD_E  = 8
LCD_D4 = 25
LCD_D5 = 24
LCD_D6 = 23
LCD_D7 = 18

GPIO.setmode(GPIO.BCM)
GPIO.setup(LCD_E, GPIO.OUT)
GPIO.setup(LCD_RS, GPIO.OUT)
GPIO.setup(LCD_D4, GPIO.OUT)
GPIO.setup(LCD_D5, GPIO.OUT)
GPIO.setup(LCD_D6, GPIO.OUT)
GPIO.setup(LCD_D7, GPIO.OUT)

LCD_WIDTH = 40
LCD_LINE_1 = 0x80
LCD_LINE_2 = 0xC0
LCD_CHR = 1
LCD_CMD = 0
E_PULSE = 0.00005
E_DELAY = 0.00005
pause = 2

def lcd_enable():
  time.sleep(E_DELAY)
```

```
 GPIO.output(LCD_E, 1)
 time.sleep(E_PULSE)
 GPIO.output(LCD_E, 0)
 time.sleep(E_DELAY)

def lcd_byte(bits, mode):
 GPIO.output(LCD_RS, mode)
 GPIO.output(LCD_D4, bits&0x10==0x10)
 GPIO.output(LCD_D5, bits&0x20==0x20)
 GPIO.output(LCD_D6, bits&0x40==0x40)
 GPIO.output(LCD_D7, bits&0x80==0x80)
 lcd_enable()
 GPIO.output(LCD_D4, bits&0x01==0x01)
 GPIO.output(LCD_D5, bits&0x02==0x02)
 GPIO.output(LCD_D6, bits&0x04==0x04)
 GPIO.output(LCD_D7, bits&0x08==0x08)
 lcd_enable()

def lcd_string(message):
 message = message.ljust(LCD_WIDTH," ")
 for i in range(LCD_WIDTH):
  lcd_byte(ord(message[i]),LCD_CHR)

def lcd_anzeige(z1, z2):
 lcd_byte(LCD_LINE_1, LCD_CMD)
 lcd_string(z1)
 lcd_byte(LCD_LINE_2, LCD_CMD)
 lcd_string(z2)

LCD_INIT = [0x33, 0x32, 0x28, 0x0C, 0x06, 0x01]
for i in LCD_INIT:
 lcd_byte(i,LCD_CMD)

try:
 while True:
  s = os.statvfs('/')
  hd1 = os.statvfs(HD_1)
  hd2 = os.statvfs(HD_2)
  hd3 = os.statvfs(HD_3)
  z1 = time.asctime()[0:16]
  z2 = "IP:" + os.popen("hostname -I").readline()[:-2]
  z3 = "SD:" + str(s.f_bsize * s.f_bavail // 1048576).rjust(4," ")
+ "MB "
  z3 += "U1:" + str(hd1.f_bsize * hd1.f_bavail // 1048576).
rjust(4," ") + "MB"
```

```
    z4 = "U2:" + str(hd2.f_bsize * hd2.f_bavail // 1048576).rjust(4,"
 ") + "MB "
    z4 += "U3:" + str(hd3.f_bsize * hd3.f_bavail // 1048576).
 rjust(4," ") + "MB"
    zeile1 = z1.ljust(LCD_WIDTH // 2," ") + z3.ljust(LCD_WIDTH // 2,"
 ")
    zeile2 = z2.ljust(LCD_WIDTH // 2," ") + z4.ljust(LCD_WIDTH // 2,"
 ")
    lcd_anzeige(zeile1, zeile2)
    time.sleep(pause)

except KeyboardInterrupt:
  GPIO.cleanup()
```

**So funktioniert es:**

Im Definitionsbereich werden die drei Namen der angeschlossenen USB-Medien festgelegt. Damit das Programm funktioniert, müssen die drei USB-Sticks in diesen drei Zeilen am Anfang des Programms vor dem ersten Programmstart eingetragen werden. Die UUIDs der USB-Sticks werden beim Anstecken der USB-Sticks am Raspberry Pi im Dateimanager angezeigt. Dazu in der Ansicht *Orte* auf den jeweiligen Datenträger klicken.

```
HD_1 = "/media/pi/2C33-0235"
HD_2 = "/media/pi/7FDA-61CD"
HD_3 = "/media/pi/8CA8-C35A"
```

Das Statistikmodul *os.statvfs()* aus der *os*-Bibliothek liefert diverse statistische Informationen zum Dateisystem, die hier für das Hauptverzeichnis bei jedem Schleifendurchlauf aufs Neue als Objekt in die Variable *s* geschrieben werden. Die Speicheranzeige für das Hauptverzeichnis ermittelt nicht den Speicherplatz auf gemounteten externen Datenträgern.

```
  s = os.statvfs('/')
```

Auf die gleiche Weise werden die Daten der USB-Sticks ermittelt und in die Variablen *hd1*, *hd2* und *hd3* geschrieben.

```
  hd1 = os.statvfs(HD_1)
  hd2 = os.statvfs(HD_2)
  hd3 = os.statvfs(HD_3)
```

Von der Uhrzeit werden diesmal nur die ersten 16 Stellen übernommen, damit bei längeren Displayzeilen keine abgeschnittenen Angaben stehen bleiben.

```
  z1 = time.asctime()[0:16]
```

Die Methode *s.f_bsize* liefert die Größe eines Speicherblocks in Byte aus den in der Variablen *s* gespeicherten Daten des Dateisystems. *s.f_bavail* gibt die Anzahl freier

Blöcke an. Das Produkt aus beiden Werten gibt demnach die Anzahl freier Bytes an, die hier ganzzahlig durch 1.048.576 geteilt wird, um die Anzahl freier Megabytes zu erhalten. Die gleiche Berechnung erfolgt für den Speicherplatz auf den USB-Sticks. Für eine ansprechende Darstellung werden alle Zahlen mit der String-Methode ***.rjust*** auf eine Länge von vier Stellen gekürzt.

```
  z3 += "U1:" + str(hd1.f_bsize * hd1.f_bavail // 1048576).
rjust(4," ") + "MB"
```

Aus den vier einzeln definierten Textzeilen ***z1*** bis ***z4*** werden in den Variablen ***zeile1*** und ***zeile2*** die Zeichenketten für die beiden logischen 40 Zeichen langen Zeilen für die Anzeige zusammengesetzt. ***zeile1*** enthält die Anzeigezeilen 1 und 3, ***zeile2*** die Anzeigezeilen 2 und 4. Die vier Zeichenketten werden alle mithilfe der Methode ***.ljust()*** auf eine Länge von je 20 Zeichen gebracht. Sollte die erste oder zweite Zeile kürzer sein, passt sonst der Zeilenumbruch am Ende der Anzeige nicht.

```
  zeile1 = z1.ljust(LCD_WIDTH // 2," ") + z3.ljust(LCD_WIDTH // 2," ")
  zeile2 = z2.ljust(LCD_WIDTH // 2," ") + z4.ljust(LCD_WIDTH // 2," ")
```

Die beiden logischen Zeilen werden mit der bereits bekannten Funktion ***lcd_anzeige()*** auf das Display geschrieben, es wird zwei Sekunden gewartet, und danach werden die Daten neu ermittelt.

## 232 Zeichensatz des LCD-Displays anzeigen

Die LCD-Module verschiedener Hersteller verwenden diverse unterschiedliche Zeichensätze, die sich nur in den ersten 128 Zeichen – dem Standard-ASCII-Zeichensatz – gleichen. Um in späteren Programmen die Umlaute richtig zuordnen zu können, müssen deren Positionen im Zeichensatz bekannt sein. Das Programm ***zeichensatz.py*** zeigt seitenweise je 16 Zeichen des Zeichensatzes an. Das Programm basiert auf bisherigen Programmen zur Ansteuerung des LCD-Moduls. Interessant ist nur die Endlosschleife, die die Zeichen auf dem LCD-Modul und gleichzeitig auch im Ausgabefenster der Thonny Python IDE anzeigt. Hier sind bei den meisten LCD-Modulen deutliche Unterschiede zu erkennen.

```
try:
  while True:
    for j in range(16):
      zeile1 = "Zeichen: " + str(j*16) + "-" + str(j*16+15)
      zeile2 = ""
      for k in range(16):
        zeile2 += chr(j*16+k)
      print(zeile1 + " " + zeile2)
      lcd_anzeige(zeile1, zeile2)
      time.sleep(pause)
```

## 233 Umlaute durch passende Zeichen ersetzen

Einige LCD-Module haben Zeichensätze, die die deutschen Umlaute sowie das ß zwar enthalten, aber nicht an den Stellen, an denen ein PC diese Zeichen erwartet. Das abgebildete LCD-Modul enthält die Umlaute ä, ö, ü sowie das ß an den Positionen 225, 239, 245 und 226. Die großgeschriebenen Umlaute fehlen.

Das Programm ***umlaute.py*** zeigt auf den beiden Zeilen des LCD-Moduls einen Satz, der am Anfang des Programms in der Variablen ***tx*** festgelegt wird, oben unverändert und unten mit ausgetauschten Zeichen an.

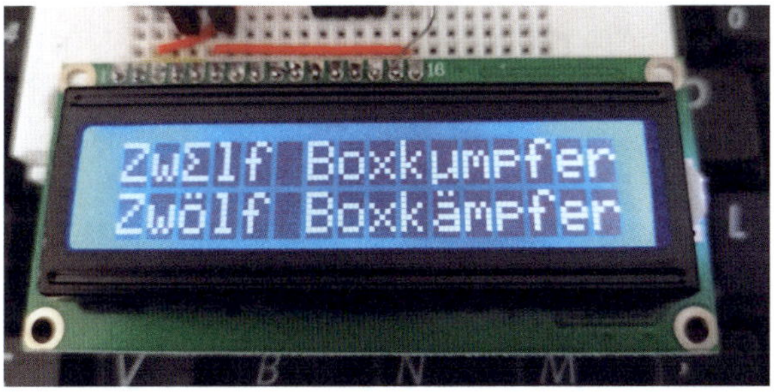


**Pangramme zum Testen von Zeichensätzen**

Der scheinbar sinnlose Satz ***Zwölf Boxkämpfer jagen Victor quer über den großen Sylter Deich***, ein sogenanntes Pangramm, enthält alle Buchstaben des Alphabets, einschließlich der Umlaute und des ß. Ein echtes Pangramm, in dem jeder Buchstabe der deutschen Sprache genau einmal vorkommt, lautet: ***„Fix, Schwyz!" quäkt Jürgen blöd vom Paß.*** (Ein Schweizer Sportfan feuert von einer Bergstraße seine Mannschaft an.) Solche Pangramme werden häufig zum Testen von Zeichensätzen bei Schriftarten, Druckern oder LCD-Modulen verwendet.

**So funktioniert es:**

Das Programm ***umlaute.py*** basiert auf bisherigen Programmen mit dem LCD-Modul. So funktioniert die Umsetzung der Zeichen: Die Variable ***z1*** enthält den Text mit vorangestellten Leerzeichen, um ihn als Laufschrift von rechts in das LCD-Modul laufen zu lassen.

```
z1 = " " * LCD_WIDTH + tx
```

Die Python-Methode ***.replace()*** ersetzt in einer Zeichenkette alle Vorkommen eines bestimmten Zeichens durch ein anderes, das in diesem Programm über seine Nummer im Zeichensatz des LCD-Moduls angegeben wird. In der Variablen ***z1*** werden auf diese Weise alle *ä* ersetzt und das Ergebnis wird in ***z2*** gespeichert.

In den nächsten Schritten werden in ***z2*** auch die anderen Umlaute ersetzt. Da der Zeichensatz des LCD-Moduls keine großen Umlaute enthält, werden stattdessen die kleinen genutzt.

```
z2 = z1.replace("ä", chr(225))
z2 = z2.replace("ö", chr(239))
z2 = z2.replace("ü", chr(245))
z2 = z2.replace("ß", chr(226))
z2 = z2.replace("Ä", chr(225))
z2 = z2.replace("Ö", chr(239))
z2 = z2.replace("Ü", chr(245))
```

Die Hauptschleife des Programms zeigt zwei Laufschriften an, oben den unveränderten Text, bei dem Umlaute auf dem LCD-Modul fehlerhaft dargestellt werden, und unten den Text mit den ausgetauschten Umlauten.

```
try:
  while True:
    for j in range(len(tx)):
      zeile1 = z1[j:(j + LCD_WIDTH)]
      zeile2 = z2[j:(j + LCD_WIDTH)]
      lcd_anzeige(zeile1, zeile2)
      time.sleep(pause)
```

## 234 i2c-Geräte adressieren und finden

**i2c** (auch als I²C = I-Quadrat-C" = Inter Chip Communication bezeichnet) ist ein standardisiertes serielles Kommunikationsprotokoll, mit dem Elektronikchips über eine Zweidrahtverbindung Daten untereinander austauschen können. Auf diesem sehr einfachen Datenbus braucht jedes Gerät eine eindeutige Adresse, damit die Daten entsprechend den Geräten zugeordnet werden können.

Jedes Gerät auf dem i2c-Bus braucht eine eindeutige Adresse. Dabei handelt es sich um eine zweistellige Hexzahl zwischen ***0x03*** und ***0x77***. Nur bei wenigen Geräten ist diese Adresse fest vorgegeben. In den meisten Fällen lässt sie sich über Jumper auf der Platine oder durch ***HIGH***- und ***LOW***-Signale an bestimmten Adressierungspins einstellen.

1. Die i2c-Schnittstelle auf dem Raspberry Pi im Menü unter *Einstellungen/Raspberry Pi-Konfiguration* auf der Registerkarte *Schnittstellen* aktivieren.
2. *i2cdetect -y 1* testet die i2c-Unterstützung und zeigt alle angeschlossenen Geräte an. Im abgebildeten Beispiel wurde auf der Adresse *0x20* ein i2c-Gerät gefunden.

```
     0  1  2  3  4  5  6  7  8  9  a  b  c  d  e  f
00:          -- -- -- -- -- -- -- -- -- -- -- -- --
10: -- -- -- -- -- -- -- -- -- -- -- -- -- -- -- --
20: 20 -- -- -- -- -- -- -- -- -- -- -- -- -- -- --
30: -- -- -- -- -- -- -- -- -- -- -- -- -- -- -- --
40: -- -- -- -- -- -- -- -- -- -- -- -- -- -- -- --
50: -- -- -- -- -- -- -- -- -- -- -- -- -- -- -- --
60: -- -- -- -- -- -- -- -- -- -- -- -- -- -- -- --
70: -- -- -- -- -- -- -- --
```

## 235 Der Portexpander MCP23017

Die GPIO-Ports auf dem Raspberry Pi können schnell knapp werden, wenn es darum geht, mehrere Geräte gleichzeitig anzusteuern. Portexpander am i2c-Bus bieten die Option, die Anzahl möglicher GPIO-Ports um ein Vielfaches zu vergrößern. In einigen Anwendungsfällen ist die bitcodierte Ansteuerung über i2c sogar einfacher, als jeden Port einzeln zu adressieren.

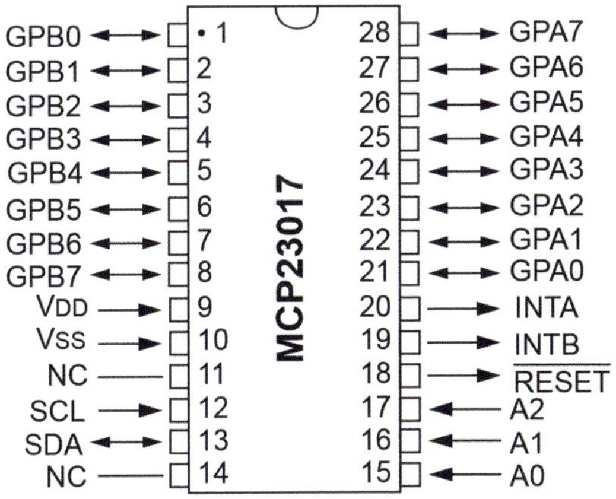


- Der MCP23017-Chip hat auf jeder Seite 14 Anschlüsse, acht auf jeder Seite sind GPIO-Ports. Der Rest sind Steuerleitungen und Stromversorgung.
- Die Kerbe an einer der Schmalseiten dient zur Orientierung, um den Baustein in der richtigen Richtung einzubauen.
- Die Anschlüsse GPA0 bis GPA7 und GPB0 bis GPB7 sind zwei je 8 Bit breite GPIO-Schnittstellen GPIOA und GPIOB, die binärcodiert angesteuert werden.

- Die Anschlüsse VDD und VSS sind die Stromversorgung für den Portexpander. VDD muss an +3,3 V angeschlossen werden, VSS an 0 V.
- Der RESET-Anschluss muss im Normalbetrieb auf ***True*** stehen, also mit +3,3 V verbunden sein.
- Die Anschlüsse A0, A1, A2 legen die Adresse des Portexpanders fest. An den drei Anschlüssen lassen sich mit ***HIGH***- oder ***LOW***-Signalen binär die Zahlen von 0 bis 7 darstellen. Dazu wird ***0x20*** addiert, sodass sich die i2c-Adressen ***0x20*** bis ***0x27*** verwenden lassen.

**Der Portexpander MCP23016**

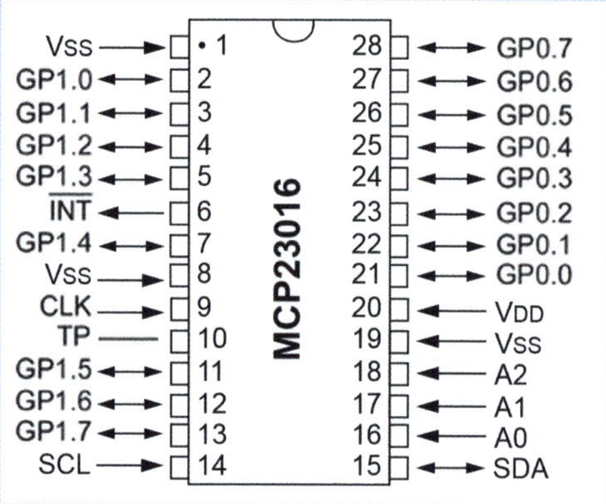


Im Internet sind noch viele Schaltungen mit dem älteren Portexpander MCP23016 zu finden. Dieser unterscheidet sich von seinem Nachfolger im Wesentlichen durch eine unübersichtlichere Anordnung der GPIO-Pins.

## 236 Lauflicht mit dem Portexpander (MCP23017)

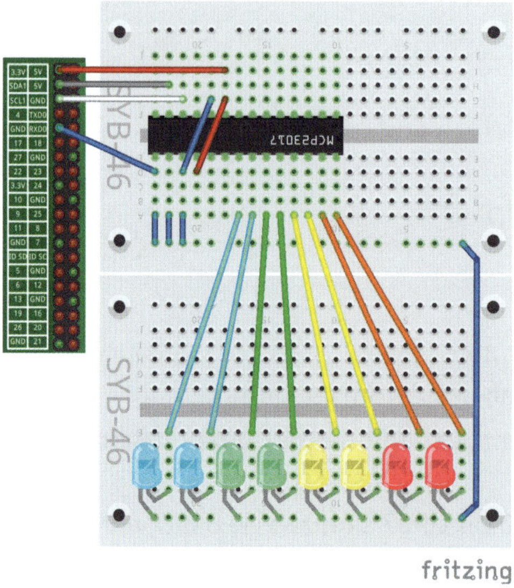

1. Schaltung aus Portexpander und acht LEDs mit Vorwiderständen wie abgebildet aufbauen, dabei ist die Kerbe des MCP23017-Chips rechts.
2. Die farbigen Drahtbrücken verbinden die farblich passenden LEDs mit den acht Anschlüssen der GPIOA-Schnittstelle. Die GPIOB-Schnittstelle wird in dieser Schaltung nicht verwendet.
3. Alle blau dargestellten Drahtbrücken sind mit 0 V verbunden, die roten mit +3,3 V – hier ist zusätzlich zur Stromversorgung auch der RESET-Pin.
4. Die drei kurzen blauen Drahtbrücken verbinden die drei Adressleitungen mit 0 V und geben dem Portexpander damit die i2c-Adresse ***0x20***.

Das Python-3-Programm ***i2c_01.py*** lässt die LEDs als Lauflicht leuchten.

```
#!/usr/bin/python
import time, smbus

DEVICE = 0x20
IODIRA = 0x00
GPIOA = 0x12

bus = smbus.SMBus(1)
bus.write_byte_data(DEVICE,IODIRA,0x00)
bus.write_byte_data(DEVICE,GPIOA,0x00)

while True:
 j = 1
 for i in range(8):
  bus.write_byte_data(DEVICE,GPIOA,j)
  j *= 2
  time.sleep(0.1)
```

Programme, die ausschließlich i2c nutzen, brauchen die GPIO-Schnittstelle nicht zu initialisieren. Es ist nicht einmal die ***RPi.GPIO***-Bibliothek nötig.

**So funktioniert es:**

Für alle Programme mit i2c muss die Bibliothek ***smbus*** importiert werden. Drei Hardwareadressen werden als Konstanten definiert.

| | |
|---|---|
| DEVICE = 0x20 | i2c-Geräteadresse des Portexpanders |
| IODIRA = 0x00 | 8-Bit-Register, das die Richtung (Ausgang/Eingang) der GPIOA-Ports festlegt |
| GPIOA = 0x12 | 8-Bit-Datenregister der GPIOA-Ports |

Über ein Objekt namens ***bus*** vom Typ ***smbus.SMBus()*** wird der i2c-Bus mit allen angeschlossenen Geräten angesprochen.

```
bus = smbus.SMBus(1)
```

***bus.write_byte_data()*** schreibt ein Byte auf den i2c-Bus. Alle 8 Bits eines der beiden GPIO-Ports müssen immer gleichzeitig angesteuert werden. Ein Byte kann binär, dezimal oder hexadezimal angegeben werden.

Die nächste Zeile schreibt auf das in der Konstanten ***DEVICE*** definierte Gerät in alle Bits des Registers ***IODIRA*** den Wert 0. Damit werden alle acht GPIOA-Ports als Ausgänge definiert. Steht ein Bit auf 1, würde der entsprechende Port als Eingang definiert.

```
bus.write_byte_data(DEVICE,IODIRA,0x00)
```

Danach wird in alle Bits des Datenregisters ***GPIOA*** der Wert 0 geschrieben. Damit werden alle acht GPIOA-Ports auf 0 gesetzt, die angeschlossenen LEDs also ausgeschaltet.

```
bus.write_byte_data(DEVICE,GPIOA,0x00)
```

Für das Lauflicht werden nacheinander die acht LEDs einzeln eingeschaltet. Dazu muss das ***GPIOA***-Datenregister nacheinander genau die Zahlenwerte annehmen, bei denen ein einzelnes Bit auf 1 steht. Dazu wird der Byte-Wert von 1 beginnend bei jedem Schritt verdoppelt, um die passende Zahl zu erhalten.

| LED leuchtet | Binär | Dezimal | Hex |
|---|---|---|---|
| 1 | 0000 0001 | 1 | 0x01 |
| 2 | 0000 0010 | 2 | 0x02 |
| 3 | 0000 0100 | 4 | 0x04 |
| 4 | 0000 1000 | 8 | 0x08 |
| 5 | 0001 0000 | 16 | 0x10 |
| 6 | 0010 0000 | 32 | 0x20 |
| 7 | 0100 0000 | 64 | 0x40 |
| 8 | 1000 0000 | 128 | 0x80 |

Innerhalb der Hauptschleife des Programms läuft eine weitere Schleife je 8-mal, wobei in jedem Durchlauf eine LED eingeschaltet wird. Dazu wird der aktuelle Wert ***j*** in das ***GPIOA***-Datenregister geschrieben.

```
for i in range(8):
 bus.write_byte_data(DEVICE,GPIOA,j)
```

In jedem Durchlauf wird der Wert *j* verdoppelt und damit das nächsthöhere Bit auf 1 gesetzt.

```
j *= 2
```

## 237 CPU-Lastanzeige mit Portexpander (MCP23017)

Mit den acht LEDs aus dem Lauflicht wird eine Pegelanzeige für die CPU-Last gebaut. Je nach CPU-Auslastung lässt das Python-3-Programm ***cpu.py*** eine bis acht LEDs leuchten.

```
#!/usr/bin/python
import time, os, smbus

DEVICE = 0x20
IODIRA = 0x00
GPIOA = 0x12

bus = smbus.SMBus(1)
bus.write_byte_data(DEVICE,IODIRA,0x00)
bus.write_byte_data(DEVICE,GPIOA,0x00)

while True:
  cpu1 = os.popen("vmstat 1 3").readlines()
  cpu2 = 2 ** int((100 - int(cpu1[4].split()[14])) * 0.08) - 1
  bus.write_byte_data(DEVICE,GPIOA,cpu2)
```

**So funktioniert es:**

Das Modul ***os*** zum Zugriff auf Systemfunktionen wird zusätzlich importiert.

Das Linux-Kommando ***vmstat 1 3*** liest diverse Statusangaben des Systems aus. Der Parameter ***3*** bedeutet hier, dass die Statusdaten dreimal hintereinander gelesen werden. Beim ersten Lesen ergeben sich verfälschte Informationen, da der Aufruf des Kommandos selbst einiges an Systemleistung frisst.

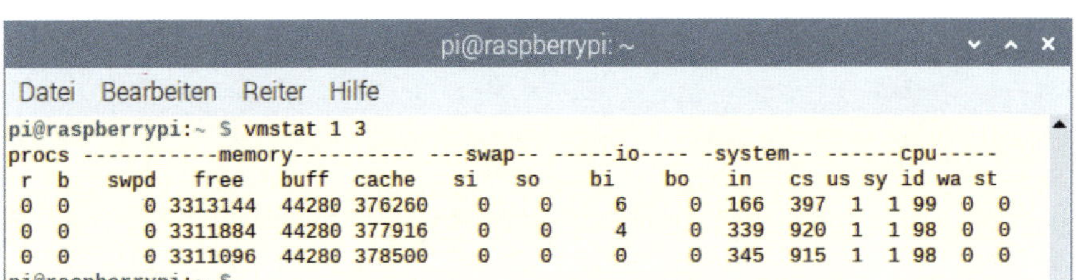

```
pi@raspberrypi:~ $ vmstat 1 3
procs -----------memory---------- ---swap-- -----io---- -system-- ------cpu-----
 r  b   swpd   free   buff  cache   si   so    bi    bo   in   cs us sy id wa st
 0  0      0 3313144  44280 376260    0    0     6     0  166  397  1  1 99  0  0
 0  0      0 3311884  44280 377916    0    0     4     0  339  920  1  1 98  0  0
 0  0      0 3311096  44280 378500    0    0     0     0  345  915  1  1 98  0  0
pi@raspberrypi:~ $
```

Die Funktion *os.popen()* schreibt das Ergebnis des Kommandos zeilenweise in das Zeichenketten-Array *cpu1*.

```
cpu1 = os.popen("vmstat 1 3").readlines()
```

Die nächste Zeile ermittelt den Wert, der mit den LEDs angezeigt werden soll, und speichert ihn in der Variablen *cpu2*. Die dritte Statusabfrage steht nach den beiden Tabellenüberschriften in der fünften Zeile und damit im fünften Element des Arrays, das bei Zählung ab 0 die Nummer 4 trägt. Diese Zeichenkette wird mit der Methode *split()* an den Leerzeichen in einzelne Zeichenketten aufgespalten. Interessant ist das Element *[14]*, das den Inhalt der Spalte *id* enthält, die die ungenutzte CPU-Zeit in Prozent angibt. Subtrahiert man diesen Wert von 100, erhält man die verbrauchte CPU-Zeit in Prozent, also die Auslastung der CPU. Zuvor wird die Zeichenkette mit der *int()*-Funktion in eine Ganzzahl umgewandelt. Eine Multiplikation mit dem Faktor 0,08 ergibt zur Darstellung auf den acht LEDs eine Zahl zwischen 0 und 8 statt zwischen 0 und 100.

```
cpu2 = 2 ** int((100 - int(cpu1[4].split()[14])) * 0.08) - 1
```

Zur Darstellung über den Portexpander braucht man 8-Bit-Zahlen. In diesem Fall einer Pegelanzeige sollen LEDs in durchgehender Folge leuchten. Die Tabelle zeigt alle Zahlen zwischen 0 und 8, die in der Binärdarstellung aus einer durchgehenden Folge von Einsen bestehen. Über die Berechnungsfunktion in der rechten Spalte werden die Werte ermittelt, die binärcodiert die entsprechenden LEDs ansteuern. Das Symbol `**` steht in Python für die Exponentialfunktion.

| **Binär** | **Dezimal** | **Berechnungsformel** |
|---|---|---|
| 0000 0000 | 0 | `2 ** 0 - 1` |
| 0000 0001 | 1 | `2 ** 1 - 1` |
| 0000 0011 | 3 | `2 ** 2 - 1` |
| 0000 0111 | 7 | `2 ** 3 - 1` |
| 0000 1111 | 15 | `2 ** 4 - 1` |
| 0001 1111 | 31 | `2 ** 5 - 1` |
| 0011 1111 | 63 | `2 ** 6 - 1` |
| 0111 1111 | 127 | `2 ** 7 - 1` |
| 1111 1111 | 255 | `2 ** 8 - 1` |

Das in der Variablen ***cpu2*** gespeicherte Ergebnis wird auf den GPIOA-Port des Portexpanders geschrieben und mit den LEDs angezeigt. Danach startet die Endlosschleife neu und ermittelt wiederum die aktuelle CPU-Last.

```
bus.write_byte_data(DEVICE,GPIOA,cpu2)
```

## 238 Binäruhr mit Portexpander (MCP23017)

Binäruhren zeigen die Uhrzeit in binärcodierter Form statt in Ziffern an. Auf der abgebildeten Uhr ist es 10:28. Solche Uhren sehen einfach cool aus, obwohl oder gerade weil das Ablesen für Anfänger etwas gewöhnungsbedürftig ist.

Das Prinzip der Zeitdarstellung ist einfach. Jede LED steht für ein Bit der Binärzahl. Zur Darstellung der maximal zwölf Stunden werden vier LEDs benötigt (8, 4, 2, 1), zur Darstellung der maximal 59 Minuten sechs LEDs (32, 16, 8, 4, 2, 1). Man braucht nur die Werte der leuchtenden LEDs zu addieren und hat die Stunden und Minuten im 12-Stunden-Format.

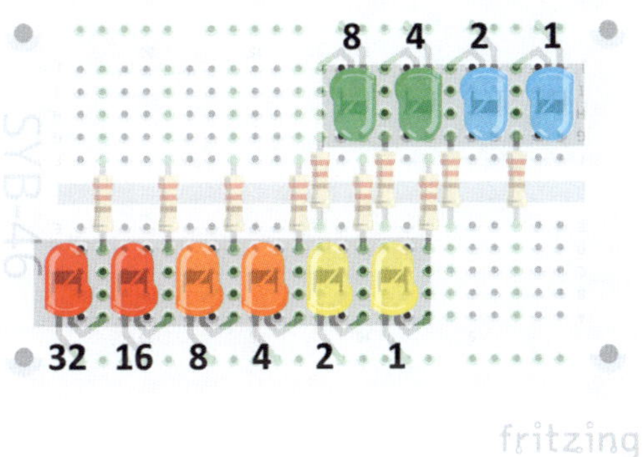

Aus zehn LEDs mit Vorwiderständen und einem MCP23017-Portexpander lässt sich eine Binäruhr bauen.

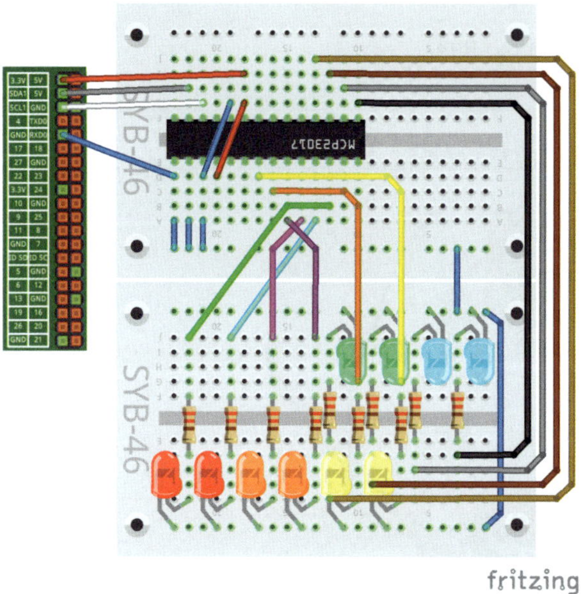


Die Anschlussdrähte der LEDs verlaufen diesmal nicht parallel von den Vorwiderständen zu den Ports des Portexpanders, sondern genau über Kreuz. Das hat den Vorteil, dass die LED ganz rechts mit dem niedrigsten Bitwert auch mit dem Port mit dem niedrigsten Bitwert verbunden ist.

Die weiteren LEDs folgen mit aufsteigenden Bitwerten, was die Programmierung deutlich vereinfacht. Für Stunden und Minuten werden die beiden voneinander unabhängigen GPIO-Schnittstellen des MCP23017 verwendet.

| LCD | Port am Portexpander |
|---|---|
| Stunde 8 | GPIOB3 |
| Stunde 4 | GPIOB2 |
| Stunde 2 | GPIOB1 |
| Stunde 1 | GPIOB0 |
| Minute 32 | GPIOA5 |
| Minute 16 | GPIOA4 |

| LCD | Port am Portexpander |
|---|---|
| Minute 8 | GPIOA3 |
| Minute 4 | GPIOA2 |
| Minute 2 | GPIOA1 |
| Minute 1 | GPIOA0 |

Das Python-3-Programm ***binaeruhr.py*** ist sehr einfach, da der Portexpander von sich aus bereits mit binären Daten arbeitet.

```
#!/usr/bin/python
import time, smbus

DEVICE = 0x20
IODIRA = 0x00
IODIRB = 0x01
GPIOA = 0x12
GPIOB = 0x13

bus = smbus.SMBus(1)
bus.write_byte_data(DEVICE,IODIRA,0x00)
bus.write_byte_data(DEVICE,IODIRB,0x00)
bus.write_byte_data(DEVICE,GPIOA,0x00)
bus.write_byte_data(DEVICE,GPIOB,0x00)

m1 = 60

while True:
 zeit = time.localtime()
 m = zeit.tm_min
 h = zeit.tm_hour
 if h > 12:
  h = h - 12
 if m1 != m:
  bus.write_byte_data(DEVICE,GPIOB,h)
  bus.write_byte_data(DEVICE,GPIOA,m)
  m1 = m
 time.sleep(1)
```

**So funktioniert es:**

Für die Adressen beider GPIO-Schnittstellen werden Konstanten definiert und anschließend initialisiert.

| | |
|---|---|
| DEVICE = 0x20 | i2c-Geräteadresse des Portexpanders |
| IODIRA = 0x00 | 8-Bit-Register, das die Richtung (Ausgang/Eingang) der GPIOA-Ports festlegt |
| IODIRB = 0x01 | 8-Bit-Register, das die Richtung (Ausgang/Eingang) der GPIOB-Ports festlegt |
| GPIOA = 0x12 | 8-Bit-Datenregister der GPIOA-Ports |
| GPIOB = 0x13 | 8-Bit-Datenregister der GPIOB-Ports |

In einer Endlosschleife wird die aktuelle Zeit ausgelesen, und die beiden für die Digitaluhr relevanten Werte – Minuten und Stunden – werden aus der Struktur in die Variablen ***m*** und ***h*** geschrieben.

```
while True:
 zeit = time.localtime()
 m = zeit.tm_min
 h = zeit.tm_hour
```

Ist die Stundenangabe im 24-Stunden-Format größer als 12, wird 12 subtrahiert, um die Zeit im 12-Stunden-Format zu speichern.

Hat die aktuelle Minute ***m*** einen anderen Wert als die zuletzt dargestellte Minute ***m1***, wird die Stunde auf den Port GPIOB und die Minute auf den Port GPIOA geschrieben. Hier können direkt die Zahlenwerte verwendet werden, der Portexpander rechnet sie automatisch in Binärzahlen um und gibt sie entsprechend auf den Ports aus. Danach wird ***m1*** auf die gerade dargestellte Minute gesetzt.

```
 if m1 != m:
  bus.write_byte_data(DEVICE,GPIOB,h)
  bus.write_byte_data(DEVICE,GPIOA,m)
  m1 = m
```

Vor dem ersten Start der Schleife bekommt ***m1*** den Wert 60, den die Minutenanzeige im laufenden Betrieb nie erreicht. Damit wird sichergestellt, dass unabhängig von der aktuellen Uhrzeit bereits im ersten Schleifendurchlauf eine neue Zeit ermittelt und über die LEDs angezeigt wird. Am Ende der Schleife wartet das Programm eine Sekunde. Damit wird verhindert, dass die Schleife in Intervallen von Sekundenbruchteilen immer wieder aufgerufen wird und den Prozessor so stark auslastet, dass der Raspberry Pi für nichts anderes mehr als dieses Programm zu nutzen ist.

## 239 i2c-LCD-Module (MCP23017) ansteuern

LCD-Modul und Portexpander verarbeiten beide bitcodierte Daten mit bis zu 8 Bit Breite. Ein LCD-Modul am Portexpander benötigt am Raspberry Pi nur noch den i2c-Bus und nicht mehr sechs GPIO-Pins. Ganz nebenbei wird das Programm auch noch einfacher.

Für den Anschluss am Portexpander empfiehlt sich der 8-Bit-Modus des LCD-Moduls, da hier die Zeichen byteweise anstatt in zwei Blöcken auf das Display geschrieben werden können, was das Programm deutlich vereinfacht. Die acht Datenleitungen des GPIOA-Ports werden 1:1 mit den Datenleitungen des LCD-Moduls verbunden. Zwei der Leitungen des GPIOB-Ports werden für die Steuersignale ***RS*** und ***E*** verwendet.

| LCD | Port am Portexpander |
|---|---|
| D0 | GPIOA0 |
| D1 | GPIOA1 |
| D2 | GPIOA2 |

| LCD | Port am Portexpander |
|---|---|
| D3 | GPIOA3 |
| D4 | GPIOA4 |
| D5 | GPIOA5 |
| D6 | GPIOA6 |
| D7 | GPIOA7 |
| E | GPIOB0 |
| RS | GPIOB1 |

Das Python-3-Programm *i2cuhr.py* übernimmt die grundlegende Struktur der Statusanzeige.

```
#!/usr/bin/python
import time, smbus, os
bus = smbus.SMBus(1)

DEVICE = 0x20
IODIRA = 0x00
IODIRB = 0x01
GPIOA  = 0x12
GPIOB  = 0x13

LCD_WIDTH  = 16
LCD_LINE_1 = 0x80
LCD_LINE_2 = 0xC0
LCD_CHR = 1
LCD_CMD = 0
LCD_RS  = 0x02
LCD_E   = 0x01
E_PULSE = 0.00005
E_DELAY = 0.00005
INIT  = 0.01
pause = 2

def lcd_byte(bits, mode):
  bus.write_byte_data(DEVICE,GPIOB,LCD_RS*mode)
  bus.write_byte_data(DEVICE,GPIOA,bits)
  time.sleep(E_DELAY)
  bus.write_byte_data(DEVICE,GPIOB,LCD_E+LCD_RS*mode)
```

```
  time.sleep(E_PULSE)
  bus.write_byte_data(DEVICE,GPIOB,LCD_RS*mode)
  time.sleep(E_DELAY)

def lcd_string(message):
  message = message.ljust(LCD_WIDTH," ")
  for i in range(LCD_WIDTH):
    lcd_byte(ord(message[i]),LCD_CHR)

bus.write_byte_data(DEVICE,IODIRA,0x00)
bus.write_byte_data(DEVICE,IODIRB,0x00)
bus.write_byte_data(DEVICE,GPIOA,0x00)
bus.write_byte_data(DEVICE,GPIOB,0x00)

def lcd_anzeige(z1, z2):
  lcd_byte(LCD_LINE_1, LCD_CMD)
  lcd_string(z1)
  lcd_byte(LCD_LINE_2, LCD_CMD)
  lcd_string(z2)

LCD_INIT = [0x33, 0x33, 0x32, 0x3C, 0x0C, 0x06, 0x01]
for i in LCD_INIT:
  lcd_byte(i,LCD_CMD)
  time.sleep(INIT)

while True:
  zeile1 = time.asctime()
  zeile2 = os.popen("hostname -I").readline().split()[0]
  lcd_anzeige(zeile1, zeile2)
  time.sleep(pause)
```

**So funktioniert es:**

Die Konstanten für das LCD-Display werden weitestgehend übernommen, um die Änderungen am Programmcode so gering wie möglich zu halten. Die beiden Signale ***LCD_RS*** (***Register Select***) und ***LCE_E*** (***Enable***) sind jetzt keine GPIO-Pins mehr, sondern Bitcodes, die über den GPIOB-Port an die entsprechenden Steuerleitungen des LCD-Displays gesendet werden.

```
LCD_RS = 0x02
LCD_E = 0x01
```

Der Funktionsaufruf ***lcd_byte(bits, mode)*** bleibt kompatibel zum ursprünglichen Programm, somit braucht das Hauptprogramm nicht verändert zu werden.

Zur Modusumschaltung wird das Bitmuster für das zweite Bit des GPIOB-Ports (0x02), das in der Konstanten ***LCD_RS*** gespeichert ist, mit dem Parameter ***mode***, (0 oder 1), multipliziert. Auf diese Weise wird dieses Bit für den Kommandomodus ausgeschaltet und für den Zeichenmodus eingeschaltet.

```
bus.write_byte_data(DEVICE,GPIOB,LCD_RS*mode)
```

Die nächste Zeile schreibt das an das Display zu sendende Byte auf den GPIOA-Port. Bei Verwendung des Portexpanders entfällt die Umrechnung des Zeichens in Bitcode.

```
bus.write_byte_data(DEVICE,GPIOA,bits)
```

Jetzt braucht das Display das ***Enable***-Signal, einen Wechsel von 1 auf 0 auf der E-Leitung, um die Daten auf den Datenleitungen einzulesen und darzustellen. Nach einer kurzen Verzögerung, um die Display-Trägheit zu überbrücken, wird das in der Konstanten ***LCD_E*** festgelegte erste Bit des GPIOB-Ports auf 1 gesetzt. Da auf dem Portexpander immer ein komplettes Byte auf einmal ausgegeben werden muss und der zuvor gesetzte Modus nicht verändert werden darf, wird dieser Modus zum Wert ***LCD_E*** addiert und so wieder mit gesendet.

```
time.sleep(E_DELAY)
bus.write_byte_data(DEVICE,GPIOB,LCD_E+LCD_RS*mode)
```

Nach einer weiteren kurzen Verzögerung wird das Bit ***LCD_E*** wieder auf 0 gesetzt. Dazu sendet die Funktion einfach nur den aktuellen Modus ***0x02*** oder ***0x00*** an das Display. Dabei ist das Bit ***LCD_E*** automatisch 0.

```
time.sleep(E_PULSE)
bus.write_byte_data(DEVICE,GPIOB,LCD_RS*mode)
```

Die Funktionen ***lcd_string()*** und ***lcd_anzeige()*** greifen nicht direkt auf die Hardware des LCD-Displays zu und können unverändert übernommen werden.

Nach der Definition der Funktionen beginnt das eigentliche Programm mit der Initialisierung der beiden Ports GPIOA und GPIOB des Portexpanders.

```
bus.write_byte_data(DEVICE,IODIRA,0x00)
bus.write_byte_data(DEVICE,IODIRB,0x00)
bus.write_byte_data(DEVICE,GPIOA,0x00)
bus.write_byte_data(DEVICE,GPIOB,0x00)
```

Der Initialisierungsstring für das Display enthält diesmal den Code ***0x38*** für den 8-Bit-Modus.

```
LCD_INIT = [0x33, 0x32, 0x38, 0x0C, 0x06, 0x01]
```

Alle weiteren Programmkomponenten werden unverändert übernommen.

## 240 Der Portexpander PCF8574/PCF8574A

Der Chip PCF8574 ist ein besonders einfacher und kostengünstiger Portexpander, der acht Ports zur Verfügung stellt und in vielen vorkonfigurierten i2c-Displays eingebaut ist.

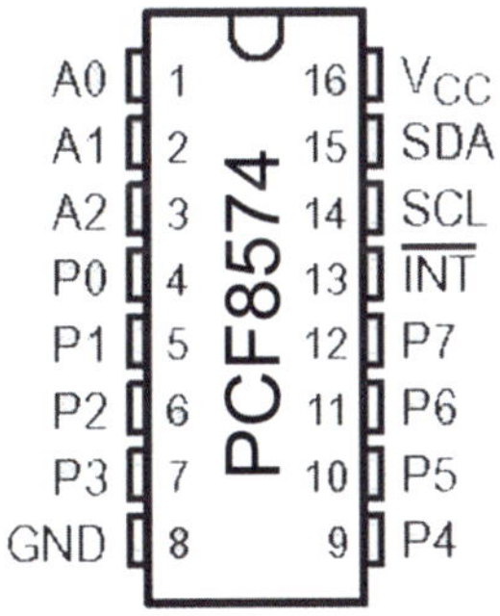


- Die Anschlüsse P0 bis P7 sind eine 8 Bit breite GPIO-Schnittstelle, die binärcodiert angesteuert werden.
- Die Anschlüsse VCC und GND sind die Stromversorgung für den Portexpander. VCC kann an +3,3 V oder +5 V angeschlossen werden, damit kann die gleiche Stromversorgung auch für das Display genutzt werden, GND wird an 0 V angeschlossen.
- Die Anschlüsse A0, A1, A2 legen die Adresse des Portexpanders fest. An den drei Anschlüssen lassen sich mit ***HIGH***- oder ***LOW***-Signalen binärcodiert die Zahlen von 0 bis 7 darstellen. Es gibt zwei Versionen des Chips, die sich nur in den Adressen unterscheiden:

| Chip | Adressschema | Mögliche Adressen |
|---|---|---|
| PCF8574 | 0010 0A2A1A0 | 0x20 ... 0x27 |
| PCF8574A | 0011 1A2A1A0 | 0x38 ... 0x3F |

Für die Programmierung ist es wichtig, das interne Anschlussschema zwischen LCD-Modul und Portexpander zu kennen. Das nächste Programm verwendet ein weitverbreitetes Anschlussschema vorgefertigter LCD-Module:

| LCD | Port am Portexpander |
|---|---|
| D4 | P0 |
| D5 | P1 |
| D6 | P2 |
| D7 | P3 |
| E | P6 |
| RS | P4 |

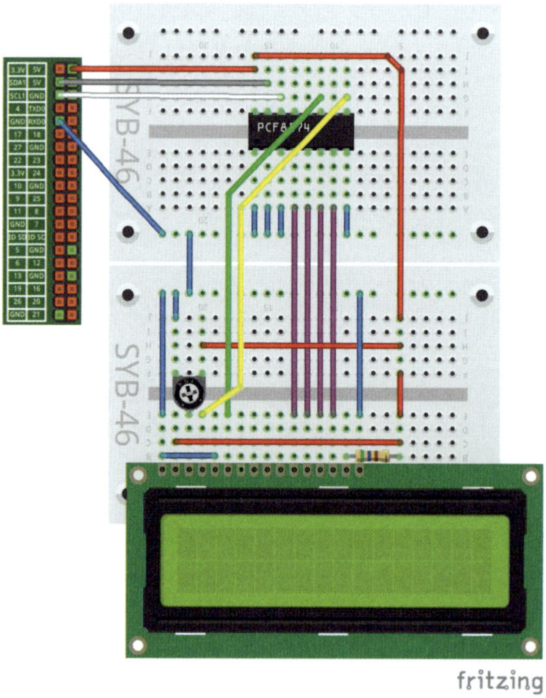

## 241 i2c-LCD-Module (PCF8574) ansteuern

Das Python-3-Programm *i2c_display8574.py* zeigt die gleichen Informationen wie das vorherige Programm auf einem Display an, das über den Portexpander PCF8574 gesteuert wird.

```
#!/usr/bin/python
import time, smbus, os
bus = smbus.SMBus(1)

DEVICE      = 0x27
LCD_WIDTH   = 40
LCD_LINE_1 = 0x80
LCD_LINE_2 = 0xC0
LCD_CHR = 1
LCD_CMD = 0
LCD_RS   = 0x10
LCD_E    = 0x40
E_PULSE = 0.00005
E_DELAY = 0.00005
INIT   = 0.001
pause = 2

def lcd_byte(bits, mode):
  bus.write_byte(DEVICE,LCD_RS*mode|(bits>>4)|LCD_E)
  time.sleep(E_PULSE)
  bus.write_byte(DEVICE,LCD_RS*mode)
  time.sleep(E_DELAY)
  bus.write_byte(DEVICE,LCD_RS*mode|(bits&0x0F)|LCD_E)
  time.sleep(E_PULSE)
  bus.write_byte(DEVICE,LCD_RS*mode)
  time.sleep(E_DELAY)

def lcd_string(message):
  message = message.ljust(LCD_WIDTH," ")
  for i in range(LCD_WIDTH):
    lcd_byte(ord(message[i]),LCD_CHR)

def lcd_anzeige(z1, z2):
  lcd_byte(LCD_LINE_1, LCD_CMD)
  lcd_string(z1)
  lcd_byte(LCD_LINE_2, LCD_CMD)
  lcd_string(z2)
```

```
LCD_INIT = [0x33, 0x32, 0x28, 0x0C, 0x06, 0x01]
for i in LCD_INIT:
  lcd_byte(i,LCD_CMD)
  time.sleep(INIT)

while True:
  zeile1 = time.asctime()
  zeile2 = os.popen("hostname -I").readline().split()[0]
  lcd_anzeige(zeile1, zeile2)
  time.sleep(pause)
```

**So funktioniert es:**

Bei den Definitionen ist nur noch die Geräteadresse nötig, keine Adressen für die zwei GPIO-Ports. ***LCD_RS*** und ***LCD_E*** enthalten die Bitmuster für die beiden Steuersignale. Je nach Schaltplan müssen diese entsprechend geändert werden.

In der Funktion ***lcd_byte()*** werden Daten im 4-Bit-Modus übertragen. Dazu werden die entsprechenden Steuersignale bitweise oder-verknüpft, und alles zusammen wird in zwei Blöcken auf dem 8-Bit-GPIO-Port übertragen. Im ersten Block werden die höheren vier Bits mit Rightshift (>>) auf die unteren vier Stellen verschoben. Im zweiten Block werden die oberen vier Bits durch bitweises UND (&) mit ***0x0F*** auf 0 gesetzt. In dem Moment, in dem ***LCD_E*** von 1 auf 0 wechselt, werden die zuvor auf den Datenregistern vorhandenen Bits auf das Display geschrieben. Die Tabelle zeigt die Bitmuster in der Übersicht.

| Zeichen, Beispiel: "C" | 0100 0011 |
|---|---|
| LCD_RS | 0001 0000 |
| LCD_E | 0100 0000 |
| LCD_RS*LCD_CHR+(bits>>4)+LCD_E | 0101 0100 |
| LCD_RS*LCD_CHR+(bits&0x0F)+LCD_E | 0101 0011 |
| LCD_RS*LCD_CHR | 0001 0000 |

Der Initialisierungsstring setzt den 4-Bit-Modus auf dem Display:

```
LCD_INIT = [0x33, 0x32, 0x28, 0x0C, 0x06, 0x01]
```

## 242 i2c-Zusatzmodule für LCD-Displays ansteuern

Kleine i2c-Module, in diversen Onlineshops für wenige Euro erhältlich, können auf die Rückseite eines LCD-Displays gelötet werden und machen es i2c-fähig.

Diese Module verwenden den Chip PCF8574T und eine etwas andere Logik bei der Datenausgabe auf dem Display. Jedes übertragene Byte enthält in den oberen vier Stellen die Daten und in den unteren die Steuercodes ***LCD_E*** und ***LCD_RS*** sowie ein Bit ***LCD_BL*** zum Ein- und Ausschalten der Hintergrundbeleuchtung.

Das Python-3-Programm ***i2c_displaymodul.py*** zeigt die gleichen Informationen wie das vorherige Programm auf einem Display an, das über ein PCF8574T-Modul gesteuert wird.

```
#!/usr/bin/python
import time, smbus, os
bus = smbus.SMBus(1)

DEVICE      = 0x27
LCD_WIDTH   = 16
LCD_LINE_1 = 0x80
LCD_LINE_2 = 0xC0
LCD_CHR = 1
LCD_CMD = 0
LCD_RS  = 0x01
LCD_E   = 0x04
LCD_BL  = 0x08
E_PULSE = 0.00005
```

```
E_DELAY = 0.00005
INIT  = 0.001
pause = 2

def lcd_byte(bits, mode):
  bus.write_byte(DEVICE,LCD_RS*mode|(bits&0xF0)|LCD_E|LCD_BL)
  time.sleep(E_PULSE)
  bus.write_byte(DEVICE,LCD_RS*mode|LCD_BL)
  time.sleep(E_DELAY)
  bus.write_byte(DEVICE,LCD_RS*mode|((bits<<4)&0xF0)|LCD_E|LCD_BL)
  time.sleep(E_PULSE)
  bus.write_byte(DEVICE,LCD_RS*mode|LCD_BL)
  time.sleep(E_DELAY)

def lcd_string(message):
  message = message.ljust(LCD_WIDTH," ")
  for i in range(LCD_WIDTH):
    lcd_byte(ord(message[i]),LCD_CHR)

def lcd_anzeige(z1, z2):
  lcd_byte(LCD_LINE_1, LCD_CMD)
  lcd_string(z1)
  lcd_byte(LCD_LINE_2, LCD_CMD)
  lcd_string(z2)

LCD_INIT = [0x33, 0x32, 0x28, 0x0C, 0x06, 0x01]
for i in LCD_INIT:
  lcd_byte(i,LCD_CMD)
  time.sleep(INIT)

while True:
  zeile1 = time.asctime()
  zeile2 = os.popen("hostname -I").readline().split()[0]
  lcd_anzeige(zeile1, zeile2)
  time.sleep(pause)
```

**Unterschiede:**

Die Steuersignale sind Bits in den unteren vier Bits des übertragenen Bytes.

```
LCD_RS = 0x01
LCD_E  = 0x04
LCD_BL = 0x08
```

In der Funktion ***lcd_byte()*** werden Daten weiterhin im 4-Bit-Modus übertragen. Allerdings tauschen Steuersignale und Datenbits ihre Positionen, die Datenbits liegen in den oberen vier Bits jedes Bytes. Im ersten Block werden die unteren vier Bits durch bitweises UND (&) mit ***0xF0*** auf 0 gesetzt.

```
bus.write_byte(DEVICE,LCD_RS*mode|(bits&0xF0)|LCD_E|LCD_BL)
```

Im zweiten Block werden die unteren vier Bits mit Leftshift (<<) auf die oberen vier Stellen verschoben und die unteren vier Bits auf 0 gesetzt.

```
bus.write_byte(DEVICE,LCD_RS*mode|((bits<<4)&0xF0)|LCD_E|LCD_BL)
```

## 243 Sensorkontakte selbst bauen

Ampeln, Türöffner, Lichtschalter und Automaten werden heute oft mit Sensorkontakten gesteuert, die man nur zu berühren braucht. Taster, die wirklich gedrückt werden müssen, werden immer seltener.

Das Prinzip der Sensortasten ist einfach: Die verwendeten GPIO-Ports sind über extrem hochohmige Widerstände (20 MOhm) mit +3,3 V verbunden, sodass ein schwaches, aber eindeutig als ***GPIO.High*** definiertes Signal anliegt. Ein Mensch, der nicht gerade frei in der Luft schwebt, ist immer geerdet und liefert über die elektrisch leitfähige Haut einen ***GPIO.Low***-Pegel. Berührt dieser Mensch jetzt einen Sensorkontakt, wird das schwache ***GPIO.High***-Signal von dem deutlich stärkeren ***GPIO.Low***-Pegel der Fingerkuppe überlagert und zieht den entsprechenden GPIO-Pin auf ***GPIO.Low***-Pegel.

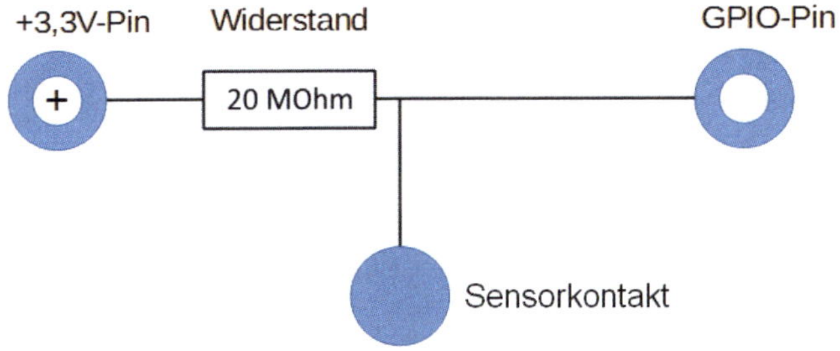


Solche Sensortasten lassen sich mit einem Stück Knete und einem Draht selbst bauen. Knete leitet den Strom etwa so gut wie menschliche Haut. Sie lässt sich leicht in jede beliebige Form bringen, und ein Knetekontakt fasst sich viel besser an als ein einfaches Stück Draht. Die Fläche, mit der die Hand den Kontakt berührt, ist deutlich größer. So kommt es nicht so leicht zu einem »Wackelkontakt«. Etwas blanken Draht in ein Stück Knete stecken und mit dem anderen Ende in das Steckbrett stecken.

Noch besser sind Krokodilklemmen-Kabel wegen ihrer Elastizität und Isolierung. Krokodilklemmen lassen sich über u-förmige Drahtbrücken mit dem Steckbrett verbinden. Um einen besseren Kontakt zur Masse herzustellen, kann ein zweiter Knetekontakt mit Masse verbunden werden.

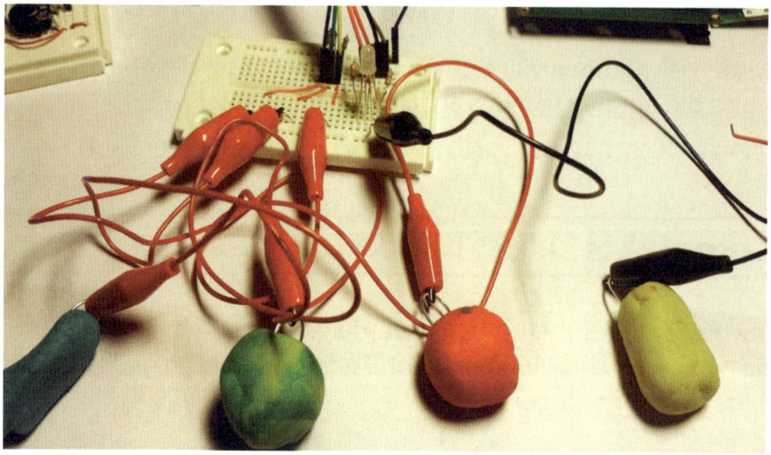

## 244 Sensorkontakte mit Python nutzen

Im Python-3-Programm ***knetesensor.py*** schaltet ein Sensorkontakt zwei LEDs um. Solange der Kontakt berührt wird, leuchtet die grüne LED, wenn nicht, leuchtet die rote LED.

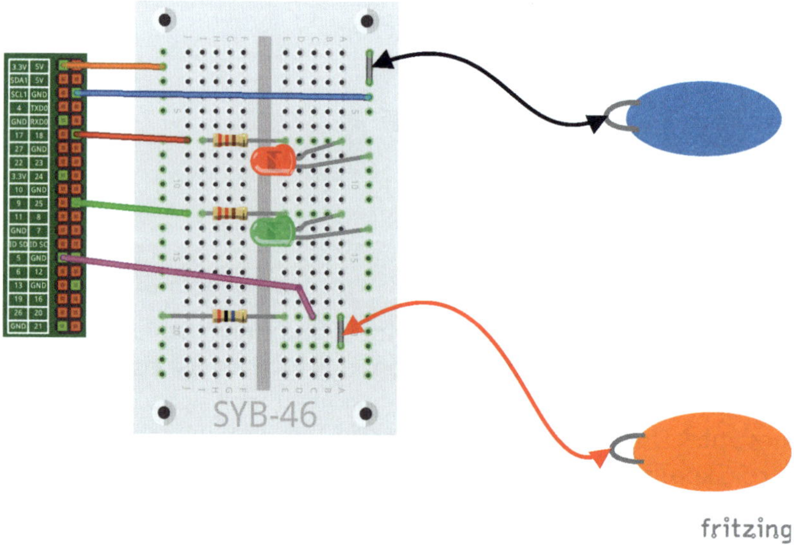


Der zweite Sensorkontakt ist mit Masse verbunden. Für den Fall, dass die Person nicht ausreichend geerdet ist, dass eine Berührung des einen Knetekontaktes ausreicht, einfach beide gleichzeitig berühren.

```
#!/usr/bin/python
import RPi.GPIO as GPIO

GPIO.setmode(GPIO.BCM)
LED1 = 18
LED2 = 25
SENSOR = 5

GPIO.setup(LED1, GPIO.OUT)
GPIO.setup(LED2, GPIO.OUT)
GPIO.setup(SENSOR, GPIO.IN)

try:
 while True :
  if GPIO.input(SENSOR)==0:
   GPIO.output(LED1, 0)
   GPIO.output(LED2, 1)
  else:
   GPIO.output(LED2, 0)
   GPIO.output(LED1, 1)

except KeyboardInterrupt:
 GPIO.cleanup()
```

**So funktioniert es:**

Bei der Definition des GPIO-Ports für den Sensorkontakt darf kein interner Pull-down-Widerstand aktiviert werden.

```
GPIO.setup(SENSOR, GPIO.IN)
```

Eine Endlosschleife fragt den Sensor ab. Dabei wird inverse Logik verwendet. Berührt man den Sensorkontakt, wird er mit Masse verbunden und liefert den Wert 0, im nicht berührten Ruhezustand dagegen den Wert 1.

```
 while True :
  if GPIO.input(SENSOR)==0:
```

## 245 Gamepad mit Sensorkontakten für bekannte Spiele

Viele Spiele auf dem Raspberry Pi lassen sich mit der Tastatur steuern. Dabei verwenden einige Spiele Pfeiltasten, andere Buchstaben, die ähnlich wie die Pfeiltasten weiter links auf der Tastatur angeordnet sind:

| Bewegung | Pfeiltasten | Buchstaben |
|---|---|---|
| Vorwärts | Auf | W |
| Rückwärts | Ab | S |
| Links | Links | A |
| Rechts | Rechts | D |

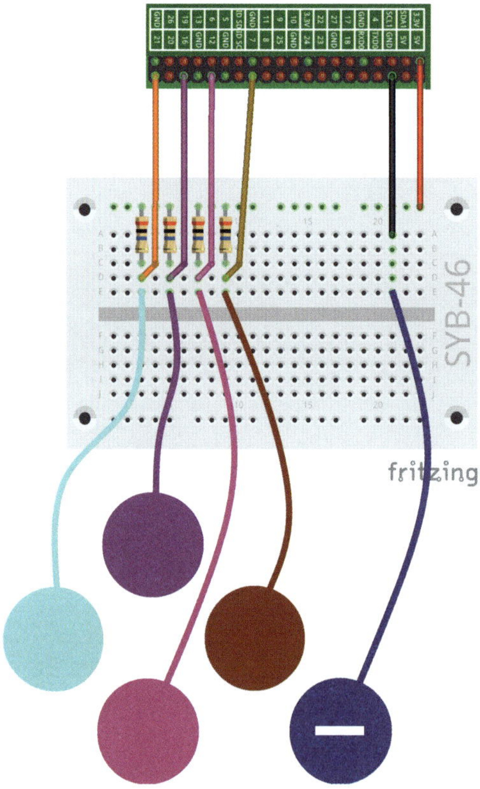


1. Die vier Knetekontakte entsprechen den vier Richtungstasten auf einem Gamepad.
2. Der Knetekontakt ganz rechts ist mit der Masseleitung GND verbunden.
3. Python-Modul ***pyautogui*** zur Simulation von Tastatureingaben installieren:

```
sudo pip3 install python3-xlib
sudo pip3 install pyautogui
```

Das Programm ***gamepad.py*** läuft nur im Hintergrund und macht auf den ersten Blick gar nichts. Mithilfe des Python-Moduls ***pyautogui*** werden am GPIO-Port Tastatureingaben simuliert, um verschiedenste Spiele zu steuern.

```
#!/usr/bin/python
import pyautogui
import RPi.GPIO as GPIO

kw = 16
ka = 21
ks = 12
kd = 7

GPIO.setmode(GPIO.BCM)
GPIO.setup(kw, GPIO.IN)
GPIO.setup(ka, GPIO.IN)
GPIO.setup(ks, GPIO.IN)
GPIO.setup(kd, GPIO.IN)

try:
  while True:
    if GPIO.input(kw) == 0:
      pyautogui.keyDown('up')
    else:
      pyautogui.keyUp('up')
    if GPIO.input(ka) == 0:
      pyautogui.keyDown('left')
    else:
      pyautogui.keyUp('left')
    if GPIO.input(ks) == 0:
      pyautogui.keyDown('down')
    else:
      pyautogui.keyUp('down')
    if GPIO.input(kd) == 0:
      pyautogui.keyDown('right')
    else:
      pyautogui.keyUp('right')

except KeyboardInterrupt:
  GPIO.cleanup()
```

**So funktioniert es:**

Die Variablen *kw*, *ka*, *ks* und *kd* enthalten die Pin-Nummern der GPIO-Pins der Knetekontakte, die die Tasten *w*, *a*, *s* und *d* oder die entsprechenden Pfeiltasten simulieren.

```
kw = 16
ka = 21
ks = 12
kd = 7
```

Die Hauptschleife des Programms prüft nacheinander, ob einer der Knetekontakte berührt wird. Wird der Kontakt am Pin ***kw*** berührt, simuliert ***pyautogui.keyDown()*** das Drücken der Taste ***up*** (Pfeil nach oben).

```
if GPIO.input(kw) == 0:
  pyautogui.keyDown('up')
```

Wird der Pin dagegen im Moment der Abfrage nicht berührt, simuliert ***pyautogui.keyUp()*** das Loslassen der Taste.

```
else:
  pyautogui.keyUp('up')
```

Das Programm verwendet standardmäßig die Pfeiltasten. Bei Spielen, die über Buchstabentasten gesteuert werden, müssen die Schlüsselwörter ***up***, ***left***, ***down***, ***right*** durch ***w***, ***a***, ***s***, ***d*** ersetzt werden.

## 246 Die GPIOzero Bibliothek

**GPIOzero** ist eine Alternative zur *RPi.GPIO*-Bibliothek mit deutlich vereinfachten Funktionsaufrufen. GPIOzero arbeitet objektorientiert, Programme sind an keine starre zeitliche Abfolge der Befehle gebunden.

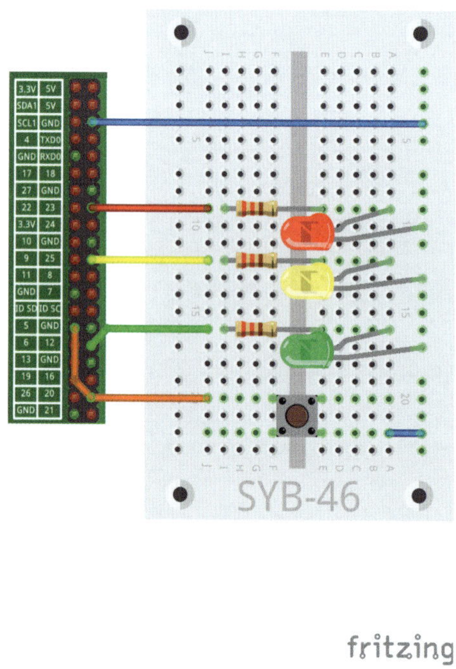


Das Python-3-Programm ***zero.py*** zeigt einige Funktionen der *GPIOzero*-Bibliothek.

```
#!/usr/bin/python
from gpiozero import LED, PWMLED, Button

led1 = LED(23)
led2 = LED(12)
led3 = PWMLED(25)
button = Button(5)

led1.blink()
led3.pulse()

button.when_pressed = led2.on
button.when_released = led2.off
```

**So funktioniert es:**

Die verwendeten Funktionen werden aus der *GPIOzero*-Bibliothek importiert.

```
from gpiozero import LED, PWMLED, Button
```

Für die drei LEDs und den Taster werden Objekte definiert. Der Parameter in der Klammer bezeichnet den verwendeten GPIO-Pin.

```
led1 = LED(23)
led2 = LED(12)
led3 = PWMLED(25)
button = Button(5)
```

Die LED an Pin 23 (*led1*) blinkt regelmäßig.

```
led1.blink()
```

Die LED an Pin 25 (*led3*) wird über ein PWM-Signal gleichmäßig auf- und abgeblendet. PWM-LEDs sind ein eigener Objekttyp in GPIOzero.

```
led3.pulse()
```

Wird der Taster an Pin 5 (*button*) gedrückt, leuchtet die LED an Pin 12 (*led2*). Ist er nicht gedrückt, bleibt die LED aus.

```
button.when_pressed = led2.on
button.when_released = led2.off
```

Alle Objekte laufen, nachdem sie einmal definiert sind, endlos weiter.

**Anschluss der Taster**

Taster gelten in GPIOzero als gedrückt, wenn sie mit Masse verbunden sind, nicht mit +3,3 V wie bei Verwendung der *RPi.GPIO*-Bibliothek. Allerdings werden nur die ersten GPIO-Pins 2, 3, 4 und 5 für Taster unterstützt.

## 247 GPIO-Ausgänge mit Scratch 3

Scratch 3 bietet eine neue Unterstützung für verschiedene Hardwarekomponenten am GPIO-Port, die als Zusatzmodul einmal aktiviert werden muss:

1. Auf das Symbol ***Erweiterung hinzufügen*** links unten klicken und die Erweiterung ***Raspberry Pi Simple Electronics*** wählen.

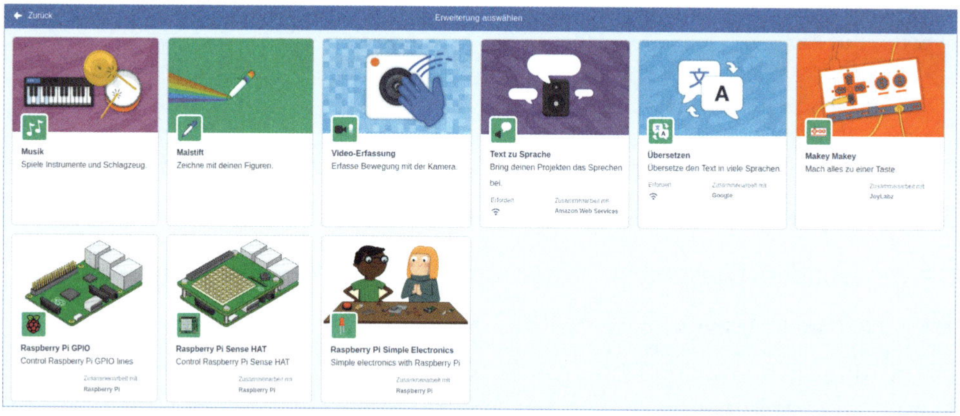


2. Auf einer neuen Blockpalette ganz unten erscheinen vier Scratch-Blöcke zur Steuerung von Tastern und LEDs.
3. Das Scratch-3-Programm ***ledblink01.sb3*** lässt zwei an den GPIO-Pins 23 und 24 angeschlossene LEDs abwechselnd blinken. Der Block ***toggle LED*** schaltet bei jedem Aufruf die bezeichnete LED um – von aus auf ein oder umgekehrt.

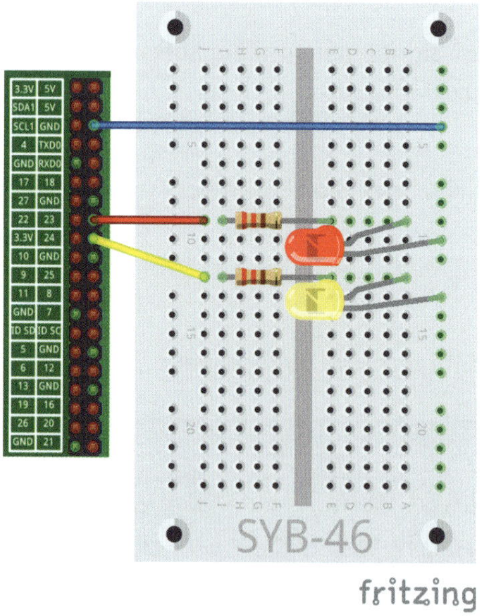

## 248 GPIO-Ereignisse mit Scratch 3 auswerten

Im Gegensatz zu früheren Scratch-Versionen müssen keine Schleifen mehr gebaut werden, die darauf warten, dass eine Taste gedrückt wird. Der Block ***when button ... is ...*** in Scratch 3 wertet Taster an GPIO-Eingängen ähnlich wie die *GPIOzero*-Bibliothek als Ereignisse aus.

**Anschluss der Taster**

Taster gelten in Scratch 3 wie in GPIOzero als gedrückt, wenn sie mit Masse verbunden sind, nicht mit +3,3 V wie bei Verwendung der *RPi.GPIO*-Bibliothek.

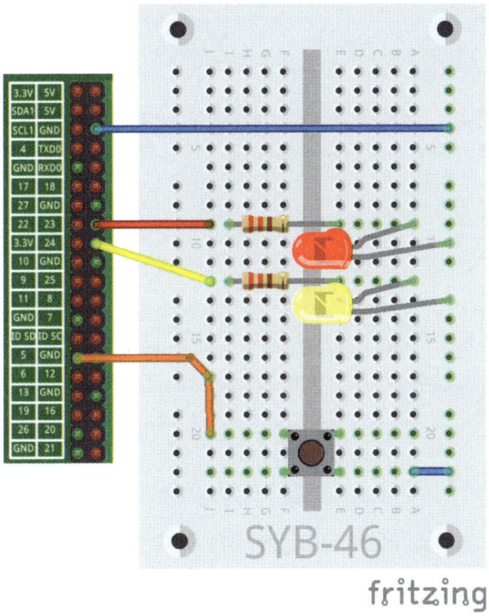


Das Scratch-3-Programm ***ledblink02.sb3*** schaltet zwei an den GPIO-Pins 23 und 24 angeschlossene LEDs auf Tastendruck um.

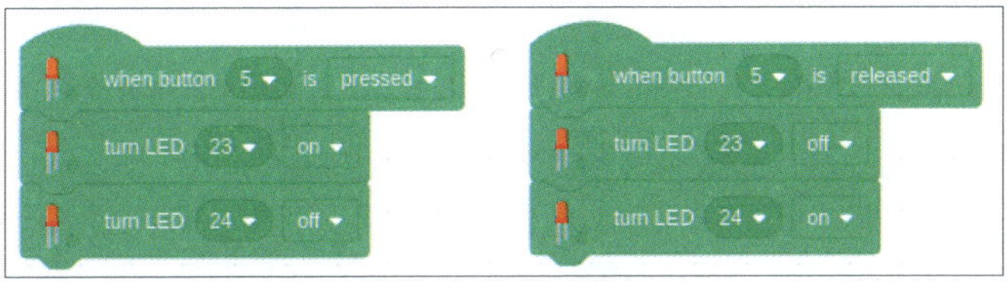


Der linke Programmblock schaltet, wenn der Taster an GPIO-Pin 5 gedrückt wird, die LED an Pin 23 ein und die andere LED an Pin 24 aus.

Der linke Programmblock schaltet umgekehrt, wenn der Taster an GPIO-Pin 5 losgelassen wird, die LED an Pin 23 aus und die andere LED an Pin 24 ein.

Das Programm läuft sofort, das grüne Fähnchen braucht nicht angeklickt zu werden.

## 249 LED-Würfel mit Scratch

Das Scratch-Programm verwendet einen ähnlichen Schaltungsaufbau mit sieben LEDs wie das Python-Projekt »Würfel«. Das Scratch-3-Programm ***ledwuerfel.sb3*** (siehe Download-Material) steuert den Würfel.

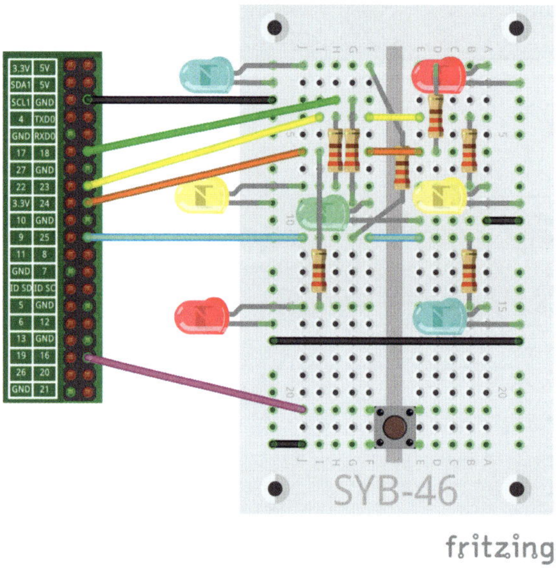


1. Wird der Taster gedrückt, startet das Programm. Hier werden als Erstes die vier GPIO-Ports mit den LEDs ausgeschaltet. Am Anfang sind die LEDs alle aus, aber später bleibt ein angezeigtes Würfelergebnis so lange bestehen, bis der Nutzer die Taste erneut drückt.

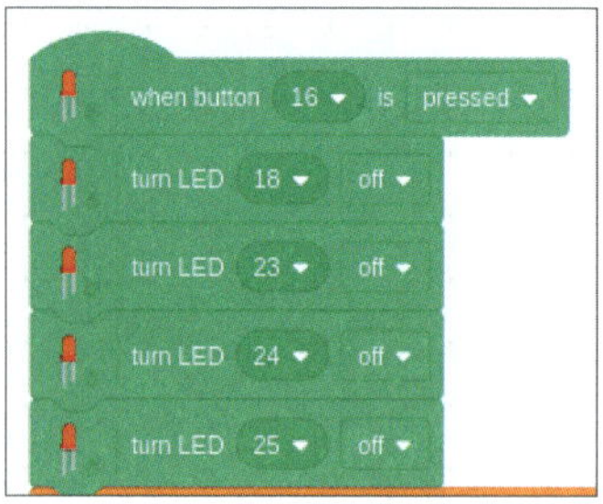

2. Danach wird eine zufällige Zahl zwischen 1 und 6 erzeugt und in der Variablen *w* gespeichert.
3. Variablen müssen in Scratch erst einmal angelegt werden. Dazu in der Blockpalette auf das orangefarbene Symbol ***Variablen*** und dann auf ***Neue Variable*** klicken. Anschließend der Variablen einen Namen geben, in unserem Beispiel *w* (wie Würfel).

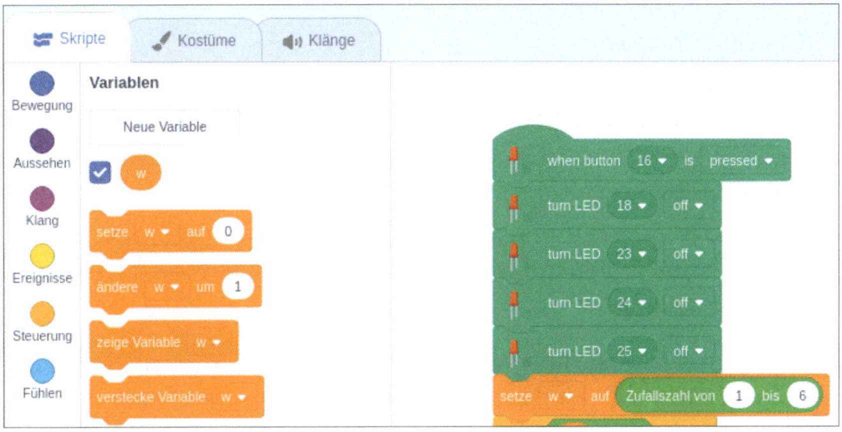


4. Ist der Schalter links neben der Variablen *w* aktiviert, wird sie automatisch auf der Bühne in einem kleinen orangefarbenen Feld angezeigt. So sieht man hier immer die gewürfelte Zahl zur Kontrolle, ob die LEDs funktionieren.
5. Nachdem die Zahl gewürfelt wurde, folgen sechs ***falls***-Blöcke für jeden möglichen Würfelwert. Jeder dieser Blöcke schaltet, wenn eine bestimmte Zahl gewürfelt wurde, die entsprechenden LEDs ein.

6. Unabhängig vom Würfelergebnis wartet das Programm immer, wenn der Benutzer eine Taste gedrückt hat, noch eine halbe Sekunde, um zu vermeiden, dass durch Tastenprellen kurz hintereinander zwei verschiedene Würfelaktionen ausgelöst werden.

7. Danach endet das Programm. Solange die Taste nicht gedrückt ist, passiert einfach nichts und das letzte Würfelergebnis bleibt angezeigt.

## 250 Scratch-3-OneGPIO-Erweiterung

Die Möglichkeiten der mitgelieferten GPIO-Erweiterung für Scratch 3 sind begrenzt. Um weitere Funktionen in Scratch 3 zu nutzen, sind andere Erweiterungen nötig. Die **Scratch 3 OneGPIO Extension** unterstützt neben Raspberry Pi auch noch einige andere Hardwareplattformen.

1. Scratch 3 OneGPIO installieren:
   ```
   sudo pip3 install --upgrade pip
   sudo pip3 install s3-extend
   ```
2. Bevor Scratch mit der Scratch 3 OneGPIO Extension genutzt werden kann, jedes Mal den **OneGPIO-Server** starten: `s3r`
3. Kommandozeilenfenster während der Nutzung von Scratch geöffnet lassen. Erst danach mit der Tastenkombination Strg+C den OneGPIO-Server beenden und dann das Kommandozeilenfenster schließen.
4. Die Scratch 3 OneGPIO Extension läuft nicht mit dem offline installierten Scratch 3, sondern mit einer speziell erweiterten Onlineversion im Browser:
   **mryslab.github.io/s3onegpio**
5. In der Browserversion von Scratch auf ***Erweiterung hinzufügen*** klicken und die Erweiterung ***OneGPIO Raspberry Pi*** wählen.
6. Die Erweiterung liefert neue Blöcke zur Steuerung der GPIO-Pins.

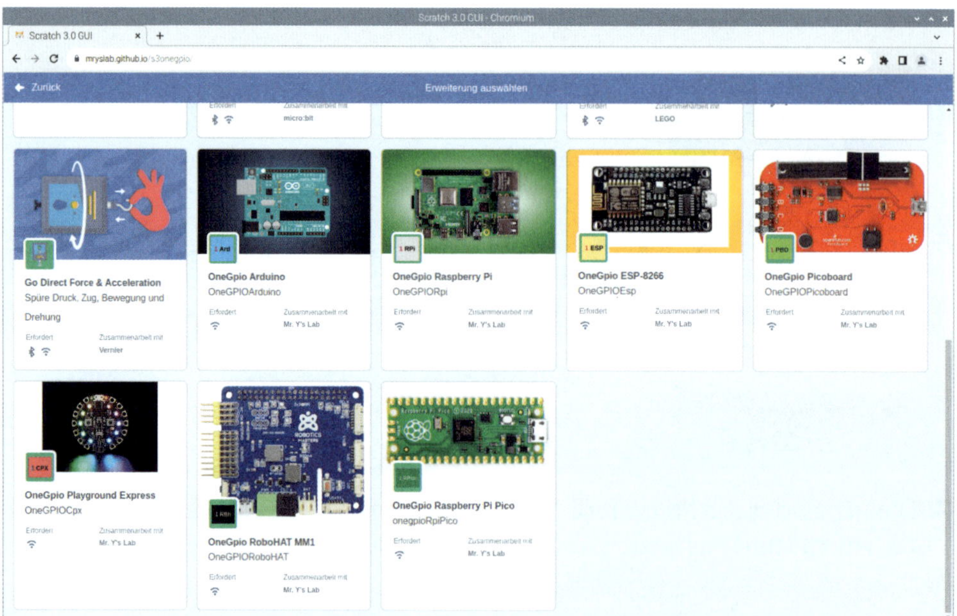

## 251 LEDs mit der Scratch-3-OneGPIO-Erweiterung schalten

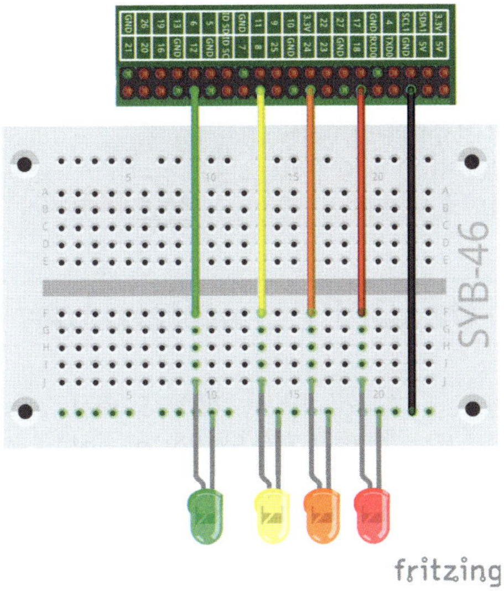


Das Programm ***onegpiolauflicht.sb3*** lässt die vier LEDs nacheinander aufleuchten. In einer Endlosschleife werden die LEDs eine nach der anderen ein- und wieder ausgeschaltet. Die Pausenzeit lässt sich mit einem Schieberegler einstellen.

**So funktioniert es:**

- Eine Endlosschleife schaltet nacheinander eine LED ein und nach einer in der Variablen ***pause*** definierten Zeit wieder aus.
- Der Block ***Setze digitalen Pin ... ...*** setzt einen GPIO-Pin auf 1 (*High*) oder 0 (*Low*).
- Die Variable ***pause*** ist während des Programmablaufs über einen Schieberegler einstellbar.
- Schieberegler stellen nur ganzzahlige Werte ein. Der Wert der Variablen ***pause*** entspricht Zehntelsekunden und wird deshalb im Block ***warte ... Sekunden*** durch 10 geteilt.

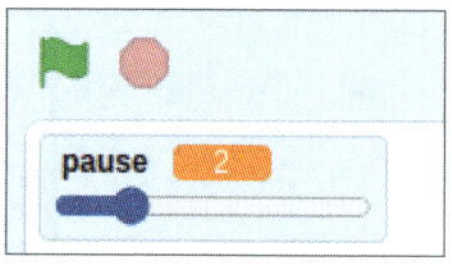


## 252 PWM mit der Scratch-3-OneGPIO-Erweiterung

Die vorinstallierte Scratch-Erweiterung bietet keine Möglichkeit, PWM-Signale auszugeben. Der Block ***Setze PWM-Pin ... %*** der Scratch 3 OneGPIO Extension liefert an einem Pin ein als Prozentwert einstellbares PWM-Signal.

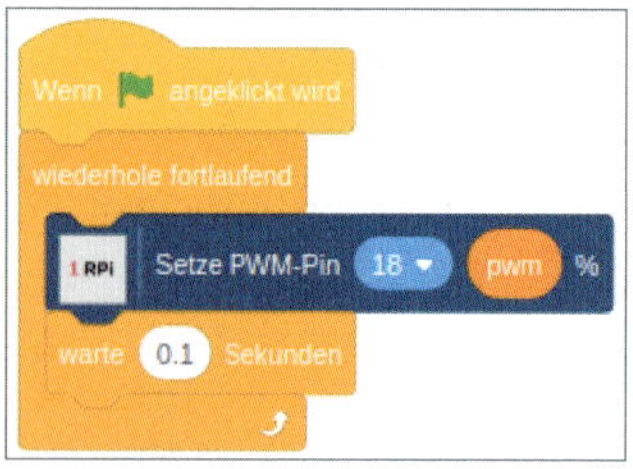


Das Programm ***onegpiopwm.sb3*** dimmt die LED an Pin 18 anhand eines interaktiv über einen Schieberegler einstellbaren PWM-Wertes.

## 253 Servos mit der Scratch-3-OneGPIO-Erweiterung bewegen

Der Block ***Setze Servo-Pin ... ...*** der Scratch 3 OneGPIO Extension setzt ein angeschlossenes Servo auf einen bestimmten Drehwinkel.

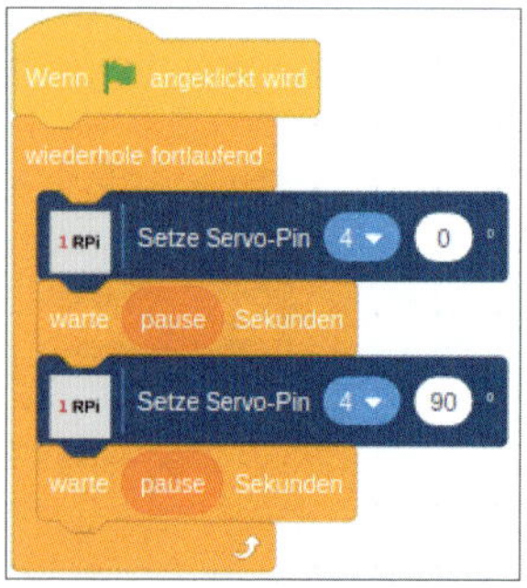


Das Programm ***onegpioservo.sb3*** dreht das Servo an Pin 4 abwechselnd auf 0 Grad und auf 90 Grad. Die Pause zwischen den Drehungen lässt sich interaktiv über einen Schieberegler einstellen.

## 254 Erweiterungsplatine Sense HAT

Das Sense HAT ist eine von der Raspberry Pi Foundation entwickelte Aufsteckplatine für den Raspberry Pi 4. Mit einer Adapterplatine lässt sich das Sense HAT auch am Raspberry Pi 400 anschließen.

Das Sense HAT enthält eine 8-x-8-Matrix aus RGB-LEDs, einen kleinen Joystick sowie verschiedene Sensoren:

- Lagesensor
- Beschleunigungssensor
- Magnetometer
- Temperatursensor
- Feuchtigkeitssensor
- Barometer

Das Beispielprogramm ***temperature.py*** aus der Python-Bibliothek ***sense-hat*** zeigt das Funktionsprinzip. Je nach Temperatur leuchten mehr oder weniger LEDs in Rot, die anderen in Blau.

```
#!/usr/bin/python
from sense_hat import SenseHat

sense = SenseHat()
red = (255, 0, 0)
blue = (0, 0, 255)

while True:
  temp = sense.temp
  pixels = [red if i < temp else blue for i in range(64)]
  sense.set_pixels(pixels)
```

**So funktioniert es:**

Ein Python-Objekt für das Sense HAT anlegen.

```
sense = SenseHat()
```

Farben für die LEDs als RGB-Werte definieren.

```
red = (255, 0, 0)
blue = (0, 0, 255)
```

Gewünschten Sensorwert – hier die Temperatur – aus dem Sense-HAT-Objekt in einer Endlosschleife auslesen.

```
while True:
  temp = sense.temp
```

Array mit Farbwerten für die 64 LEDs definieren und damit die LEDs einschalten.

```
  pixels = [red if i < temp else blue for i in range(64)]
  sense.set_pixels(pixels)
```

## 255 Der Sense HAT Emulator

Raspberry Pi OS liefert im Menü ***Entwicklung*** einen Emulator für das Sense HAT mit, mit dem sich Programme auch ohne Sense-HAT-Hardware testen lassen. Wenn nicht vorhanden, über ***Einstellungen/Recommended Software*** nachinstallieren.

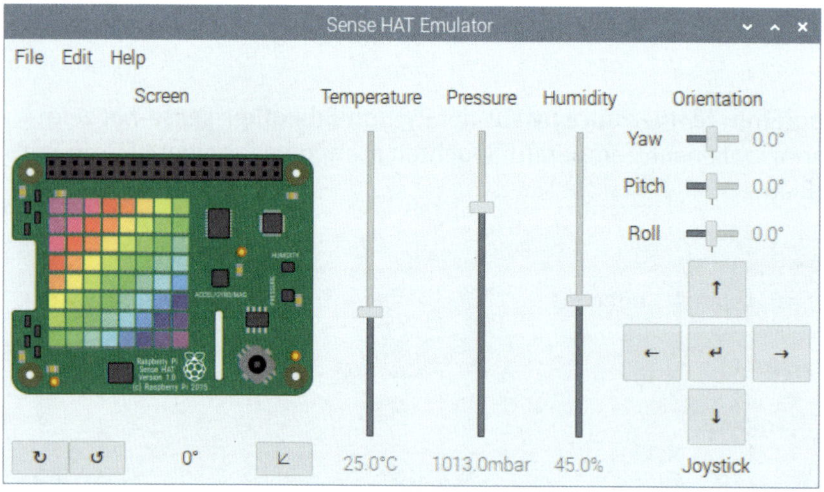


Statt der Bibliothek ***sense_hat*** die Bibliothek ***sense_emu*** importieren. Alle weiteren Funktionen sind gleich. Die Sensoren des Sense HAT werden im Emulator durch Schieberegler und Tasten simuliert.

```
from sense_emu import SenseHat
```